인성교육,
경계에 서다

인간 · 경계 05
인성교육, 경계에 서다

2020년 8월 25일 초판 인쇄
2020년 8월 31일 초판 발행

엮은이 | 가톨릭대학교 인간학연구소
교정교열 | 정난진
펴낸이 | 이찬규
펴낸곳 | 북코리아
등록번호 | 제03-01240호
주소 | 13209 경기도 성남시 중원구 사기막골로 45번길 14
우림2차 A동 1007호
전화 | 02-704-7840
팩스 | 02-704-7848
이메일 | sunhaksa@korea.com
홈페이지 | www.북코리아.kr
ISBN | 978-89-6324-715-1 (93370)

값 18,000원

* 이 저서는 2019년 대한민국 교육부와 한국연구재단의 지원을 받아 수행된 연구임(NRF-2019S1A5C2A04083120)

인간·경계 05

인성 교육, 경계에 서다

가톨릭대학교 인간학연구소 엮음

북코리아

서문

경계에 서다

경계에 서 있으면 짜릿한 긴장감이 온몸을 타고 흐른다. 100미터 달리기를 한다고 생각해보자. 운동장에 막대기로 선을 그으면 출발선이 생긴다. 단지 선 하나를 그었을 뿐인데, 출발선 앞에 서면 숨을 고르고 두 주먹을 불끈 쥔 채 달려나갈 준비를 한다. 출발선에서 결승선까지는 불과 100미터. 출발신호와 함께 전력 질주한다. 결승선을 통과하고 나면 가쁜 숨을 몰아쉬며 안도한다. 쓱쓱 문지르면 바로 없어져버릴 선이지만, 선이 생기는 순간 경계가 생기고, 경계가 생기는 순간 공간이 구분된다. 이쪽 공간에서 저쪽 공간으로 경계를 넘어가는 것은 언제나 긴장되는 일이다.

경계에 서 있는 것은 위태롭다. 대지에 두 발로 서 있는 것이 아니라 다른 공간과 맞닿아 있는 경계에 서 있기 때문이다. 어디로 한 발을 내딛느냐에 따라 180도 완전히 다른 세상으로 나아갈 수 있다. 물론 원래 속한 안정적인 공간으로 돌아갈 수도 있다. 경계를 넘어선 낯선 공간은 익숙한 곳을 벗어난 새로운 공간이기에 불안정하고 저항이 강하다.

경계에 서서 경계를 넘는 행동은 스스로 선택한 것이기에 능동적이고 자율적이다. 경계를 만들 수 있는 과감함, 경계를 넘어갈 수 있는 도전성, 경계를 넘나들 수 있는 자유로움이 경계에 서 있을 때 생성된다. 경계에 서 있는 것은 위태로우면서 동시에 모험적이다. 가보지 못한 길로 거침없이 자신을 던질 수 있는 용기 있는 자만이 경계에 서 있을 수 있다.

그래서 경계에 서 있는 사람만이 새로운 것을 추구할 수 있다. 경계에 선 사람은 현재에 안주하지 않고 과감하게 경계에 서서 더 나은 곳으로 건너갈 수 있는 사람이다. 세상과 사회는 시시각각 변하고 있다. 안주하지 않고 미지의 세계에 발을 내딛기를 꺼리지 않는 사람만이 경계에 설 수 있다. 변화를 두려워하지 않고, 불안을 마주하고 새로움을 개척해 나갈 수 있는 사람들이 서 있는 곳이 바로 경계다.

경계에 선 인성교육

어떻게 살아야 인간다운 삶을 살 수 있는가? 어떤 행동이 나와 타인 간의 관계를 원만하게 하는가? 어떤 판단이 가치 있는 공동체로 나아가게 만드는가? 이러한 질문은 우리가 좀 더 인간답게 행복한 삶을 살아가기 위한 고민을 할 때 생겨난다. 그리고 그 고민은 바로 우리가 경계에 서 있을 때, 경계선에서 판단과 결정의 순간을 맞이했을 때 생긴다. 이러한 질문에 대한 답을 찾는 과정은 그리 쉽지 않다. 왜냐하면 경계에 선

불안감을 과감하게 떨쳐내고, 경계에 선 두려움을 받아들이며 치열하게 갈등하고 고뇌해야만 해답을 찾아갈 수 있기 때문이다. 이는 글로 배워서, 이론으로 공부해서 얻을 수 있는 답이 아니다. 스스로 자신의 삶 속에서 경험하고 실패하고 상처받고 다시 일어설 때 비로소 답을 찾을 수 있다.

진정한 인성교육은 이러한 질문에 답을 찾아가는 사유의 과정에 적극적으로 참여하고, 이를 자신의 삶과의 연관성 속에서 인간을 이해해나감으로써 앎과 삶의 일치에 이르도록 만드는 것이다. 〈인성교육진흥법〉에 기술된 '인성교육'의 정의는 "자신의 내면을 바르고 건전하게 가꾸며 타인, 공동체, 자연과 더불어 사는 데 필요한 인간다운 성품과 역량을 기르는 것을 목적으로 하는 교육"을 말한다. 종교적 · 철학적 측면에서, 혹은 동양과 서양의 측면에서 다양한 관점으로 인성의 내용과 범위를 말하지만, 인성이 인간이 삶을 영위하면서 궁극적으로 도달하고자 하는 이상적인 인간의 모습이라는 데는 이견이 없을 것이다. 인간에 대한 이해와 존중, 인간의 존엄성을 일깨우는 교육인 인성교육은 알고 있는 것과 행해야 하는 것이 합치되어 삶의 의미를 찾는 데 도움을 줄 때 교육적 효과를 가져올 수 있을 것이다.

인성교육은 경계에 서 있어야 한다. '경계에 선 인성교육'은 그간 여러 학자와 교육자들에 의해 제기되어온 인성교육의 문제점, 즉 아는 것과 행해야 하는 것의 불일치를 해소하고 인성교육의 새로운 패러다임을 구축하고자 하는 바람에서 시작되었다. 인성교육은 지식의 습득에서 삶으로 체화하는 데까지 나아가야 비로소 인간다운 성품과 역량을 기르는 효과를 가져올 수 있다. 경계에 서 있지 않은 인성교육은 지식의 울타리 안에 갇혀서 추상적인 개념에 머무를 수밖에 없다. 머릿속 개념에서부터 몸의 행동으로 나아가는 것, 인성교육이 경계에 서 있어야 하는 이유다.

경계를 찾아 나서다

경계는 선을 긋는 것이고, 틀을 만드는 것이다. 경계는 물리적이면서 정치적이고, 과학적이면서 심리적이다. 경계는 눈에 보이면서 동시에 보이지 않는다. 경계 안에서 우리는 정체성을 확립하고, 경계 밖에서 타인과의 관계를 형성한다. 우리는 경계 안에서 존재하고, 경계 밖에서 살아간다. 경계는 우리의 존재를, 우리의 삶을 구성하는 요소다. 경계는 고정된 것이 아니라 시시각각 끊임없이 그 모습을 바꾼다. 고정된 경계는 우리의 존재를, 삶을, 관계를, 생각을 고착화시킨다. 새롭게 경계를 만들어내는 일은 가슴 뛰는 일이면서도 두려운 일이고, 창조적이면서 무모한 일이기도 하다. 우리는 얼마나 수많은 경계를 만들고 허물어가며 살아가야 하는 것일까?

'인간 · 경계' 총서는 인간에 대한 이해와 존중을 심화하기 위해 경계의 시선에서 인간다움을 고찰하고자 기획한 시리즈다. 그 첫 출발이 이 책《인성교육, 경계에 서다》이다. 포스트 코로나 시대에는 삶의 환경부터 인간관계에 이르기까지 모든 것이 바뀌고 있다. 특히 전 세계에 불어닥친 바이러스 공포 속에서 인간답게 살아가기 위한 올바른 판단과 지혜로운 행동이 그 무엇보다 중요한 시기다. 또한 '인성의 핵심 가치와 덕목을 적극적이고 능동적으로 실천 또는 실행하는 데 필요한 지식과 공감 · 소통하는 의사소통 능력, 갈등 해결 능력이 통합된 능력'인 인성교육이 그 어느 때보다 필요한 때이기도 하다.

우리는 지금까지 한 번도 경험해보지 못한 낯선 환경에 놓여 있다. 그 안에서 바뀌고 있는 모든 것을 새로운 틀 안에서 다시 정리해야 한다. 지금 바로 이 순간에 우리는 경계에 서 있는 것이다. 그러나 익숙한 곳에서 낯선 곳으로 넘어가야 하는 경계 위에 서 있다고 해서 언제까지나 불안해하고 있을 수만은 없다. 새로운 경계를 짓기 위해 과감하게 경계를 넘어갈 수 있어야 하고, 새로운 영토 안에서 경계 짓기를 통해 다시 존재를 정립해야 한다. 우리는 그 첫걸음을 '인간 · 경계' 총서에서 시작하고자 한다. 철학 · 과학 · 정치학 · 심리학 영역에서 경계를 바라보는 학문적 의미를 고찰해보고, 미래지향적 입장에서 경계에 대한 다채로운 상상력을 펼쳐보고자 했다.

1부에서는 이분법적 사고를 경계하고 상호성을 통해 경계를 극복하고 넘나드는 철학적 사유의 과정을 따라가는 '경계와 경계 넘나들기', 과학과 비과학 사이에서 혹은 과학적인 것과 의미 있는 것 사이에서 경계를 구분 짓고 경계를 넘나드는 과학적 상상력이 '인간이란 무엇인가'에 대한 궁극적 질문에 닿아 있다고 밝히는 '과학적 지식의 경계와 인간 탐구', 정치적 경계 차원에서 파생되는 두 축 국민국가의 경계인 국경과 개인의 존엄한 삶의 경계인 권리를 다루면서 자유를 향한 경계 넘기를 시도하는 '정치학에서의 경계 개념과 인간 이해', 심리학 측면에서 성격의 형성과 인성교육의 상관관계를 다룬 '심리학에서 본 인성교육'에 이르기까지 각 학문 영역에서 경계의 개념과 의미, 그리고 그로부터 도출되는 인간에 대한 이해와 교육을 규명하고 있다.

2부에서는 '경계-모듈형 CUK 인성교육과정'에 대한 연구의 포문을 열었다. 인성교육의 메카인 가톨릭대학교 산하 인간학연구소에서는 보편교육으로서의 인성교육에서 한 단계 더 나아가 경계-모듈형 인성교육으로의 특화된 인성교육을 연구하고 있다. 철학적 · 과학적 · 정치적 사유의 정점은 고착된 경계를 허물고 꾸준히 경계를 생성해가며 자신의 정체성을 정립하고, 경계를 타고 자유롭게 넘나들 수 있는 유연한 사고를 발달시키면서 경계를 가로지를 수 있는 인간으로 성장해가는 데 있을 것이다. CUK 인성교육사업단에서는 대학 인성교육에 경계-모듈형 개념을 적용하여 교육과정을 설계하는 연구를 진행하고 있다. 그 과정에서 경계의 개념을 '구분 짓기', '넘어가기', '넘나들기'의 세 유형으로 구분하여 살펴보고, 각 유형에서 나타나는 문제의 양상을 집요하게 사유하여 가장 올바른 방향으로, 가장 인간다운 방향으로 판단할 수 있는 내재적 힘을 길러주는 것이 연구 목표다. 인간으로서 품위를 유지할 수 있으며 사회적 책무성을 다하는 진정한 시민으로 존재할 수 있도록 만드는 것, 타인과 공동체에 너그러울 수 있는 지적 민감성을 갖도록 사유의 체계를 개방하는 것, 내면을 향한 응시로 자기 고유의 지식을 생산해낼 수 있는 것이 바로 '경계-모듈형 CUK 인성교육과정'이 나아가야 할 방향이다.

CONTENTS

CONTENTS

CONTENTS

1부

경계와 인성

1장
경계와 경계 넘나들기

—

신승환

들어가면서

우리는 수많은 경계 속에서 살고 있다. 너와 나 사이에 경계가 있으며, 집과 집 사이에, 사회와 사회 사이에도 경계가 있다. 모든 사물은 경계를 통해 그 사물로 존재하게 되며, 우리의 관계 역시 경계를 어떻게 설정하느냐에 따라 결정된다. 국가는 국경을 사이에 두고 자신의 영토와 국가로서의 권리를 주장한다. 한 나라가 나라로 존립하는 것은 나라의 경계를 확고히 할 때만 가능하듯이 한 개인도 그 자신으로 존재하기 위해서는 개체로서의 경계를 확고히 해야 한다. 이 경계는 물리적이기도 하지만, 그 영역을 넘어 관계적이거나 정신적인 경계이기도 하다.

그런데 자세히 살펴보면 그 경계는 상당히 모호하다. 물론 물리적인 경계나 국경 같은 경계는 명확한 듯하지만, 그 역시 수시로 경계를 넘나드는 일이 일어난다. 어쩌면 경계란 넘나드는 일을 분명히 보여주기 위해 설정한 것인지도 모른다. 너와 나 사이의 경계도 사실 우리의 관계 안에서 끊임없이 변화한다. 경계를 세우기도 하고 또 경계를 허물어 새로운 경계를 만드는 가운데 사람과 사람이, 사물과 사물이, 또 수많은 공동체와 국가 같은 사회적 체제가 유지되는지도 모른다. 경계는 사물이나 사람 등 모든 존재자가 그 자신이 되는 최소한의 조건이지만, 또한 서로가 맺어가는 관계는 그 경계를 사이에 두었을 때 가능하다. 모든 물체적 존재자나 사람은 물론, 집단이나 단체도 끊임없이 경계를 세워 자신을 유지하지만, 또한 이 경계를 허물고 새로 세우는 가운데 그것으로 존재하게 된다. 경계는 각자의 존재를 위해 반드시 필요한 최소한의 요소일 것이다. 그와 함께 다른 존재와 아무런 관계없이 홀로 있을 수 없다는 측면에서 경계를 만들어가는 과정이 그 존재를 결정하기도 한다. 경계는 경계로 있으면서 한 존재를 그 존재로 만들지만, 또한 관계 안에서 경계는 끊임없이 새롭게 만들어진다. 경계는 닫힌 어떤 것이 아니라 언제나 세워지고 허물어지는 것이다. 경계는 경계 지음과 동시에 그 경계를 넘나드는 가운데 경계로 자리하게 된다.

다른 한편 경계는 지켜야 할 선이기도 하다. "너는 넘지 말아야 할 선을 넘었다", 또는 "그는 아슬아슬하게 선을 넘지는 않는다"라는 표현에서 보듯이 경계는 지켜야 할 어떤 규범이나 한계, 보이지 않는 규칙 등을 의미하기도 한다. 경계는 분명히 이런 금지와 한계의 의미를 지닌다. 미국 작가 와일드(Oscar Wilde)의 소설 《저만 알던 거인》에는 이런 내용이 담겨 있다.[1] 동네 아이들은 날마다 거인의 정원에 가서 놀았다. 그 정원은 푸른 잔디가 깔린 넓고도 매력적인 곳이었다. 아이들은 아름다운 꽃이 되었고 별이 되었다. 봄에는 분홍빛, 진줏빛 꽃망울이 터졌고 가을에는 달콤한 과일이 열렸다. 새들은 나무에 앉아 아름다운 노래를 불렀다. 아이들은 놀이를 멈추고 그 노래를 듣곤 했다. 아이들은 정말 행복했다.

그런데 어느 날 이 정원의 주인인 거인이 돌아왔다. 그는 아이들이 정원에서 노는 것을 싫어했다. 그래서 그는 자신만이 즐길 수 있도록 정원에 높은 담장을 쌓아 아이들이 들어오지 못하게 만들었다. 그렇게 시간이 흘러 겨울이 가고 어느덧 봄이 왔다. 온갖 꽃이 피고 새들이 지저귀면서 세상은 아름답게 피어갔지만, 거인의 정원만은 겨울이었다. 봄은 오지 않았고, 여름과 가을이 되어도 날씨는 풀리지 않았다. 거인의 정원은 언제나 겨울이었다. 거인은 그 이유가 무엇인지도, 어떻게 그 겨울을 끝낼 수 있을지도 알지 못했다. 그러던 어느 날 우연히 작은 방울새 한 마리가 거인의 정원에서 아름다운 노래를 불렀고, 이 노래를 들은 거인의 마음에는 자신의 행동에 대한 후회가 싹트고 있었다. 그때 어린아이 하나가 나무 위로 올라가고 싶어 했고, 거인이 이 아이를 도와 나무에 오르게 했다. 이를 본 다른 아이들도 정원으로 들어왔다. 거인이 정원의 담을 허물고 아이들을 놀게 하자 마침내 거인의 정원에도 다시금 봄이 찾아왔다.

경계를 폐쇄된 담으로 만들면 저만 알던 거인의 정원처럼 그 경계 안은 냉혹한 추위와 어둠만이 있는 얼어붙은 곳이 된다. 경계는 나를 나이게 하는 최소한의 사이짓기이며, 한 존재가 그 존재로 있을 수 있는 기

---

1) 오스카 와일드, 《저만 알던 거인》, 이미림 옮김, 분도출판사, 1977.

본요건이다. 그럼에도 경계가 넘어설 수 없는 벽이 되고, 그 자신을 넘어서지 못할 때 그 경계는 한계가 된다. 한계 안에 갇힌 존재는 깊은 심연에 잠겨 있을 뿐이다. 존재자의 최종 근거를 "규정되지 않은 것(apeiron)"으로 정의한 고대 그리스 자연철학에서는 모든 존재의 최종 근거를 "한계 지워지지 않은 것(peras)"으로 이해했다. 이 개념은 무한한 존재에 경계를 설정함으로써 세계에 존재하는 구체적 사물이 생겨난다는 사실을 말하고 있다. 경계 짓는 것은 무한을 넘어 구체적 사물을 그 사물이게 한다. 시간(時間)은 때와 때 사이에 선을 그어 무한한 시간을 현실의 시간으로 재현한다. 그래서 시간을 '때-사이'라고 말하기도 한다. 공간 역시 터와 터 사이에 경계를 지워 현실의 공간을 만든다. 공간은 '터-사이'다. 시간은 때와 때의 관계맺음이며, 공간은 터와 터의 관계맺음이다. 인간 역시 사람과 사람 사이의 관계에서 인간이 된다. 다른 사람과의 관계가 없다면 사람은 사람으로 존재하지 못한다. 어린 시절 인간 공동체에서 배제되었던 아이가 끝내 사람으로 돌아오지 못한 인도 늑대 소녀의 이야기는 이런 사실을 잘 보여준다. 디포(D. Defoe)의 소설 《로빈슨 크루소(Robinson Crusoe)》의 주인공은 사람들 사이에서 살다가 사고로 격리되었을 뿐이다. 그조차 사물을 친구인 것처럼 만들지 않고서는 살아갈 수 없었지 않은가. 사람은 실존적으로 존재하기 위해 경계 지음을 필요로 하지만, 사회적 존재로 살아갈 수밖에 없기에 이 경계를 가로지르는 관계맺음을 필요로 한다. 이 두 형태 모두 사람의 본래 모습이다. 그 가운데 어느 하나가 없어도 사람은 사람으로 존재하지 못할 것이다.

관계맺음은 경계와 경계 사이를 연결 짓는다. 세계에 존재하는 모든 것은 이 관계 안에 자리한다. 고립되고 폐쇄된 단독자는 무의미하다. 이처럼 무한한 것, 사유 안에 있는 존재자를 사이-지음으로써 우리는 그것을 구체적 존재자로 현재화한다. 경계 지어진 존재는 사이-짓기를 통해 다른 존재와 관계맺음으로써 새로운 존재가 된다. 나는 너를 만나 너와의 관계 안에서 새로운 내가 된다. 사이-짓기는 나를 나이게 하면서 이렇게 관계 맺어진 사이를 통해 또 다른 내가 되기도 한다. 나는 사이-짓기에 따라 아름답게 되기도 하고, 추하게 되기도 하며, 의미와 무의미를 체험하기도 한다. 다른 사람과의 관계맺음에 따라 나는 선하고 기쁘고 빛나는 존재가 되기도 하지만, 그 반대가 되기도 한다. 이러한 사이는 물론 사람과 다른 생명체의 관계를 결정한다. 그뿐만 아니라 사물과 사건을 특정한 그것이게 하는 요소이기도 하다. 평범한 한 사물이 특별한 사물이 되는 것도, 지속되는 시간에서 역사적 사건을 만들어내는 것도 이러한 사이지음 때문에 가능하다. 평생 존재의미를 밝히려 했던 독일 철학자 하이데거(M. Heidegger)가 모든 사물을 있게 하는 존재의 특성으로 '사이-짓기(unter-schied)' 개념을 제시한 것은 이런 맥락에서 의미가 있다.

오스트리아 철학자이면서 시온주의(zionism)를 주장했던 부버(M. Buber)에 의하면 이 세계는 관계맺음에 따라 두 가지 다른 세계로 나눠진다.[2] 인간이 맺는 모든 관계는 '나와 너(I-You)' 사이처럼 인격적이거나, 또는 '나와 그것(I-It)'처럼 사물적이기도 하다. 이 두 관계에 따라 세계와 언어도 인격적이거나 사물적인 것으로 구별된다. 관계맺음의 형태에 따라 사람은 물론, 그에 따라 세계와 사물의 존재 양식도 구별된다. 부버는 나와 너의 관계맺음에서 인간의 본성적 측면을 정의한다. 그는 이것을 '인격'이라고 불렀으며, 이를 위한 인격적 대화를 중심에 놓는 철학을 전개했다. 경계 짓기를 통해 한 개체가 고유한 개체로 존재하게 된다면, 관계

2) 마르틴 부버, 《나와 너》, 표재명 옮김, 문예출판사, 2001.

맺음의 양상은 그 관계에 따라 개체의 특성을 변화시킨다. 이 변화는 본질적인 것이 아니라 실존적인 것이며, 이렇게 변화하는 것이 개체 자체이기도 하다. 경계 지음으로 형성되었던 개체는 관계맺음을 통해 새로운 경계 지음으로 다른 특성을 얻게 된다. 이 새로운 특성은 그 자체로 그 자신의 것이지 결코 그 안에 덧붙여진 것, 없어도 되는 어떤 것으로 치부할 수는 없다. 이렇게 형성된 모든 특성이 그것의 본성을 형성한다. 이 본성이 그 자신이기에 이 본성을 고유하게 유지하는 경계 짓기 없이는 어떤 존재자도 결코 온전한 그 자신으로 존재하지 못한다.

그럼에도 그 사이-지음은 한계 지어진 것으로 닫혀 있지 않고 사이와 사이의 관계 및 상호작용을 통해 거듭 구체적으로 현재화하고 언어로 표현된다. 그래서 이 한계의 사이-지음은 한계를 넘어 경계 짓기와 경계 허물기를 통해 현재화의 경계 짓기로 나타난다. 경계 짓기는 존재를 위해 필요하지만 그와 함께 타자를 향해 경계를 허물고 넘어설 수 있을 때, 그래서 끊임없이 새롭게 경계 지을 수 있을 때 비로소 올바른 경계로 자리하게 된다. 그에 비해 한계가 되는 경계는 결국 그 존재를 단절되고 폐쇄된 것으로 만든다. 한계에 머물 때 경계는 모든 존재자를 파괴하고 그들을 죽음으로 몰아갈 것이다. 예를 들어 물리학적으로도 지구생태계는 열린계이지만, 에너지 사용의 남용으로 경계를 넘나들 가용에너지를 한계 지을 때 그 계는 일시적 고립계(isolated system)가 되고 만다. 고립계에서 생명종의 파괴는 명확한 현실이 된다. 경계가 넘나들기를 거부하는 한계가 될 때 그 안의 존재는 파멸로 치닫게 된다.

생명철학적 경계 넘나들기

지구는 약 40억 년 전 태양계에서 생겨났으며, 생성된 지 불과 4억 년이 지나지 않아 곧장 생명의 싹이 돋기 시작했다. 생명의 기원에 대해서는 확립된 정설이 없다. 우연히 자신을 복제하는 원시복제자에서 생명이 진화했다는 학설에서부터, 외계에서 생명의 싹이 도달했다는 설은 물론, 최고의 존재자인 신이 있어 생명을 창조했다는 설 등 수많은 다른 생각들이 생명의 기원에 대해 해명하려 한다. 과학적 설명이 모든 것을 합리화할 수 없듯이, 종교적 설명 역시 과학적 사실을 배제한 채 그 정당성을 입증할 수 없다. 생명의 기원과는 완전히 별개로 생명체가 초기의 진화 과정을 거쳐 발전해온 것만은 사실인 듯하다. 생명체는 원핵생물과 진핵생물로 나뉜다. 원핵생물은 핵막이 없으며 세포질 가운데 띠 모양의 유전체가 있다. 그에 비해 진핵생물은 핵막을 포함한 세포가 있어 그 안에 유전체가 자리한다. 진핵생물에 이르러 비로소 생명은 오늘날과 같이 다양하고 아름다운 생명체로 진화할 수 있었다. 만약 진핵생물이 없었다면 지금과 같은 아름답고 차이 나는 다양한 생명종은 없었을 것이며, 자의식을 지닌 생명 역시 불가능했을 것이다.

생명의 역사에서 놀라운 사건은 생명의 신비를 설명하고 그 의미를 부여할 생명체가 그 역사의 마지막 자리에서 생겨났다는 사실이다. 인간은 생명 역사의 결과이며, 그 놀라운 선물임에는 틀림없다. 그럼에도 이 생명의 역사 끝자락에 놓인 인간에 의해 생명의 미래가 결정될 것이라는 사실이 무척 역설적이다. 분명히 인간은 생명의 끝자락에 놓인 결과물에 지나지 않지만, 그가 어떻게 행동하느냐에 따라 생명은 멸종과 파멸의 길을 걸을 수도 있고, 그 반대로 모든 생명체가 자신의 존재 가치와 의미를 지니면서 더욱 아름다운 생명의 세계를 만들어갈 수도 있다. 지금 인간이 만든 과학기술과 문명, 자본주의와 민주주의적 세계체제를 돌아보라. 우리가 만든 모든 문화와 예술, 학문과 사람 사이의 이 놀라운 관계와 세계는 생명의 역사에서 비롯된 것이 아닌가. 그런데 이 놀라운 생명 현상은 진핵생물이 세포를 만들고, 세포막을 만들어 경계를 설정했을 때 비로소 시작될 수 있었다. 생명은 이 세포들이 서로 의사소통하면서 몸 전체를 조화롭게 움직일 때 시작되기 때문이다.[3)]

세포는 막을 통해 자신의 유전체를 보존하고 내부의 생존력을 지킬 수 있었다. 경계 짓는 세포막은 이런 놀라운 생명의 역사가 시작된 매우 작은 사건이었다. 이 가장 미소한 경계의 시작이 지금 우리가 보는 놀라운 문화와 생명의 신비를 만들어낸 것이다. 그럼에도 세포막은 닫힌 공간을 만드는 것이 아니다. 세포는 이 작은 막의 경계를 통해 자신을 지킴과 동시에 끊임없이 세포 외부로 넘나들 뿐 아니라 다른 세포와 교류한다. 이런 경계 짓기와 경계 넘나듦, 자기유지와 상호교류 없이 생명은 생명으로 존재하지 못한다. 경계는 생명의 시작이지만, 그 경계는 교류와 상호작용을 위한 기본 조건이 된다.[4)] 생명의 경계는 지킴과 넘나듦을 위한 조건이다. 생명의 놀라움은 생명체의 수많은 세포와 신체 기관들이

---

3) 빌 브라이슨, 《바디: 우리 몸 안내서》, 이한음 옮김, 까치, 2020, 15-16쪽.

4) 인간의 세포에는 유전자가 약 2만 5천 개씩 들어 있다. 유전자는 인간 몸의 표현형을 만든다. 우리의 몸과 마음이 움직이는 뇌는 물론, 성(性)과 얼굴, 성격과 체질, 심지어 특정 질병의 가능성까지 결정한다. 그런데 미국 학술지 《네이처(Nature)》는 이 유전자의 표현형에서 2개 이상의 유전자가 상호작용하는 유전자 상호작용 지도를 만들었다. 예를 들어 CBL이라는 유전자와 CNN1 유전자가 상호작용하면서 적혈구 전구세포를 적혈구로 분화시킨다. 이런 연구를 바탕으로 2020년 사상 최대 규모의 인간 단백질 지도를 완성해 단백질의 상호작용을 밝혔다. 이 지도는 인간 단백질 8,275종과 이들 단백질이 일으키는 5만 2,569개 유형의 상호작용을 기록했지만, 이것은 체내 단백질 상호작용의 2~11% 정도만 반영한 것이다. http://www.nature.com/collections/afbgiddede 2020.5.27.

철저히 자신의 경계를 지키면서 서로를 넘나들기 때문에 가능하다. 우리 몸은 이런 상호작용을 통해 생명체로 살아갈 수 있다. 이런 내부적 특성뿐만 아니라 생명체는 외부적으로도 다른 생명체는 물론 자연과 이러한 경계 넘나들기를 통해 상호작용하면서 생명체로 존립할 수 있게 된다. 상호작용 없이 생명은 한순간도 생명체로 살아가지 못한다. 인간을 비롯한 모든 동물의 신경계를 관장하는 최고의 기관인 뇌는 이런 사실을 잘 보여준다. 마음과 감성, 지성과 도덕적 행위 등도 모두 뇌에서 이뤄지는 중추적 작용의 결과다. 그런데 그 뇌는 자기 혼자 판단하고 명령을 내리는 것이 아니라 신체 각 기관이 모아오는 신체 내 외부 정보를 바탕으로 행동한다. 여기서도 우리는 생명체의 경계 짓기와 경계 넘나들기의 실체를 확인하게 된다.

오늘날 본질주의와 실체론의 철학을 넘어 모든 존재자와 존재를 생성의 관점에서 설명하는 철학이 그 정당성을 주장하고 있다. 생성철학의 특성을 가장 잘 보여주는 표상 가운데 하나가 생명체의 원리에 따라 존재를 설명하는 생명철학이다. 생명철학의 정당성과 타당성은 별개의 문제이며, 여기서 다를 주제도 아니다. 다만 생명철학의 원리에 따라 생명의 시작과 생명이 살아가는 과정에 주목해보자. 이에 따르면 생명체는 그 시작에서 공동의 기원을 지닌다. 이 지구에서 생명체는 오직 한 번 어떤 사건에 의해 생명체로 진화했다. 그것이 자기복제자이든, 또는 생명의 싹이든, 또는 어떤 보이지 않는 힘에 의해서든 그와 무관하게 생명이 하나의 기원을 지닌다는 사실은 분명하다. 그 이후 생명은 끊임없는 생성 과정을 거쳐 변화하고 발전해왔으며, 모든 생명체는 서로가 서로를 필요로 하여 생겨난 공생명체로 진화했다.

미국 생물학자 마굴리스(Lynn Margulis)는 모든 생명체가 세포의 공생(symbiosis) 관계를 통해 진화했다고 주장했다. 생명체는 원시 세포의 "단계적 세포 내 공생(serial endosymbiotic)"을 통해 진화한 것이다.[5] 이러한 공생명이론(symbiosis theory)은 고도의 의식을 가진 생명체가 태어나기 위해 가장 필요한 것은 생명이 더불어-함께 존재하는 능력에 있음을 잘 밝혀준다. 미국 생물학계의 냉대에도 불구하고 이 이론의 과학적 근거가 확증됨으로써 그 공로를 인정받아 마굴리스는 이후 1993년 미국 국립과학아카데미 회원이 되었으며, 1999년 미국과학훈장을 수상하기도 했다. 공생명으로서의 생명이 존재하기 위한 가장 중요한 두 가지 요소가 생명의 기본단위인 세포의 '경계 짓기'와 함께 세포와 세포 사이의 교류를 결정하는 '경계 넘나들기'에 있음이 분명하다. 공동의 기원을 지니는 모든 생명은 공존재이며, 생명의 역사를 공유한다.

생명체가 생명일 수 있는 까닭은 생명체 내에서의 경계 넘나들기에 있을 뿐 아니라 생명체 외부적으로도 다른 생명체와 끊임없이 상호작용하는 데 있다. 그 관계는 미시적인 생존경쟁에 있지만, 거시적으로는 공존재성을 지닌다. 이 공존재성 역시 경계 짓기와 경계 허물기를 통한 경계 넘나들기의 원리에 있음은 두말할 필요가 없다. 생명체는 공동의 기원을 지니지만, 그럼에도 매우 다양하게 존재하며, 또한 그렇게 다르게 살아가고 있다. 지구상에 있는 수많은 생명의 다름과 차이, 거기에서 오는 아름다움과 복잡함을 생각해보라. 그런데 이러한 다양성과 복잡함은 단 하나의 생명사건에서 시작된 생명이 만들어가는 경계 짓기와 경계 허물기를 통한 경계 넘나들기 없이는 불가능했다. 생명체의 특성이 경계 지음과 허물기를 통한 경계 넘나들기에 있다는 사실은 경계에 담긴 존

5) 린 마굴리스, 도리언 세이건, 《생명이란 무엇인가》, 김영 옮김, 도서출판 리수, 2016.

재 원리를 잘 보여준다.

이분법적 경계와 상호성을 통한 경계 극복

철학의 오랜 강박관념은 세계와 인간을 이분법적으로 분리해서 사고하는 데 있다. 이원론은 서구철학의 명백한 한계다. 이미 플라톤(Platon)이 세계를 이데아(Idea)와 모사된(mimesis) 세계로 구분했으며, 그에 따라 인간을 정신과 육체(mind-body)로 이원화했다. 또한 세계는 선과 악, 진리와 오류, 이성과 감성이 이항대립으로 존재한다고 생각했다. 이런 사조는 서구철학의 전통이 되다시피 했다. 근대철학의 시조라 불리는 데카르트(R. Descartes)는 정신과 육체, 이성과 물질을 구분하는 철저한 이원론자였다. 또는 예를 들어 근대 정치철학자 슈미트(K. Schmidt)는 정치조차 적과 나를 구분하는 데서 시작된다고 주장한다. 이원론적 세계관에서 경계는 명백한 한계가 되고, 구별 짓고 차별하는 절대적 기준이 된다. 한쪽이 선과 진리라면, 다른 쪽은 악과 거짓이 된다. 여기에 상호성이 작용할 여지는 없다. 예를 들어 서구철학은 존재하는 사물의 본성을 설명하기 위해 본질과 실존(essentia-existentia) 개념을 통한 이원론적 도식을 제시한다. 본질이 한 사물이 본래 그러한 존재로 있게 되는 변하지 않는 특성이라면, 실존은 그 사물이 지금 여기에 실제적으로 있는 모습을 가리키는 개념이다. 인간의 본질이 이성이나 인격이라면, 실제 살아가는 세상에는 그런 본질을 완전히 갖춘 사람은 존재하지 않는다. 그러므로 인간에게는 본질이 중요한 것이며, 본질적 인간이 되기 위해 노력해야지 지금 있는 나의 실제적 모습, 실존은 부수적인 것에 지나지 않는다. 이처럼 서구철학은 2,500년 동안 오직 본질만을 추구했기에 본질주의 철학이라는 특성을 지닌다. 본질주의 철학은 다양성이나 차이 개념을 알지 못한다. 그 철학에서 경계 바깥은 거짓과 어두움의 세계이거나, 심지어 악한 세계가 되기도 한다. 경계 바깥은 없어져야 할 세계일지도 모른다.

그에 비해 프랑스 철학자 사르트르(J.-P. Sartre)는 "실존이 본질에 앞선다"라는 말로 실존주의 철학을 체계화했다.[6] 본질적 인간이 중요한 것이 아니라 지금 여기서 실제로 살아가는 나의 모습, 나의 실재가 더 중요하다. 나의 희망과 꿈, 나의 아픔과 절망, 나의 두려움과 불안은 본질 따위와는 무관하다. 지금 아파하고 죽어가는 나에게 본질이 무슨 의미가 있단 말인가. 실존하는 내가 중요하다. 실존주의는 "실존한다. 그러므로 나는 존재한다"라고 외친다. 그런데 과연 인간을 본질과 실존이라는 두 가지 면으로 구분해서 이해할 수 있을까. 인간다운 인간이 되기 위해 사는 것이 인간이며, 그럼에도 지금의 한계와 고통, 일상의 기쁨과 삶이 인간의 실제 모습이며, 그것이 곧 본질이 아닐까. 실존과 본질을 구분하여 이항대립으로 이해하면 인간의 본모습을 놓치게 된다. 실존과 본질의 이원론이야말로 전형적인 한계의 철학이다. 잘못 그어진 경계선은 실제적 삶과 그 안에서 이뤄지는 인간의 이해를 왜곡시킨다.

이원론은 인간의 직관에 호소하는 면이 강하다. 이원론은 나와 너를 구분하고, 적과 친구를 가르고, 세계를 나의 관점에서 편리하게 양분해서 받아들일 수 있게 한다. 그러나 우리가 경험하는 세계는 결코 이렇게 흑백으로 명확히 구분되지 않으며, 삶에는 온갖 요소가 상호작용한

---

6) 장 폴 사르트르, 《실존주의는 휴머니즘이다》, 박정태 옮김, 이학사, 2008.

다. 때로는 선으로, 때로는 그 반대로 다가옴을 일상적으로 겪고 있지 않은가. 세계와 인간은 모순과 역기능이 상호작용하는 가운데 끊임없이 새롭게 차이지면서 생겨나고, 또 그렇게 이어진다. 이원론이 경계를 설정하고 그 경계를 한계로 받아들이면서 경계 넘나들기를 거부한다면, 이는 우리의 세계경험과 존재원리에 맞아떨어지지 않는다. 차라리 세계와 존재는 모순으로 가득 차 있으며, 이 모순을 어떻게 받아들이고 조화롭게 만들어가느냐가 해결방안일 것이다. 인간과 세계는 경계 짓기와 경계 허물기를 통해 경계 넘나들기를 수행하면서 끊임없이 생성되는 과정에 있다.

본질주의 철학에 매몰된 서구철학은 존재를 동일성과 차이에서 이해한다. 같음과 다름을 구분하는 것은 이원론과 본질주의 철학의 특징이다. 그럼에도 우리는 같음이 있기 위해서는 다름이 있어야 하며, 다름 역시 같음 위에서 비로소 의미를 지닌다는 사실을 안다. 동일성과 차이는 배타적이거나 이항대립적이지 않고 오히려 상호작용하면서 늘 새롭게 관계 맺는다. 이러한 역동성과 상호성을 통해 존재는 끊임없이 새로운 동일성과 차이를 만들어낸다. 우리에게는 경계 안에서 공유하는 동일성이 있으며, 그 동일성 안에서 차이를 말할 수 있다. 예를 들어 우리는 한 공동체 안에 있기에 그 공동체의 구성원으로 동일성을 지닌다. 그럼에도 그 안에서 우리는 서로의 차이와 다름을 확인하게 되고, 이것이 나 자신의 실제적 모습을 만들어간다. 우리는 같기 때문에 다를 수 있으며, 다름 안에서 같음을 확인하게 된다. 인간으로서의 같음이 동물과의 다름을 보여주지만, 또한 이 같음 안에는 각자의 고유성을 통한 다름이 자리한다. 남자와 여자는 다르지만, 동물과의 관계에서는 훨씬 더 같음을 확인하게 된다. 또 이 동물과도 살아있음을 통해 같음을 확인하지만, 그럼에도 우리는 그들과 다르다. 이러한 같음과 다름은 우리가 설정하는 경계에 따라 상호작용하면서 역동적으로 움직인다. 또한 그 의미는 이러한 상호작용에 따라 늘 새롭게 다가온다.

그런 까닭에 생명체 역시 이러한 동일성과 차이에서 이해할 수 있다. 각자의 몸으로 구분되기에 개별 생명체는 자신을 단독자로 생각하지만, 사실 생명체를 이루는 유전자는 서로 다르면서 또한 유전적으로는 사실상 동일하다.[7] 지구상의 모든 생명체는 첫 조상의 후손이기에 동일하지만, 생명의 역사를 통해 차이지는 생명체로 분화되었다. 이 차이 없이 개별 생명체는 생명체일 수 없지만, 그 차이는 생명체의 첫 조상에서 나오는 동일함 안에서의 차이일 뿐이다. 동일성과 차이는 구별되는 두 경계가 아니라 서로가 서로를 포함하고 또 구분됨으로써 실제의 인간을, 실제의 삶을, 실제의 존재를 형성하게 된다. 우리는 경계 지음으로써 동일성을 확인하게 되고, 그 경계를 허물고 경계를 넘어서기에 차이를 드러낼 수 있다. 경계는 경계 안의 동일성을 확립하는 최소의 기준이지만, 이 동일성을 바탕으로 다른 존재와 관계맺는다. 이 관계맺음과 다른 존재와의 상호성을 상실할 때 경계는 한계가 된다. 이때의 한계는 경계 안의 나를, 그 존재의 실재를 보지 못하게 만들 뿐 아니라 실재를 왜곡시킨다. 경계 짓기가 나를, 그 존재를 결정한다면, 경계 허물기는 나의 한계를 넘어서게 만든다. 경계 넘나들기는 이런 이중적 의미를 지닌다.

---

7) 빌 브라이슨, 《바디: 우리 몸 안내서》, 이한음 옮김, 까치, 2020, 18쪽.

경계 넘나들기의 철학

독일 철학자 벨쉬(W. Welsch)는 근대성에 의한 이성 이해가 빚어내는 한계를 비판하면서 근대 이성의 일면성을 벗어나는 "가로지르는 이성(transversal reason)"을 주장한다.[8] 이성은 진리를 보증하는 기준점이기에 이성을 벗어나는 다른 영역, 예를 들어 감성이나 종교성 같은 초월적 감수성을 배제하고 억압한다. 전통 철학이 이러한 이성을 진리를 인식하는 인식 이성으로 설정하고 이를 이성의 본질이라고 주장하지만, 우리는 인식 이성이 수용하지 못하는 다른 영역을 해명할 이성적 능력도 있음을 일상적으로 경험한다. 아름다움을 감지하는 이성이나 초월성을 인식하는 이성이 대표적이다. 그럼에도 서구의 근대는 오직 사물을 객체적이거나 수학적으로 인식하는 인식 이성만을 유효한 이성으로 간주했다. 벨쉬는 이러한 일면적 이성 이해를 넘어 다양한 형태로 드러날 수 있는 이성을 가로지르는 이성으로 주장한다. 그것은 전통적 이성 이해의 한계를 넘나드는 새로운 이성 이해를 말한다. 이처럼 현대철학에 이르러 서구의 전통적 이성 이해를 넘어서는 다양한 형태의 이성 이해를 주장하는 조류가 주류를 이루고 있다. 심미적 이성이나 지성, 또는 초월적 영성에 대한 강조는 이런 흐름을 대변한다. 이성은 서구 전통적 이성 이해의 한계에 갇혀 있지 않다.

프랑스 철학자 들뢰즈(G. Deleuze)는 생성철학의 특성을 탈영토화와 재영토화 개념을 통해 설명한다.[9] 이 철학은 경계 짓기와 경계 허물기를 통한 가로지르기 개념으로 현대의 사회 · 문화적 맥락을 잘 해명할

8) W. Welsch, *Unsere postmoderne Moderne*, Akademie Verlag, Berlin, 1993.

9) 질 들뢰즈, 펠릭스 과타리, 《안티 오이디푸스》, 김재인 옮김, 민음사, 2014.

수 있다. 미처 현재화하지 않고 아직은 잠재적인 영역에 머물러 있던 어떤 것, 사물과 사건이 현실화되는 과정을 생각해보자. 잠재적인 것은 어떤 구체적인 터전 안에서 실재가 된다. 말로써 그런 실재화를 표현한다면 그것은 언어를 통해 그 실재가 구체적인 자리에 머무는 것, 즉 영토화하는 것이다. 어떤 행동이나 작업을 통해 구체적인 실재가 된다면 그것은 실재화를 통한 영토화다. 모든 인간은 힘에 대한 의지를 지니고 있다. 무엇을 하기 위해서도 힘이 필요하며, 하지 않기 위해서도 힘이 있어야 한다. 우리가 살아간다는 것은 언제나 무엇을 하는 힘이 있어야 하며, 그 힘이 원하는 의지에 따라가는 과정이 삶이다. 그러기에 니체(F. Nietzsche)에 기대어 말한다면 존재는 힘에의 의지다. 들뢰즈는 이것을 '욕망'이라는 용어로 표현한다. 욕망은 욕심이 아니라 무언가에 의지하는 마음의 흐름이다. 욕망이 현재가 되는 과정이 영토화다. 탈영토화는 경계 지어진 토대를 벗어나는 과정이며, 재영토화는 이렇게 경계를 넘어서서 새로운 대지에 뿌리내리는 과정을 표현한다.

예를 들어 글쓰기는 문장을 통해 표현하고자 하는 바를 나타내는 하나의 "탈영토화된 흐름"이며, 영화는 이미지로 만들어가는 탈영토화 과정이다. 들뢰즈는 '자본'이라는 기계는 "잉여가치를 이끌어내기 위해" 우리의 삶을 "탈영토화"한다고 말한다. 모든 현상과 사건, 사물은 탈영토화되지만 어떤 터전에 재영토화한다. 그럼에도 이 세계에 생성만이 있다면 재영토화는 그곳에 고정되지 않고 또다시 탈영토화를 통해 이 과정을 반복할 것이다. 그 반복 안에서 끊임없이 사건과 사물이 생성된다. 그것은 영토의 경계를 끊임없이 허물고 새롭게 짓는 과정의 반복이다. 그것이 우리의 삶이 아니고 무엇일까. 그 탈영토화와 재영토화에 언어가, 이미지가, 예술과 기술이 작동할 것이다. 작곡가는 음악을 탈영토화하고, 표현주의 영화는 이미지를 탈영토화한다. 아인슈타인(A. Einstein)은 "우주의 표상"을 탈영토화하고, 기술자는 자신의 기술로 기계를 탈영토화한다. 우리가 존재를 현재화하는 모든 곳과 모든 순간에 탈영토화와 재영토화가 되풀이된다. 이 과정은 언어와 이미지를 통해, 기술과 예술을 통해, 또는 그 어떤 행위를 통해 영토화하고 현재화한다. 그 안에서 욕망이나 힘에의 의지가 현재화하는 힘으로 작동한다.

들뢰즈의 리좀적 사유는 이 과정을 읽어내는 다양체적 사고를 가리킨다.[10] 리좀(Rhizome)은 나뭇가지들이 복잡하게 뒤엉켜 자라고, 이것이 흙에 닿아서 새로운 뿌리를 내려 그 뿌리가 서로 얽히고설켜서 상호작용하는 모습을 표현하는 말이다. 리좀은 "수풀이 무성한 관목 뿌리 혹은 잔뿌리 체계"다.[11] 리좀적 사유는 생성과 경계 넘나들기를 언어화하고 재현하는 생각 방식을 가리킨다. 그래서 들뢰즈는 "리좀은 우리 시대에 필요한 새로운 사유 모형"이라고 말한다. 이것은 더 이상 하나의 원리에 의해 지배되는 세계, 즉 일원성이나 동일성의 세계가 아니라 다양성과 차이, 경계 지어진 것들이 서로 관계 맺는 방식이다. 이것은 누구나 중심이면서 아무도 홀로 중심이 아닌 세계, 모두가 중심이면서 서로의 중심성을 받아들이는 세계를 말한다. 경계 지음으로써 자신이 중심이 되지만, 그 경계를 허물고 경계를 넘나들 수밖에 없는 세계는 나의 중심을 넘어서 다른 중심을 받아들인다. 모두가 중심이지만 누구도 중심이 아니며, 서로가 중심인 세계, 그 세계의 존재 방식을 이해하는 우리의 생각 방식을 해명하기 위한 철학이 곧 리좀적 사유다. 우리 삶과 세계는 하나의 줄기만 가진 나무가 아니라 오히려 수많은 뿌리가 얽혀 있는 리좀과

---

10) G. Deleuze & F. Guttari, *Rhizom*, übers. v., D. Dagmar, u.a., Merve Verlag, Berlin, 1977.

11) G. Deleuze & F. Guttari, *Rihzom* p. 9.

같다. 들뢰즈는 이 생각을 노마드(nomad)적 삶으로 개념화했다.[12)]

노마드적 삶은 농부처럼 어느 한 곳에 정주해서 사는 것이 아니라 삶의 자리를 끊임없이 새롭게 찾아가는 유목민적 삶을 일컫는다. 평생 한 곳에 머물면서 농사를 지으며 살던 삶은 이제 불가능하다. 드넓은 초원에서 말 달리며 끊임없이 새로운 세계를 향해 내닫는 삶이 유목인의 존재 방식이다. 이처럼 현대 세계는 더 이상 어느 한 곳에 정주하거나 또는 하나의 원리에 머물러 있는 정적인 삶은 가능하지 않다. 끊임없이 삶의 상황과 생각에 따라 그때그때 필요한 곳에 머무르는 과정이 현대인의 삶이다. 예를 들어 디지털 문화를 생각해보면 이 삶은 전형적으로 노마드적 삶의 형태를 드러내고 있지 않은가. 그래서 현대문화를 설명하는 개념으로 유목민적 삶인 노마드를, 또한 그런 삶을 이해하고 개념화하는 철학을 '노마디즘(nomadism)'이라고 표현할 수 있다. 리좀적 사유는 이런 세계의 현상을 이해하고 표현하는 새로운 생각 방식이며, 그러기에 리좀적 사유는 유목하는 현대인의 삶을 수용하는 철학이기도 하다. 노마드적인 삶은 끊임없이 유목하면서 그가 머무는 곳을 경계 짓고 경계 허물기를 반복하여 경계를 넘나드는 과정을 밟는다. 들뢰즈는 이런 과정을 탈영토화와 재영토화 개념으로 설명한 것이다. 이런 과정을 읽어내고 개념화하는 것이 곧 리좀적 사유다. 이는 철학적으로 하나의 원리나 중심을 인정하지 않고, 그것을 벗어나는 다양성과 차이를 수용하고 이해하는 철학을 가리키는 말이기도 하다.

경계를 넘나드는 과정은 양면적 특성을 지닌다. 경계 짓기는 경계 내의 존재를 확인하고 그 고유함을 유지하는 토대가 되며, 경계 허물기

---

12) G. Deleuze & F. Guttari, *Rhizom*, p. 37.

는 그 경계를 넘어 다른 경계와 만나고 상호작용하기 위해 반드시 필요한 과정이다. 이 양면적 과정을 통한 경계 넘나들기는 그러기에 양면적 특성을 지닌다. 경계 짓기는 자신의 존재 깊이를 지향하는 내재적인 특징을 지닌다. 그에 반해 경계 허물기는 자신의 존재를 넘어 타자를 향해 나아가기에 초월적 특성을 지닌다. 이 두 특성을 함께 지니는 경계 넘나들기는 내재적이면서 또한 초월적이다. 초월적이지만 바깥의 어떤 세계가 아니라 자신의 내면 깊숙이 나아가기에 내재적이다. 그럼에도 이 내재는 내면에 함몰되지 않고 그 심연을 넘어서려 하기에 초월적이다.

경계 넘나들기는 경계 외부가 아니라 또 다른 경계를 가로지르는 내재하는 초월이다. 그러한 경계 넘나들기는 선과 악을, 정상과 비정상을, 아름다움과 추함을 가로지른다. 철학적 관점에서의 가로지르기는 유럽 근대철학의 일면적 이성을 넘나드는 이성의 가로지르기이지만, 여기에 머물지 않고 생각과 생각, 문화와 문화, 경계와 경계를 가로지르는 개념으로 확장된다.[13] 선과 악, 정상과 비정상은 고정되어 있는 것이 아니다. 아름다움과 추함 역시 언제나 경계 가로지르기를 통해 새롭게 태어난다. 그러기에 역사와 세계를, 자연과 문화를, 인간과 인간 아님을, 생명과 비생명을 넘나듦은 이들을 새롭게 구성하고 그렇게 만들어낸다. 그것은 나와 너의 경계, 남자와 여자의 경계, 우리와 너희의 경계를 짓고 허물며 넘나든다. 경계 넘나들기의 내재적 초월의 특성은 존재가 생성의 특성을 지닌다는 뜻이며, 그것은 더 이상 실체가 아니라 과정을 통해 끊

13) 이 개념은 장 폴 사르트르가 1940년에 사용했지만, 이후 심리학적 관점에서 과타리(F. Guttari)가 본격적으로 사용했다. 그의 책 "La Transversalité," in *psychothéraphie institutionelle*, Nr. I, 1964/65, 91-106. 이후 들뢰즈도 과타리와 함께 쓴 《천 개의 고원》(*Mille Plateaux: Capitalisme et Schizophrenie Gilles Deleuze*, 1980; 한국어 번역본, 김재인 옮김, 새물결, 2001)에서 이 개념을 일반적으로 사용하게 되었다.

임없이 새롭게 되어가는 존재라는 뜻이다.

현대철학이 해체주의(deconstructivism)를 주장하는 까닭도 여기에 있다. 해체주의 철학은 유럽의 철학이 잘못된 길로 접어들었거나, 또는 적어도 변화된 현대의 시대 상황을 읽어내는 데 한계를 지니고 있다는 생각에서 비롯된다. 그들은 전통을 단순히 파괴하거나 거부하는 것이 아니라 하이데거의 주장처럼 우리 시대와 이 시대의 존재를 타당하게 이해하고 해명할 새로운 사유를 필요로 한다. 이를 위해 전통을 뜯어내고 해체하여 새롭게 구성하려는 것이 이들 철학의 주된 동기다. 경계를 허물고 새로운 경계를 지을 수 있을 때 새로운 사유가 가능하며, 이 사유는 수많은 경계 지어진 존재를 넘나듦으로써 우리 시대와 존재를 읽어낼 토대를 마련하려 한다.

문화적 경계 넘나들기

서구중심주의는 근대 이래 유럽이 이룩한 세 가지 혁명적 사건을 통해 전 세계로 확산되었다. 20세기에 이르러 구미의 패권이 전 세계를 장악하면서 자연스럽게 세계의 규범으로 자리매김되었다. 그럼에도 이는 인류 역사상 대표적인 잘못된 사조 가운데 하나다. 1492년 콜럼버스(Ch. Columbus)가 유럽인으로서는 처음으로 아메리카 신대륙에 상륙하고, 이후 유럽세계는 추악한 제국주의적 식민정책을 통해 아메리카 대륙과 원주민을 착취하면서 경제적 풍요를 누리게 된다. 그와 함께 영국을 중심으로 한 산업기술의 발달이 마침내 산업혁명으로 이어졌다. 이를 통해 18세기 이후 유럽 사회는 급속도로 자본주의 정치 · 경제 체제로 변화했다. 또한 16세기 이래 종교개혁과 함께 이루어진 정치적 각성은 17~18세기에 이르러 영국의 명예혁명(1688)이나 프랑스 계몽주의 혁명(1789)을 이끌어내는 원동력이 되었다. 1689년 영국의 권리장전은 군주의 독점적 권한을 견제하고, 비록 소수 계층에 한정되었지만 시민의 정치적 권리를 보장하는 계기가 되었다. 프랑스혁명과 이후의 계몽주의 역시 폭력과 굴곡의 역사를 지니지만, 그런 지난한 역사를 거쳐 근대 인권 개념과 정치권력의 민주화를 이루는 혁명적 사건이 되었다. 이를 통해 유럽은 정치적으로 깨어난 시민을 통한 민주주의 혁명을 달성하게 된다. 미합중국의 독립(1776)도 이런 역사가 있었기에 가능했다.

이러한 혁명적 사건을 통해 세계의 근대사를 정리한 영국 사학자 홉스봄(E. Hobsbawm)은 이 역사를 세 가지 혁명으로 규정했다. 그 혁명은 그의 근대역사 3부작 《혁명의 시대: 1789~1848》, 《자본의 시대: 1848~1875》, 《제국의 시대: 1875~1914》에 잘 드러나 있다.[14] 이러한 혁명적 사건과 상호작용하면서 근대성(modernity)이라 불리는 유럽 정신이 발흥했다. 근대성은 유럽의 문화와 과학을 비롯한 학문은 물론 그 철학이 세계체제의 준거로 자리매김되는 토대가 되었다. 이후 제국주의를 통해 전 세계로 뻗어간 유럽 문화의 힘은 아시아를 비롯한 거의 모든 세계가 유럽 근대철학의 굴레에 장악되면서 유럽 근대성이 전 세계적 보편규범으로 자리하게 되었다. 이로써 유럽 이외의 세계는 자신의 전통적 문화와 철학을 포기했을 뿐 아니라 사회체제 역시 유럽의 것으로 대체하기에 이르렀다. 그 가운데 유럽의 제국주의가 2세기 이상 전 세계

14) 에릭 홉스봄, 《자본의 시대》, 김동택 옮김, 한길사, 1998; 《제국의 시대》, 김동택 옮김, 한길사, 1998; 《혁명의 시대》, 정도영 외 옮김, 한길사, 1998.

에 유례 없는 폭력과 고통을 야기했다. 예를 들어 조선 사회는 우리의 사상과 정치 · 문화, 사회와 일상을 지배하던 '성리학'이라는 절대적 규범을 이 세력의 강요에 따라 일순간 포기하고, 심지어 오랜 식민생활의 야만과 고통을 겪었으며, 그 가운데에서 일어난 극심한 혼란을 피할 수 없었다.

황석영의 소설 《손님》(2001)은 '기독교'와 '마르크스주의(marxism)'라는 두 손님이 서로 갈등하고 싸움을 벌일 때 이 땅의 민중이 얼마나 많은 폭력과 무의미한 고통에 시달리는지를 여실히 보여준다.[15] 손님은 우리를 찾아온 반가운 사람이기도 하지만, 천연두나 홍역 같은 무서운 질병이기도 하다. 그런 손님이 우리 삶을 파괴하면서 초래한 폭력과 죽음을 어디 이 소설에서만 찾아볼 수 있는가. 한국 현대사는 그 희생 위에서 성장한 역사라 해도 지나친 말이 아니다. 지금도 유럽의 손님들이 배타적으로 자신의 한계를 마치 전 세계가 따라야 할 기준인양 떠들면서 이 무의미함과 일방성이 여전히 우리 사회에서 가시지를 않고 있다. 미국의 세계체계론자 월러스틴(I. Wallerstein)은 이런 역사적 사실을 통해 현대세계의 체계를 설명하려 한다. 그 뒤에는 세계 규범으로 자리 잡은 유럽 정신의 배타적 지배에 대한 비판이 자리하고 있다. 그는 이를 통해 그 안에 담긴 유럽중심주의와 그 한계를 체계적으로 해명한다.[16] 이 시대는 유럽정신이 전 세계를 장악하면서 세계를 근대화했다. 그럼에도 그 과정에서 보기 드문 폭력과 야만을 초래했을 뿐 아니라 유럽 이외의 문화와 철학, 삶의 양식을 파괴하면서 과잉으로 치닫는 시대이기도 했다. 그래서 홉

---

15) 황석영, 《손님》, 창비, 2001.

16) 이매뉴얼 월러스틴, 《유럽적 보편주의》, 김재오 옮김, 창비, 2008.

스봄은 이 시대를 '극단의 시대(1914~1991)'라 불렀다.[17] 이 시대를 야만과 폭력으로 규정하는 까닭은 1천만 명이 넘는 흑인 노예와 수천만 명 이상의 라틴아메리카 원주민이 죽어간 것은 물론, 식민주의 전쟁으로 수많은 사람이 무고하게 희생되었기 때문이다.

미국 듀크(Duke) 대학교의 미뇰로(Walter Mignolo)는 라틴아메리카의 탈식민주의에 대한 연구를 수행하는 문화인류학자다. 그는 서구 근대성이 라틴아메리카를 얼마나 식민화했으며, 그 가운데 이 근대성이 미친 해악이 얼마나 엄청난지를 잘 분석하고 있다.[18] 제1~2차 세계대전에서 볼 수 있듯이 전쟁을 통해 수천만의 사람이 희생되었고, 나치(Nazism)의 강제수용소(KZ)와 구소련의 정치범 수용소(Gulag), 근대 중국 대륙에서 벌어진 전쟁과 문화혁명 등을 통해 너무도 엄청난 많은 사람이 무고하게 희생되었기 때문이다. 중국 대륙에서의 죽음과 일본제국주의에 의해 살육되고 희생된 사람들은 직접적으로 유럽제국주의에 따른 것은 아니다. 그럼에도 그들은 유럽제국주의의 변형이거나 그 여파로 인한 희생이었다. 이 모든 야만 뒤에는 유럽의 일방적 제국주의와 그것을 가능하게 한 왜곡된 근대성이 자리한다.

그러한 폭력의 한가운데에 놀랍게도 근대성을 이성주의로 체계화한 계몽주의 철학이 자리하고 있다는 사실은 이런 이중성을 잘 보여준다. "자신에서 비롯된 미성숙을 벗어나기 위해 스스로 이성을 사용할 수 있는 용기를 가져라(Sapere aude!)"라고 촉구한 계몽주의 정신은 유럽으로 하여금 근대의 놀라운 문화적 성취를 이룩하게 했다.[19] 그럼에도 그 이

---

17) 에릭 홉스봄, 《극단의 시대》, 이용우 옮김, 까치, 1997.

18) 월터 D. 미뇰로, 《서구 근대성의 어두운 이면》, 김영주 외 옮김, 현암사, 2018.

19) I. Kant, "Beantwortung der Frage: Was ist AufKlärung," in *Dezember-Nummer der Berlinischen*

성이 유럽이라는 경계 안에 머물 때 제3세계에는 강압으로 작동했다. 이 역사는 서구에서 인간의 존재론적 특성인 이성과 권리, 자유 정신과 성숙을 향한 열정이었던 계몽 정신이 일면적으로 작동할 때 다른 세계에는 얼마나 폭력적이고 야만적인지를 너무도 잘 보여준다.

근대성을 비판하는 철학의 오랜 질문 가운데 하나는 "왜 이성의 계몽을 말하던 유럽의 문화가 이렇게 야만과 폭력을 초래했을까?"라는 데 있다. 예를 들어 프랑크푸르트 비판학파(Frankfurt Schule)의 아도르노(Th. Adorno)는 주술적 세계를 벗어나려던 계몽이 다시금 주술이 된 근대성의 모순에서 그 이유를 찾기도 했다.[20] 그는 파시즘이 지배하는 나치 시대의 독일에서 계몽 정신에 담긴 독선과 동일성의 폭력을 발견하고 이를 비판한 것이다. 그 안에는 근대계몽주의 혁명 이래 유럽중심주의가 초래한 이성중심주의(logocentrism)와 인간중심주의를 비롯한 각종 중심주의적 사고가 자리하고 있다. 이러한 중심주의의 동일성은 타자와 주변부를 부정하고 자신을 스스로의 한계 안에 가두어둠으로써 자신과 함께 타자도 파멸로 몰아간다.

서구철학이 인간을 "로고스를 지닌 동물(zoon logon exon)"로 규정한 이래 중심주의에 따른 인간우월주의가 서구의 주된 생각이 되었다.[21] 로고스는 '말'을 뜻하기도 하고, '이성'을 가리키기도 한다. 또한 계산, 논리 등의 의미도 지닌다. 결국 인간을 이런 특성을 지닌 존재로 간주하고 모든 생명체 가운데 가장 우월하다는 생각이 자연스럽게 자리 잡았다. 이

Monatsschrift 1784.

20) 테오도르 W. 아도르노, M. 호르크하이머, 《계몽의 변증법》, 김유동 옮김, 문학과지성사, 2001.

21) M. Heidegger, "Brief über den Humanismus"(1946), in *Wegmarken, Frankfurt/M* 1978.

중심주의는 결국 중심부와 주변부를 양분함으로써 다른 중심축을 소외하고 억압한다. 그뿐만 아니라 주변부로 밀려난 축이 소외되고 억압받을 때 그들의 존재론적 가치와 의미 역시 박탈될 수밖에 없게 된다. 유럽에 비해 제3세계가, 인간에 비해 자연과 다른 생명이, 남성에 비해 여성이, 이성에 비해 감성이 소외되고 억압된다. 여기에 그치지 않고 중심주의는 마침내 소외된 존재가 지니는 의미조차 지워버리는 현상을 초래한다. 인간은 끊임없이 중심부를 설정하고 한계를 설정함으로써 타자의 존재를 소외시킨다. 정상과 비정상을 경계 짓고, 장애인과 비장애인을 구분하고, 나와 우리를 그들과 경계 짓는다. 이런 경계는 한계지음이며 넘나들기를 포기함으로써 폐쇄된 자기만의 세계에 머물 뿐이다. 문화 가로지르기는 이러한 한계를 넘어 우리 안에 있는 온갖 문화적 한계와 편견을 벗어나는 토대가 될 것이다. 남성과 여성을, 장애인과 비장애인을, 성적인 편견에 따른 구분을, 피부색과 종교, 민족과 언어, 경제적 불평등과 편견을 벗어나는 가로지르기 없이 주변부에 대한 타자화와 배제는 끝없이 이어질 것이다.

문화중심주의는 경계를 설정하고 경계 안의 존재만 우월하게 자리매김함으로써 경계 밖의 존재를 박탈한다. 그러한 소외와 억압은 박탈당하는 존재에게만 적용되는 것이 아니라 관계망이 왜곡됨으로써 결국 경계 안의 존재도 왜곡되기에 이른다. 상호관계성을 보지 못하고, 경계를 가로지르는 철학에 실패할 경우 어떤 끔찍한 결과가 생겨나는지는 근대 이래의 역사가 너무도 생생하게 보여준다. 우리는 이 극단의 시대 한가운데에서 치열한 역사를 거쳤다. 그럼에도 역사의 가장자리에서 극단의 한가운데를 관통한 우리가 어쩌면 이 극단의 시대를 극복할 새로움을 시작할 수 있을지도 모른다. 경계의 중심부에서는 결코 경계를 넘나들 수 없다. 새로운 변화는 언제나 가장자리에서 생긴다.

문화적 차원에서 경계 넘나들기를 주장하는 까닭은 여기에 있다. 모든 문화는 그 자체의 가치와 의미를 지닌다. 어느 문화가 일방적으로 우월하거나 다른 문화가 상대적으로 열등하다고 말하는 것은 너무도 잘못된 생각이다. 이런 오류는 자문화중심주의에 빠져 타문화를 억압함으로써 폭력적인 판단과 행동을 하게 만든다. 현대문화인류학을 개척한 보아스(Franz Boas, 1858~1992)는 모든 문화는 자연과 세계 안에서 그 공동체의 생존과 삶의 의미를 지켜내는 가운데 형성된 것이기에 그 자체로 가치를 지닌다고 주장했다. 모든 문화는 그 자체로 의미 있으며, 어느 한 문화가 다른 문화에 비해 우월하거나 열등하다는 생각은 지극히 편협한 자민족중심주의 사고에 지나지 않는다. 그의 제자 베네딕트(R. Benedict), 미드(M. Mead) 등은 우리에게 이런 문화상대주의적 관점에서 일본과 서태평양 문화를 분석한 연구로 매우 친숙한 이름이다.

오늘날 문화 가로지르기를 주장하는 많은 문화학자들은 일방적 세계화를 비판한다. 모든 문화는 그 문화공동체의 사람들이 지니는 세계관과 존재의미를 드러내는 상징과 표상으로서 가치를 지닌다. 그러기에 개별 문화가 지니는 정당성과 가치를 존중하면서 자문화의 고유함과 가치를 지켜내기 위해서는 반드시 각 문화를 가로지르는 경계 넘나들기가 필요하다. 가로지르기 문화를 보지 못할 때, 그 문화는 결국 폐쇄적으로 자신의 한계 안에 갇혀 죽어갈 것이다. 그 과정에서 내뿜는 수많은 악취가 다른 문화에 미칠 끔찍한 결과를 생각하면 문화우월주의에 갇힌 제국주의적 사고의 폐해를 절감하지 않을 수 없다. 유럽중심주의는 물론 미국중심주의, 중화주의건 또는 자민족중심주의건 그 어떤 문화중심주의라도 위험하기는 마찬가지다. 더 위험하고 열등한 것은 그런 문화우월주의에 빠져 자신의 문화가 지니는 가치와 의미를 부정하는 정신적 식민주의자들이다. 우리나라에서도 참 많이 찾아볼 수 있는 현상이다.

팔레스타인 출신으로 미국 컬럼비아대학 교수를 역임한 사이드(E. Said)는 서구 사회가 중동 세계와 문화를 자신들의 관점으로 일방적으로 재현하고 있음을 체계적으로 비판하고, 그 정신을 '오리엔탈리즘(orientalism)'이라고 규정했다.[22] 이에 비해 제3세계가 서구 사회에 대해 갖는 문화적 편견과 열등감, 또는 그런 문화적 재현을 '옥시덴탈리즘(occidentalism)'이라고 부르기도 한다.[23] 서구세계를 이상화하는 사람들이나 반대로 '국뽕'에 빠진 국수주의자들도 이 범주에 속한다. 오리엔탈리즘도 옥시덴탈리즘도 아닌 상호존중의 문화적 경로는 어떻게 가능할까.

문화는 그 언어와 역사를 공유하는 사람들이 만들어낸 공동체적 삶의 문법이다. 그 안에는 자연과 세계, 생명과 인간이 공존하면서 서로의 존재의미와 가치를 올바르게 재현하는 모든 상징이 담겨 있다. 독일 철학자 카시러(E. Cassirer)는 "인간은 단순히 자연적 우주에 사는 것이 아니라 상징적 우주 안에 살고 있다"라고 말한다.[24] 인간은 언어와 예술작품, 신비적인 상징과 종교예식 등 문화적 상징 안에서 살고 있으며, 그 상징을 통해 다른 사물이나 사람과 관계를 맺는다. 모든 문화는 이런 과정에서 그 사람과 그 공동체가 창작해낸 존재론적 대답이다. 그러기에 어떤 문화가 다른 문화에 비해 우월하거나 열등하다고 말할 수 없는 것이다. 타문화를 존중함으로써 나의 문화적 세계를 유지할 수 있는 길은 문화의

---

22) 에드워드 사이드, 《오리엔탈리즘》, 박홍규 옮김, 교보문고, 2015.

23) 이언 바루마, 아비샤이 마갤릿, 《옥시덴탈리즘》, 송충기 옮김, 민음사, 2007.

24) E. Cassirer, *An Essay on Man*, 1944.

경계를 세우면서 그 경계를 넘나드는 문화 가로지르기를 필요로 한다. 그것 없이 문화는 자신 안에 갇혀 서서히 파멸될 것이며, 그때 인간으로서 나의 존재 지평도 무너질 수밖에 없게 된다.

맺음말

오늘날 소비대중사회가 과잉으로 치닫는 자본주의 문화는 인간의 삶을 극단적으로 소외시킨다. 이러한 문화의 과잉과 맹목을 있는 그대로 바라보고 이를 넘어서는 새로운 삶의 양식을 찾아내지 못한다면 우리의 삶과 세계는 파멸에 이를 것이다. 옳은 말과 생각임에도 어디에서도 환영받지 못하는 현상, 대중문화와 소비주의적 삶의 방식, 경제 만능의 공허한 화려함, 진정성이 조롱받고 벌거벗은 탐욕이 당당히 자신의 주장을 강요하는 사회에서 인간에 대한 신뢰와 존엄성은 지난 시대의 철 지난 낭만 따위로 치부될 수밖에 없다. 현대의 자본주의 문화는 욕망의 경계를 모른다. 그들은 언제나 "더 많이"라고 외친다. 더 많은 이윤, 더 많은 노동, 더 많은 자본을 원할 뿐 자신의 욕망에 경계를 알지 못한다. 모든 문화권에서는 탐욕을 경계하고 이를 절제하는 문화적 규범을 설정했다. 이러한 절제는 결코 어떤 제약이나 금기, 또는 우리를 옥죄는 금지가 아니다. 오히려 절제를 통해 우리는 그 이상의 존재로 도약하거나, 욕망을 넘어서는 성숙함을 체험하게 된다. 그래서 성서에서는 신의 본성을 이러한 절제, 즉 '자기비움(kenosis)'으로 정의하기도 한다(〈필립비〉 2, 7). 놀랍지 않은가. 절대적 존재자라는 신(神)이 자신의 본성을 '스스로를 비우는 데 있다'라고 말하고 있다. 이는 곧 인간의 본질적 특성도 자기비움에 있음을 표현한 것이라고 생각한다. 우리가 당면하는 생태계 위기는 물론, 과학기술과 자본주의의 일방적 발전은 인간을 소외시키고 다만 실증적 세계 안에 종속시킨다. 그래서 절제를 모르고 끊임없이 채우려 하지만, 그 끝은 의미의 상실과 허무함에 허덕이는 삶의 모습이다. 그럴 때 현대문화를 철저히 비판한 니체의 말처럼 가장 불쾌한 손님인 니힐리즘(nihilism)이 우리를 찾아올 것이다.

독일 철학자 슬로터다이크(P. Sloterdijk)는 이러한 문화적 일방성이 지배하는 때를 '인간공학(anthropotechnics)의 시대'로 규정하고 이를 넘어설 새로운 삶의 방식과 철학을 역설한다. 그는 인류가 당면한 생명체적 위기를 넘어설 면역학을 주장하고, 이러한 새로운 인간상을 '면역학의 인간(Homo immunologicus)'이라고 부른다. 면역성은 생물학적 면역성뿐 아니라 사회적 · 문화적 면역성과 함께 철학적 면역성 등 다양한 형태로 드러날 수 있다. 우리의 삶과 생명은 이를 해치고 무너뜨리려는 수많은 위험을 이겨내지 못하면 결코 유지되지 못한다. 면역성은 이런 위험을 이겨내는 우리 안의 대응체계다. 세포의 면역은 우리의 경계 안으로 들어온 위기를 구별하여 그에 대응하는 생명의 힘을 표현한다. 슬로터다이크는 면역성 개념을 통해 현대 사회에서 인류가 맞닥뜨리는 존재와 의미의 위기를 이겨낼 치유의 학문과 사유가 중요하다고 강조한다. 이를 위해 생명이 생명으로 존재할 수 있는 새로운 경계를 설정하고, 이러한 자기경계를 통해 다른 생명이나 사람과 상호작용하는 경계 넘나들기가 필요해진다. 그 길은 모든 생명과 존재를 가로지르는 새로운 사유와 실천의 과정이다. 그래서 그는 우리에게 이러한 삶의 방식을 위해 "너의 삶을 바꾸어야 한다"라고 요구한다.[25] 이렇게 말하는 까닭은 과학기술이 학문의 기준으로 자리 잡고 자본주의 논리가 문화의 주류가 된 지금, 인간이 인간답게 살기 위해서는 근대 산업화 시대에 만들어진 인간 정체성이 더 이상 유효하지 않다는 사실을 자각했기 때문이다. 이를 위한 삶의 방식은 무엇일까.

인간공학을 극복하기 위한 상상력은 어떻게 가능할까. 슬로터다이크는 그 길을 위기 상황을 이겨내는 내적 힘을 키우는 면역 인간학으로 제시한다. 면역성을 지닌 인간은 지금의 경계를 넘어 새로운 경계로 나아갈 힘을 키워내는 새로운 존재다. 그는 더 이상 서구 근대의 규범에 묶인 인간이 아니다. 그가 넘어서려는 한계는 문화적 경계이자 역사적 경계이기도 하며, 결국 인간 존재의 경계를 가리키기도 한다. 경계를 넘어서는 상상력은 경계 짓기를 통한 자기-존재 정립과 함께 한계 지워진 경계를 넘어서는 경계 허물기를 통해 가능할 것이다. 지금 필요한 것은 지난 시대의 경계를 허물고 새로운 경계를 세우는 일이다. 경계 넘나들기를 위한 상상력과 미적 감수성 및 그를 위한 새로운 사유가 경계 가로지르기를 통해 우리가 가야 할 새로운 터전을 열어 보일 것이다.

우리에게는 이 경계를 넘어서는 마음, 경계 가로지르기의 열정(pathos)이 필요하다. 그것은 온갖 금기에 묶여 경계 안에 머물러 경계를 한계로 만드는 행위를 거부한다. 습성화된 삶(ethos)이 한계가 되지 않으려면, 그것을 넘어서려는 열정(pathos)이 필요하다. 'ethos'와 'pathos'는 서로의 한계와 위험을 보완하면서 극복하게 하는, 짝을 이루는 한 몸 같은

---

25) P. Sloterdijk, *You Must Change Your Life*, tr. Wieland Hoban, Polity Press, Malden, MA, 2013.

개념이다. 경계 넘나들기의 열정은 잘못된 금기를 금기시하면서 자신의 한계를 거부한다. 경계 짓는 'ethos'적 삶은 끝없는 열정의 파멸적 위험을 이겨낸다. 온갖 세계가 본질이나 실체가 아니라 우리가 살아가는 과정을 담은 생성의 과정이라면, 끊임없이 내재와 초월을 되풀이하면서 한계를 거부하는 열정이 우리를 살아있게 한다. 경계를 벗어나는 것은 우리의 한계를 뛰어넘으려는 초월의 과정이지만, 동시에 우리 존재의 가장 깊은 심연으로 돌아가는 내재의 과정이기도 하다. 초월세계를 거부하는 현대인은 초월을 가장 내재적으로 이해한다. 경계 가로지르기는 내재적 초월론을 필요로 한다. 경계는 그 과정에서 우리가 짓고 허무는 과정의 일부일 뿐이다.

참고문헌

린 마굴리스, 도리언 세이건, 《생명이란 무엇인가》, 김영 옮김, 도서출판 리수, 2016.

마르틴 부버, 《나와 너》, 표재명 옮김, 문예출판사. 2001.

빌 브라이슨, 《바디: 우리 몸 안내서》, 이한음 옮김, 까치, 2020

에드워드 사이드, 《오리엔탈리즘》, 박홍규 옮김, 교보문고, 2015.

에릭 홉스봄, 《극단의 시대》, 이용우 옮김, 까치, 1997.

———, 《자본의 시대》, 김동택 옮김, 한길사, 1998.

———, 《제국의 시대》, 김동택 옮김, 한길사, 1998.

———, 《혁명의 시대》, 정도영 외 옮김, 한길사, 1998.

오스카 와일드, 《저만 알던 거인》, 이미림 옮김, 분도출판사, 1977.

월터 D. 미뇰로, 《서구 근대성의 어두운 이면》, 김영주 외 옮김, 현암사, 2018.

이매뉴얼 월러스틴, 《유럽적 보편주의》, 김재오 옮김, 창비, 2008.

이언 바루마, 아비샤이 마갤릿, 《옥시덴탈리즘》, 송충기 옮김, 민음사, 2007.

장 폴 사르트르, 《실존주의는 휴머니즘이다》, 박정태 옮김, 이학사, 2008.

질 들뢰즈, 펠릭스 과타리, 《안티 오이디푸스》, 김재인 옮김, 민음사, 2014.

테오도르 W. 아도르노, M. 호르크하이머, 《계몽의 변증법》, 김유동 옮김, 문학과지성사, 2001.

황석영, 《손님》, 창비, 2001.

Cassirer, E., *An Essay on Man*, 1944.

Deleuze, G. & Guttari, F., *Rhizom*, übers. v., D. Dagmar, u.a., Merve Verlag, Berlin, 1977.

Heidegger, M., "Brief über den Humanismus"(1946), in *Wegmarken*, Frankfurt/M 1978.

Kant, I., "Beantwortung der Frage: Was ist AufKlärung," in *Dezember-Nummer der Berlinischen Monatsschrift* , 1784.

Sloterdijk, P., *You Must Change Your Life*, tr. Wieland Hoban, Polity Press, Malden, MA, 2013.

Welsch, W., *Unsere postmoderne Moderne*, Akademie Verlag, Berlin, 1993.

2장
과학적 지식의 경계와 인간 탐구

—

이상헌

들어가면서

근대의 과학혁명은 종교와 형이상학으로부터 과학이 독립적인 지위를 획득하고 인류가 과학의 시대로 들어가는 현관이었다. 물리학을 필두로 화학, 생물학 등의 자연학이 아리스토텔레스-스콜라 철학의 자연철학의 족쇄를 풀고 자연과학으로 거듭났으며, 현대 과학기술 문명으로 이어졌다. 그래서 과학에 관심이 없거나 문외한인 사람도 과학혁명의 대표 주자였던 뉴턴과 갈릴레이라는 이름은 안다.

그런데 과학혁명 시대에 활동했던 우리가 아는 대표적인 과학의 선구자들과 공존하며, 자연과 우주에 관한 진리를 추구했던 또 한 부류의 사람들이 있었다. 바로 연금술사들이었다. 우리는 연금술을 "흔한 금속을 변성하여 금 같은 귀금속을 만들어내는 비술"로 알고 있다. 연금술사들은 물질을 정화하고 숙성시켜서 완전하게 만들려고 애썼다. 그들이 꿈꾼 완전한 물질이 이른바 '현자의 돌(lapis philosophorum)'이다. 현자의 돌은 물질의 가장 순수한 상태이며, 세계를 구성하는 물질들의 정수이고, 완전한 물질이다. 그래서 현자의 돌을 이용하면 물질의 변성(chrysopoeia)이 가능하고, 불사의 영약(elixir)을 만들 수 있으며, 모든 질병에 효험이 있는 만병통치약을 제조할 수 있다. 오늘날의 시점에서 볼 때 연금술에 대한 이런 믿음은 미신적이며, 그래서 연금술은 판타지의 단골 소재로 등장한다.

하지만 적어도 과학혁명의 시대가 시작될 때는 연금술이 미신으로 인식되지 않았다. 우주의 모든 물질에 적용되는 법칙인 만유인력의 법칙을 발견한 뉴턴(1643~1726)은 물질의 변성을 탐구하는 연금술에도 많은 관심을 보였다. '근대의학의 아버지'라고 불리는 파라켈수스(1493~1541)는 연금술을 "자연의 다양한 물질을 원료로 삼아 인간에게 유용한 물질로 변화시키는 과학"이라고 정의했다. 그의 정의에 따르면 연금술은 하나의 과학이었으며, 과학과 연금술은 다른 것이 아니었다. 나중에 어떻게 전개되었든 중세 말기 또는 근대 초기의 연금술은 과학과 분명하게 구분되지 않았으며, 일종의 원생과학(protoscience)이었다. 연금술은 엄밀한 의미에서 과학은 아니지만 과학의 발전에 기여했으며, 나중에 과학으로 발전하는 싹이 숨겨져 있었던 것도 사실이다. 물질의 변성을 연구하는 연금술(alchemy)이 근대 화학(chemistry)의 확립에 공헌했다는 것은 과학사가들의 일반적 견해다.

21세기의 연금술?

21세기의 과학기술은 연금술에 대한 꿈이 완전한 환각이 아니었음을 입증하는 것 같다. 나노미터 수준에서 물질을 다루는 나노기술은 분자 이하의 크기에서 물질을 제어함으로써 자연에서 발견되지 않는 물질을 제조한다. 나노튜브(nanotube), 플러렌(fullerene), 그래핀(graphene) 등 대표적인 나노물질들은 자연에서 발견된 것이 아니라 인공적으로 만들어진 것이다. 나노물질들은 우리가 아는 어떤 물질과도 다른 독특한 특성을 지니고 있다. 생명공학은 인류의 건강과 수명에 대해 획기적인 개선을 약속한다. 유전자 편집을 넘어서 생명 물질과 생명의 구성 요소를 합성하는 것을 목표로 삼는 합성생물학이 등장했다. 인공지능은 인간의 지능을 능가하는 인조 지능을 창조하고 있다. 로봇은 데카르트가 '영혼이 없기에 아무리 정교하다고 해도, 또 동물이나 인간의 기관을 빈틈없이 흉내 낸다고 해도 단지 기계에 불과하다'라고 생각한 자동기계를 넘어서 마치 생명을 가진 것처럼, 마치 영혼이 있는 것처럼 행동하고 사고하는 인공적 지능체로 부상하고 있다.

이러한 첨단기술들의 부상에 힘을 얻어 오늘날 많은 사람이 인류의 미래에 대해 때로는 유토피아적이고, 때로는 디스토피아적인 상상을 자유롭게 펼치고 있다. 이들의 상상은 전통적인 인간 개념에 충격을 주었고, 인간 본성과 인류의 미래에 관한 논쟁을 불러왔다. 대표적으로, 미래학자이자 공학자인 커즈와일(Ray Kurzweil)은 가까운 미래에 기계가 모든 인간적 특성을 추월하는 특이점(singularity)이 도래할 것이라고 주장한다. 그때 이후에는 "인간과 기계 사이에, 또는 물리적 현실과 가상현실

사이에 구분이 사라질 것"[1]이며, 인간의 지능을 월등히 능가하는 초지능이 등장할 것이다. 한스 모라벡(Hans Moravec)의 주장처럼 특이점 이후에 인간은 일련의 새로운 인공 종으로 부상한 로봇에게 지구의 주인 자리를 내어주거나,[2] 그 이전과는 완전히 다른 모습으로 변할 것이다. 알파고(AlphaGo)와 IBM 왓슨(Watson)의 성공을 목격한 많은 사람은 그리 머지않은 미래에 "온전한 의식을 가진 기계의 탄생"[3]이 이루어지거나 욕구 능력과 고도의 지능을 지닌 인격적 존재로서의 인공일반지능(AGI)[4]이 등장할 것이라는 상상을 의심하지 않게 됐다. 그리고 그 결과로 사람들은 우리 자신의 정체성에 의문을 제기하고, 인간성에 대한 기존의 관념에 전적인 불신을 표명하게 되었다.

과학기술자들 혹은 그 언저리 전문가들의 입을 통해 양산되고 있는 이러한 주장들은 얼마 전까지만 해도 소설적 상상에 불과한 이야기, 영화의 소재 거리로 사랑받던 이야기였다. 하지만 현재는 많은 사람이 인류의 미래에 대한 과학적 예측으로 받아들이고 있다. 이러한 이야기들을 각종 매체를 통해 듣고 있는 대중은 과거의 상상적 이야기가 오늘날 현실이 된 것들을 어렵지 않게 생각해낼 수 있다는 것을 근거로 그런 상상들이 미래에 현실이 될 것이라고 믿고 있다.

그런데 온전한 의식을 지닌 기계의 탄생, 혹은 지능뿐 아니라 욕구 능력까지 지닌 인공적 존재의 등장, 혹은 인간 능력의 한계를 한없이 넘어 신적인 능력을 지닌 초지능의 출현 등의 이야기가 정말 과학적인 예

---

1) 레이 커즈와일, 《특이점이 온다》, 김명남 · 장시형 옮김, 김영사, 2007, 27쪽.

2) Hans Moravec, "The Age of Robots," Robotics Institute, Carnegie Mellon University, 1993, https://frc.ri.cmu.edu/~hpm/project.archive/general.articles/1993/Robot93.html

3) 에릭 브린욜프슨, 앤드루 맥아피, 《제2의 기계시대》, 이한음 옮김, 청림출판, 2014, 319쪽.

4) 제임스 배럿, 《파이널 인벤션》, 정지훈 옮김, 동아시아, 2016, 32-34쪽.

측일까? 나는 현재의 상황이 과학과 연금술의 경계가 모호하고 과학적인 것과 비과학적인 것을 구분하기 어려웠던 과학혁명 초기의 상황과 비슷하다고 생각한다. 오늘날 우리는 새롭게 등장한 신생 과학기술들이 내놓은 성과들과 그것들이 호소하는 새로운 세계관의 충격으로 과학적 실재와 허구 사이의 경계를 명확히 구분하기 어려운 시대를 살고 있다. 하지만 과학적 실재는 아무리 과학의 용어들로 치장하고 있을지라도 상상에 불과한 것인 과학적 허구와 분명히 구분될 수 있으며, 과학은 그러한 구분을 통해 성장하고 발전해왔음을 기억할 필요가 있다.

과학과 과학적 지식의 성격

과학은 사적인 의견이나 사변적 상상이 아니라 경험과 관찰에 기초한다. 세계에 대한 주의 깊은 관찰과 편견 없는 탐구가 과학적 지식을 가능하게 한다. 과학적 진술은 권위나 감정, 혹은 사변이나 습관 위에서 만들어진 여타 진술들과 달리 관찰과 실험적 증거, 즉 사실에 기초한다. 과학은 과학적 지식을 구성하는 법칙과 이론이 이런 사실적 기초로부터 타당하게 추론되므로 객관적이고 확실한 지식을 제공한다고 인정된다. 이것이 과학에 대한 상식적인 견해다.

과학적 지식은 객관적이다. 어떤 진술이 과학적이라면 그 진술은 어느 누구의 감정이나 기호, 능력, 지위 등과 무관하게 정당화될 수 있어야 한다. 과학적 진술은 누구에 의해서도 검사되고 이해될 수 있어야 한다. 과학적 진술이 누군가에게 타당한 것으로 이해되고 검사를 통해 정당하다고 인정된다면, 그것은 또한 누구에게나 그러해야 한다. 과학적 진술은 주관적이지 않고 객관적이기 때문이다.

과학은 세계에 관해 탐구하여 세계에 관한 사실들을 기술한다. 그래서 과학이 밝히는 자연의 법칙 혹은 과학적 이론은 규정적(prescriptive)이 아니라 기술적(descriptive)이다. 예를 들면, 과학은 "물은 섭씨 100도에서 끓어야 한다"라고 말하지 않고, "물은 섭씨 100도에서 끓는다"라고 말한다. "물은 높은 곳에서 낮은 곳으로 흐른다"라고 말하지 "물은 높은 곳에서 낮은 곳으로 흘러야 한다"라고 말하지 않는다. 과학적 진술은 어떤 일이 일어나고 있는지를 기술하는 것이지 어떤 일이 일어나야 하는지를 말해주는 것이 아니다. 아마도 이런 오해는 '법칙'이라는 어휘의 모호성에서 비롯한 부분이 클 것이라고 추측한다. 과거에는 법칙을 '하늘의 명(命)' 혹은 '신의 명령'이라고 생각하는 경향이 있었다. 물론 과학에도 예측이라는 것이 있지만, 엄밀히 말해서 과학적 예측은 확률적 진술의 형태를 띤다.

세계에 대해 기술하는 진술이기만 하면 어떤 진술이든 모두 과학적인 것은 아니다. 과학적 진술은 세계에 관한 진술들 가운데 특별한 종류의 것이다. 가령 한 달째 장마가 계속되고 있다고 가정해보자. 긴 장마에 농작물 피해도 상당하고 사람들은 전례 없이 긴 장마에 지쳐 있으며 장마가 끝나기만을 애타게 기다리고 있지만, 오늘도 하늘은 비를 잔뜩 머금은 먹구름으로 덮여 있다. 이때 누군가가 "걱정하지 마라. 장마는 끝날 것이다"라고 말했다고 해보자. "장마는 끝날 것이다"라는 진술은 세계에 관한 것이지만, 전혀 과학적이지 않다. 이 진술은 반드시 참일 수밖에 없다. 장마가 영원히 계속되지는 않을 것이기 때문이다. 이 진술은 구체적인 정보 내용을 거의 포함하고 있지 않으며, 동어반복에 가깝다. 과학적 진술은 세계에 대한 정보를 담고 있으며, 그것도 많은 정보를 담고 있는 진술이다. 이를테면 "내일 밤부터 제주도부터 차차 날이 개기 시작해서 모레 오후에는 전국이 장마에서 벗어날 것이다"라는 진술이 과학적이다. 이 진술은 "장마는 끝날 것이다"라는 진술에 비해 훨씬 많은 정보를 담고 있다.

세계에 대한 구체적인 정보를 담고 있는 진술은 시험 가능성이 크다. "장마는 끝날 것이다"라는 진술보다 "내일 오후 전국이 장마권에서 완전히 벗어날 것이다"라는 진술이 시험 가능성이 훨씬 더 크다. 만일 누군가가 "서울은 내일 오후 2시에 장맛비가 그칠 것이다"라고 말한다면, 이 진술은 시험 가능성이 더 크다. 물론 참일 확률은 더욱 떨어진다. '내일 오후'보다 '내일 오후 2시'가 더 구체적이며, 서울이라고 장소도 특정되어 있기 때문이다. 우리는 '내일 오후 2시'의 서울 날씨를 확인하는 것으로 간단히 이 진술의 진위를 확인할 수 있다. 그래서 과학적인 진술은 시험 가능성이 크다. 과거 형이상학의 주요 명제 가운데 하나였던 "영혼은 불멸한다"라는 진술은 시험 가능하지 않기 때문에 과학적이지 않다. 비물질적인 영혼은 지각할 수 없으며 물리적으로 측정할 방법도 없다. 반면에 "지구에는 중력이 있다"라는 진술은 과학적이다. 중력도 영혼처럼 눈에 보이지는 않지만, 중력은 물리적인 힘이며 중력을 확인할 방법이 많다. 지구의 중력은 시험 가능하다.

과학에 대한 상식적인 견해에는 오해되는 부분도 있다. 과학은 사실을 대상으로 하지만, 과학이론 자체가 진리는 아니다. 과학이론의 성격은 자연의 진리를 밝히는 것이라기보다 자연 현상을 설명하는 것이다. 물체의 낙하를 예로 들어보자. 무게가 있는 물체를 들어서 공중에서 놓으면 땅으로 떨어진다. 왜 물체는 땅으로 떨어질까? 학교 교육을 받은 사람은 지구가 중심으로 끌어당기는 힘, 즉 중력이 그 물체에 작용했다는 것을 알 것이다. 이 설명은 뉴턴의 이론에 의한 것이다. 뉴턴 이전에 아리스토텔레스주의자들은 이와 다르게 설명할 것이다. "그 물체가 4원소 가운데 흙의 성분이 많은데, 흙은 성질이 무거워서 그것의 자연적 자리가 가장 아래쪽에 해당하므로 땅으로 떨어진 것"이라고. 공중은 우리가 물체에 강제적으로 힘을 가해 물체가 자연적 자리에서 이탈했을 때 있던 장소이고, 손을 놓으면 강제적인 힘이 제거되므로 물체는 다시 자연적인 장소로 되돌아간다. 풍선은 4원소 가운데 공기(바람)라는 요소가 주된 구성 요소여서 공중에 뜨고, 불꽃은 4원소 가운데 가장 가벼운 불이 주성분이어서 늘 하늘로 솟아오르는 것이다. 지금은 틀린 것으로 생각되는 아리스토텔레스주의자들의 설명도 그럴듯하지 않은가? 그 설명은 적어도 지상의 물체 낙하에 대해서는 일관성 있는 설명을 제공한다.

아리스토텔레스주의자들의 설명의 틀렸다고 해서 뉴턴의 설명이 진리인 것은 아니다. 어떤 과학이론도 최종적인 진리는 아니다. "우리가 기껏 말할 수 있는 것은 이제까지의 관찰들이 모두 그것을 지지해주고 있다는 것과 이제까지 알려진 다른 어떤 이론보다 더 정확하게 더 많은 예측을 해준다는 것뿐이다."[5] 우리는 이미 뉴턴의 물리 이론을 대신할 이론을 가지고 있다. 바로 아인슈타인의 이론이다. 우리는 뉴턴의 물리 이론이 참임을 보여주는 증거를 도처에서 찾을 수 있지만, 그러한 관찰 증거는 아인슈타인의 이론으로도 설명할 수 있다. 그리고 뉴턴의 이론이 아무것도 말하지 않는 것에 대해서도 아인슈타인의 이론은 설명한다. 과학과 진리는 같은 것이 아니다. 뉴턴의 이론과 아인슈타인의 이론이 과

5) 브라이언 매기, 《칼 포퍼》, 이명현 옮김, 문학과지성사, 1982, 37쪽.

학에 속하는 것은 맞다. 그러나 둘 다 진리일 수는 없다. 오히려 둘 다 틀린 것일 수도 있다.[6]

과학이론이 그 자체로 진리가 아니라고 해서 과학적 탐구가 진리와 무관한 것은 아니다. 과학적 탐구는 언제나 진리를 추구한다. 우리는 과학적 지식을 축적하고 지속적인 오류의 수정을 통해 진보를 이루지만, 진리라는 목적지에 도달했는지는 알 수 없다. 어느 순간 우리가 진리에 도달했다는 믿음은 독단을 낳는다. 과학은 늘 독단의 반대편에 서 있으며, 독단을 거부하는 것이 과학적 탐구의 정신이다. 과학적 탐구를 통해 완전한 진리에 도달할 수 있다는 독단적 믿음을 버리고, 진리에 대한 겸손한 태도로 경험과의 치밀한 대결을 통해 자연의 진리를 향해 끝없이 도전하는 것이야말로 과학적 탐구의 기본 정신이다. 그래서 칼 포퍼(Karl Popper)는 지식 탐구에 있어서 우리의 관심이 진리를 향해 점점 더 가까이 접근해가는 것이라고 말했다.

과학과 과학 아닌 것의 경계 기준

경험과학은 경험에 기초하여 귀납적 방법을 사용한다는 것이 과학에 대한 상식적 견해다. 귀납은 구체적인 관찰 사례들을 모아서 그것을 토대로 일반적인 진술을 만드는 방법이다. 20세기 영국 철학자 러셀(Bertrand Russell)은 귀납적 방법의 토대인 귀납의 원리를 다음과 같이 두

6) 위의 책, 35쪽.

부분으로 구성되어 있는 것으로 분석했다.[7)]

> ① *모종의 것 A가 또 다른 모종의 것 B와 연결되어 있는 것으로 지금껏 발견되었고, B와 연결되지 않고 발견된 적이 없을 때, A와 B가 연결되어 있는 사례의 수가 많을수록 그 둘 중의 하나가 나타난 것으로 알려진 새로운 사례에서 그 둘이 연결되어 나타날 확률이 더욱 커진다.*
>
> ② *위와 같은 상황에서 연결 사례의 수가 충분해지면 새로운 사례에서 연결의 확률이 거의 확실성에 근접할 것이며, 무한하게 확실성에 근접할 것이다.*

사람들은 귀납의 원리에 기초해서 단칭 진술들로부터 전칭 진술로 이행하고, 귀납의 원리에 따른 예측을 참이라고 믿는다. 매일 아침이면 해가 동쪽에서 솟아오르며 아침이 밝는다. 어제도, 그제도, 그리고 지금까지 매일 아침이면 해가 떴다. 그래서 우리는 내일 아침에도 해가 뜰 것으로 예상하며, "내일 해가 뜬다"라는 진술을 참이라고 믿는다. 그런데 곰곰이 생각해보면, 내일 해가 뜬다고 믿을 근거는 지금까지 매일 아침 해가 떴다는 과거의 경험 이외에 다른 것이 없다. 지금까지 매일 아침 해가 떴다는 우리의 경험은 "내일 아침에 반드시 해가 뜰 것이다"라는 진술을 참으로 만들기에는 뭔가 부족한 데가 있다. 유명한 '러셀의 닭'은 매일 아침 친절한 주인이 종을 치고 모이를 주는 것을 경험했고, 일 년 동안 주인은 규칙에서 벗어나는 행동을 하지 않았다. 그런데 일 년째 되

---

7) Bertrand Russell, *The Problems of Philosophy*, Oxford University Press, 2001, p. 37.

는 날, 종소리는 났지만 모이는 없었다.

논리적 관점에서 볼 때, 단칭 진술들을 아무리 많이 끌어모아도 이것들로부터 전칭 진술을 도출할 수는 없다. 예를 들어, 우리는 아무리 많은 까마귀들에 대한 관찰 사례를 모은다고 해도 "모든 까마귀는 검다"라는 전칭 진술을 정당하게 도출할 수 없다. 모든 까마귀를 경험할 방법이 없기 때문이다. 우리의 경험들을 아무리 모아도 그것이 모든 것에 대한 경험이라고 말할 증거는 되지 않는다. 이것을 '귀납의 문제'라고 한다. 우리는 어떤 과학적 가설이나 이론에 대해 그것이 참임을 입증하는 관찰 증거들을 발견할 수 있다. 다시 말해, 그런 가설이나 이론을 검증할 수 있다. 그러나 어떠한 경우에도 그 검증은 완전하지 않다. 우리에게는 과학적 가설이나 이론이 조금도 거짓일 가능성이 없도록 완벽하게 검증할 방도가 없다. 우리가 발견하는 것은 과학적 가설이나 이론의 검증 사례들뿐이다. 다른 측면에서 보면 지금까지 수많은 관찰 사례를 통해 검증된 가설이나 이론도 다음번에는 반증될 수 있다. 완전한 검증이란 반증 가능성을 완전히 제거하는 것이지만, 경험의 영역에서는 그런 일이 있을 수 없다.

논리실증주의자들은 과학과 과학 아닌 것을 구분하는 기준, 의미 있는 진술과 의미 없는 진술을 구분하는 기준으로 검증 가능성을 내세웠지만, 포퍼는 검증 원리로는 귀납의 문제를 해결할 수 없음을 지적한다. 그 대신에 포퍼는 반증 가능성을 과학과 과학 아닌 것을 구분하는 기준으로 제시한다. 과학적 진술은 경험을 통해 그 진리성이 시험 될 수 있어야 하며, 시험 가능성이 바로 반증 가능성이다. 다시 말해, 과학적 진술은 경험을 통해 참임을 입증할 수단을 강구할 수 있을 뿐만 아니라 참이 아님을 증명할 수단에 대해서도 열려 있어야 한다. 앞에서 언급한

"장마는 그칠 것이다" 혹은 "영혼은 불멸한다" 같은 진술들은 참이 아님을 입증할 방도가 없다. 전자는 동어반복과 다름없는 내용 없는 진술이고, 후자는 확인 불가능한 것에 대한 진술이기 때문이다.

반증 가능성과 반증

반증의 사례를 하나 들어보자. 브라질 해안의 바다거북은 산란기에 해안으로부터 2천 킬로미터 떨어진 어센션섬이라는 화산섬까지 헤엄쳐 가서 산란하고 돌아오는 독특한 습성을 지니고 있다고 한다. 카(Archie Carr)와 콜먼(Patrick J. Coleman)은 브라질 해안 바다거북의 행동을 설명하기 위해 한 가지 가설을 세웠다. 어센션섬이 위치한 대서양이 7천만 년 전에 생성되어 서서히 확장되었다는 역사적 사실에 착안하여 이들 바다거북의 습성은 4천만 년이나 된 오래된 것이라고 추정했다. 어센션섬이 브라질 해안에서 가까운 거리에 있을 때부터 시작된 바다거북의 행동이 대서양이 확장되면서 섬이 해안에서 조금씩 멀어져가는 중에도, 그리고 엄청나게 멀어진 지금까지도 그대로 유지되었다는 것이다.

카와 콜먼의 가설을 시험할 수 있을까? 저 바다거북이 하나의 종으로 성립된 것이 최소한 4천만 년 전이라는 증거를 찾으면 된다. 어떤 종의 나이 추정은 과거에는 주로 화석 증거에 의존했다. 그러나 저 바다거북 종의 나이를 확인할 화석 증거는 발견된 것이 없었다. 그런데 오늘날 화석 증거보다 더 확실한 종의 나이 추정 방법이 개발되었다. 한 종의 특정 유전자 자리를 유사한 종의 것과 비교함으로써 그 두 종의 조상 종으로부터 그 종의 분화 시기를 추정하는 방법이다. 과학자들은 1987년에 하와이섬, 플로리다 앞바다의 허친슨섬, 베네수엘라 앞바다의 아베스섬, 그리고 어센션섬에서 갓 태어난 새끼 거북을 채집했다. 이들의 유전자 자리를 비교한 결과, 하와이섬의 바다거북이 다른 거북과 가장 많이 달랐으며 약 300만 년 전에 고립된 것으로 추정되었다. 어센션섬의 바다거북이 다른 바다거북 종들로부터 고립된 것은 기껏해야 수만 년 전인 것으로 추정되었다.[8] 이렇게 카와 콜만의 가설은 반증되었고, 따라서 폐기되었다. 이들의 가설은 참이 아니었지만, 과학적이라고 부를 수는 있을 것이다. 물론 오늘날에는 이렇게 확인되지 않은 가설을 제시하는 경우는 드물지만 말이다.

다른 사례를 보자. 17세기에 갈릴레이(Galileo Galilei)는 망원경이라는 새로운 발명품으로 달을 주의 깊게 관찰하고 나서 달의 표면에는 산맥과 분화구 등이 다수 있어서 평평하지 않다는 의견을 내놓았다. 천체는 완벽하게 기하학적인 모형을 갖추고 있으며 모든 천체는 완벽한 구형이라는 믿음을 가지고 있던 아리스토텔레스주의자들도 관찰 결과를 부정할 수는 없었다. 그들도 망원경을 통해 갈릴레이와 똑같은 것을 보았기 때문이다. 그래서 새로운 가설을 내세웠다. 그들은 달 표면에서 산과 분화구 등이 관찰되어 완벽한 구형이 아닌 것처럼 보이지만, 사실은 우리 눈에 보이지 않는 물질이 달 표면의 산들을 뒤덮고 분화구를 메우고 있기 때문에 실제로 달은 완벽한 구형이라고 주장했다.[9]

아리스토텔레스주의자들의 변형된 가설을 시험할 수 있을까? 달 표면을 뒤덮고 있는 보이지 않는 물질이 무엇인지 알 수 없고, 그것을 확

---

8) 강석우 외, 《대학생을 위한 과학 글쓰기》, 아카넷, 2009, 139-142쪽.

9) A. F. 차머스, 《과학이란 무엇인가?》, 신중섭 · 이상원 옮김, 서광사, 2003, 120쪽.

인할 경험적 방법도 없다. 지금은 우리가 달로 유인 우주선을 쏘아 올릴 수 있으니 직접 가서 확인할 방법이 있지 않을까? 아니다. 달 표면을 걸어보고 만져보아도 아리스토텔레스주의자들이 말하는 모종의 물질을 확인할 수 없을 것이다. 왜냐하면 그들은 그 물질이 눈에 보이지 않을 뿐만 아니라 만지거나 감촉으로 느낄 수 있는 것도 아니라고 할 것이기 때문이다.

아인슈타인(Albert Einstein)은 1916년 일반상대성 이론을 제시했는데, 결론은 무거운 물체가 빛을 끌어당긴다는 것이다. 이 결론이 맞는다면, 태양 근처를 통과한 별빛을 지구에서 본다면 그 빛은 굴절된 것이라고 해야 한다. 이론적으로 예측되는 이런 현상은 1919년 에딩턴(Arthur Eddington)의 아프리카 원정대에 의해 입증되었다. 아인슈타인의 일반상대성 이론은 순전히 이론적인 탐구의 결과이지만, 그것에서 도출되는 진술들은 시험 가능했다.

포퍼가 주장한 과학과 과학 아닌 것의 구분 기준인 반증 가능성은 반증과 다르다. 반증된 진술은 더 이상 유지될 수 없으며, 반증되는 대로 폐기되어야 한다. 반증 가능한 진술은 반증에 열려 있는 진술이기는 해도 반증된 진술은 아니다. 브라질 해안의 바다거북에 관한 카와 콜먼의 가설은 반증되어 폐기되었다. 하지만 달 표면에 대한 17세기 아리스토텔레스주의자들의 가설은 반증되지 않았다. 반증할 방법이 없기 때문이다. 이 가설은 반증 가능성이 없다. 과학이 아니면서 과학이라고 참칭(僭稱)하는 주장들은 검증 원리를 교묘하게 회피할 수는 있어도 반증 가능성의 기준을 통과할 수는 없다. 그래서 과학과 과학 아닌 것의 경계를 나누는 기준은 검증 가능성이 아니라 반증 가능성이다.

그리고 반증 가능성은 과학에 관한 중요한 통찰을 제공한다. 과학은 반증을 회피해서는 안 된다. 과학이 결국 확실하고 결정적인 진리에 도달할 것이라는 믿음과 언젠가 반증될 가설을 내놓는 것이 심각한 불명예라는 생각은 독단을 부른다. 부분적으로든 전체적으로든 "반증은 모든 가설이 지닌 예측되는 운명"[10]이다. 과학적 탐구는 진리를 향해 나아가는 것이지만 오류를 두려워하지 않는다. "과학은 오류를 바탕으로 번성한다."[11] 과학에서는 언제나 틀린 진술들이 발견되지만, 그것은 잠정적인 상황이다. 과학은 늘 오류를 수정하고 새로운 가설과 이론을 창안한다. 물론 대안적 가설이나 새로운 이론도 실험과 관찰을 통한 시험을 피할 수는 없다. 미국의 천체물리학자 세이건(Carl Sagan)은 과학과 과학적 탐구에 관한 통찰을 "지혜는 우리의 한계를 인정하는 데 있다. … 거기가 바로 과학의 답답한 회의적 엄격함이 들어오는 곳이다"[12]라고 말했다.

사이비과학, 과학 아닌 것

세이건은 과학과 과학적 탐구 정신을 옹호하고, 과학이 아니면서 과학인 척하는 사이비과학을 강하게 비판했다. "사이비과학은 과학의 본성을 신뢰하지 않으면서 과학의 방법과 발견들을 사용"[13]하고, 사람들

10) 브라이언 매기, 앞의 책, 35쪽.

11) 칼 세이건, 《악령이 출몰하는 세상》, 이상헌 옮김, 김영사, 2001, 32쪽.

12) 칼 세이건, 위의 책, 33쪽.

13) 칼 세이건, 위의 책, 23쪽.

을 오류에 빠지게 한다. 과학은 경험과의 치열한 대결을 통해 생존하지만, 사이비과학은 "실재와의 대면으로 마음고생 하는 일"[14]을 쉽게 피할 수 있게 해준다. 사이비과학이 실재와 대면하는 두렵고 힘든 수고를 기꺼워하지 않는 이유는 그 목적이 세계에 관한 사실을 탐구하거나 자연현상을 설명하는 데 있지 않고 다른 곳에 있기 때문이다.

사이비과학이 과학이 아니라고 말하는 것은 명백한 근거 없이도 무엇이든 설명하려 들고, 실제로 무엇이든 설명해낼 수 있다고 주장하며, 설명이 틀릴 가능성 자체를 인정하지 않기 때문이다. 사이비과학이 무엇이든 설명해낼 수 있다고 자신감을 보이는 데는 이유가 있다. 먼저, 사이비과학은 사람들의 감정을 잘 이해한다. 사람들에게는 무언가 결여되어 있는 것에 대한 욕구, 미래에 대한 불안과 두려움, 현실의 삶에 대한 불만과 고통 등 복잡한 감정이 있는데, 사이비과학은 이 점을 잘 이용할 줄 안다. 점쟁이나 무당의 불길한 이야기를 듣고도 가볍게 떨치고 자리에서 일어날 사람은 드물다. 사람들은 혹시 모를 미래의 위험에 대비하기 위해 점쟁이의 말대로 부적을 만들고 무당의 요구대로 굿을 하려고 한다. 사이비과학은 현재 "우리에게 없지만 갖고 싶은 강력한 힘(만화책에 등장하는 슈퍼히어로들의 파워, 혹은 예전에 신이 가지고 있다고 여겨진 권능과 비슷한 것)에 대한 환상을 제공"[15]함으로써 사람들을 매료시킨다.

또 다른 이유는 포퍼가 이른바 "점쟁이의 책략"[16]이라고 부른 것이다. 사이비과학은 어떠한 언명도 명백하게 하지 않으며 엄밀한 언어를 사용하지 않는다. 모호한 표현으로 해석의 다양성을 예약해놓는다. 고대

---

14) 칼 세이건, 위의 책, 24쪽.

15) 같은 책.

16) 칼 포퍼, 《추측과 논박 1》, 이한구 옮김, 민음사, 2001, 83쪽.

아테네에서 유행한 신탁의 예언은 너무나 모호하게 표현된 것으로 악명이 높다. 이런 전략으로 신탁은 늘 참이 되는 길을 찾을 수 있었다. 점성술은 "해석과 예언을 아주 모호하게 해서, 그 이론과 예언이 보다 정확했다면 논박되었을 그 어떠한 것도 설명해 넘길 수 있다."[17] 과학이론은 반증 가능성을 높이기 위해 될 수 있는 한 분명하게 표현하는데, 사이비과학은 의도적으로 모호한 표현을 추구한다. 사이비과학은 진술을 참이 아닐 수 없는 방식으로 표현한다. 우리나라 사람들이 연초에 보는 신년운세가 한 가지 사례다. 신년운세에 나오는 말들은 전혀 구체적이지 않고 우리 삶에 대한 흔한 평가여서 살다 보면 반드시 일어나는 일들이다. 더욱이 우리가 그 진리성에 대해 늘 우호적으로 평가하기 때문에, 다시 말해 거기서 우리가 보고 싶은 것을 볼 것이기 때문에 신년운세는 틀릴 리가 없다.

사이비과학이 무엇이든 설명해낼 수 있다고 말하면서 자신의 완벽함을 뽐낼 수 있는 주요한 이유는 반증을 회피하는 체계적인 노력이 계속해서 성공을 거두고 있기 때문이다. 무엇이든 설명하고 그 설명이 참임을 확인시켜주는 사례들이 도처에 있다는 느낌은 사이비과학에 대한 대중의 맹종을 불러온다. 이런 것은 과학이 아니라 독단론이다. 진정한 과학은 늘 자신을 제거시킬지 모를 위험에 자신을 노출시켜야 한다. 그러나 과학으로 분장한 독단론은 자신을 반증의 위험으로부터 안전하게 보호하기 위해 모든 노력을 기울인다. 그래서 과학과 과학 아닌 것을 구분하는 기준은 반증 가능성이다. 과학적 이론은 시험 가능한 것이어야 하는데, "상상으로라도 그 이론이 반증될 수 있는 관찰적 증거가 어떤 것

17) 같은 책.

인가를 알 수 있을 때만, 그 이론은 시험 가능한 것"[18]이라고 할 수 있다.

세이건은 사이비과학의 폐해를 가장 강력한 어조로 말한 인물이다. 서양의 연금술과 같이 한때 과학과 비과학의 경계 가까이 있으면서 과학의 발전에 영향을 미친 경우도 있지만, 대부분의 사이비과학은 과학의 발전에 해를 입히고 사람들을 오류에 빠뜨린다. 과학을 가장한 미신적 맹신은 사람들의 삶을 파괴하기도 한다. 세이건은 사이비과학의 폐해에 대해 사람들을 "혼란스럽게 만들고 쉬운 답변을 제공하며, 회의적인 태도를 통한 엄밀한 검토를 교묘하게 회피하고 무심코 우리의 두려운 마음을 자극하고, 경험을 천박하게 만들며 우리를 고지식함의 피해자뿐 아니라 습관적이고 안락함만을 추구하는 사람으로 만든다"[19]라고 표현했다.

과학 아닌 것 세 가지

지금까지 사이비과학이 과학인 것처럼 행세하지만 진정한 과학에 필요한 덕목과 태도, 방법을 전혀 갖추고 있지 않다는 사실을 설명했다. 사실, 엄격한 정신과 절제된 마음으로 본다면 누구나 사이비과학에 쉽게 물들지 않을 것이다. 그런데 사람들 대부분이 틀림없이 과학적인 것이라고 믿는 것 가운데에도 과학 아닌 것이 있다. 포퍼는 과학과 과학 아닌 것을 구분하면서 사람들이 과학으로 믿는 대표적인 비과학 세 가지를

18) 브라이언 매기, 앞의 책, 54쪽.

19) 칼 세이건, 앞의 책, 23쪽.

언급했다. 바로 마르크스주의 역사이론(변증법적 유물론), 프로이트(Sigmund Freud)의 정신분석 이론, 그리고 아들러(Alfred Adler)의 심리이론이다.

이들 세 이론은 모두 반증 가능성을 제공하지 않는다. 마르크스주의 변증법은 궁극적으로 점쟁이의 책략을 선택했다. 변증법은 예측한 사태뿐만 아니라 예측하지 못한 사태도 똑같이 설명할 수 있을 정도로 모호하고 융통성이 있다. 역사 속에서 일어나는 어떠한 발전에도 변증법적 도식이 적용될 수 있다. 그러므로 변증법 옹호자는 미래의 경험에 의해 자신들의 믿음이 논박될 것을 두려워할 필요가 없다.[20] 포퍼는 마르크스 변증법의 초기 형태에서는 일부 예측이 시험 가능한 것이었고 실제로 반증되었지만, 그 추종자들이 "논박을 받아들이는 대신에 이론과 증거를 일치시키기 위해 이 양자를 재해석했다"[21]라고 설명한다. 마르크스는 자본주의로부터 사회주의로 반드시 이행할 것이라고 예측했으며, 이러한 이행이 산업혁명과는 비교도 되지 않을 정도로 '짧고, 격렬하지 않고, 곤란이 따르지 않는' 과정일 것이라고 주장했다. 그러나 오늘날 마르크스의 예언이 적중했다고 믿을 사람은 드물 것이다.[22] 그러나 마르크스주의자들은 임시방편적(*ad hoc*) 보조가설을 도입하거나 이론을 임의로 재해석하는 방식으로 변증법이 어떠한 반박도 회피할 수 있도록 만들었다. 포퍼는 이들의 행동이 마르크스주의 변증법에 '규약주의자의 왜곡'을 가했으며, 그 결과로 마르크스주의자들은 자신들의 이론이 '과학적'이라고 숱하게 선전해댔지만 결국 자신들 이론의 과학적 지위에 대한 주장을 스스로 파괴했다고 설명했다.

---

20) 칼 포퍼, 《추측과 논박 2》, 이한구 옮김, 민음사, 2001, 173쪽.

21) 칼 포퍼, 《추측과 논박 1》, 이한구 옮김, 민음사, 2001, 83쪽.

22) 칼 포퍼, 《추측과 논박 2》, 이한구 옮김, 민음사, 2001, 173쪽.

포퍼는 프로이트의 정신분석 이론과 아들러의 성격심리학을 마르크스주의와 구분해서 비판한다. 이 두 이론은 전혀 시험 가능하지 않으며 결코 논박되지 않는다. 어떤 사례라도 프로이트의 이론이나 아들러의 이론에 의해 해석될 수 있다. 이 두 이론이 해석하지 못할 인간의 행동은 없다. 포퍼는 상식적으로 볼 때 상반된 두 가지 인간 행동의 사례를 제시하고, 이 두 이론이 행동들을 한 가지 개념으로 어떻게 설명하는지 보여준다.[23] 하나는 아이를 익사시키기 위해 물속에 밀어 넣은 사람의 행동이고, 다른 하나는 아이를 구하기 위해 자신의 생명을 희생한 사람의 행동이다. 상식적으로 보면, 첫 번째 사람은 범죄 의도가 있으며 잔인하고 폭력적인 악인일 것으로 추정되고, 두 번째 사람은 아이를 지극히 사랑하거나 타인의 곤경을 보고 눈을 돌리지 못하는 이타심이 큰 사람으로 추정된다.

프로이트의 이론은 이것을 오이디푸스 콤플렉스의 일부를 구성하는 '억압'이라는 개념 하나로 설명한다. 첫 번째는 억압에 의해 고통 받는 사람의 행동이고, 두 번째는 억압을 성공적으로 승화시킨 사람의 행동이다. 아들러의 이론은 위의 두 사람의 행동을 '열등감'이라는 개념 하나로 설명한다. 첫 번째 사람은 자신도 얼마든지 범죄를 저지를 수 있다는 것을 자기 자신에게 입증해 보이고자 하는 욕구를 일으키는 열등감으로 고통 받고 있으며, 두 번째 사람은 자신도 얼마든지 아이를 구출할 수 있다는 것을 자기 자신에게 입증해 보이고 싶어 하는 열등감에 시달리고 있다. 프로이트의 이론과 아들러의 이론은 이런 방식으로 인간의 모든 행위를 해석할 수 있다고 주장한다. 그래서 이 두 이론은 "가능한 어떤 사

23) 칼 포퍼, 《추측과 논박 1》, 이한구 옮김, 민음사, 2001, 79-80쪽.

건에 의해서도 논박될 수 없는 이론"[24]이며, 따라서 비과학적이다.

과학적인 것과 의미 있는 것

20세기 초 빈학파(Vienna circle)로 대표되는 논리실증주의자들은 형이상학을 배격하고 과학을 옹호하기 위해 의미의 기준을 제시했다. 그들은 검증될 수 있는 진술만이 의미 있으며, 검증될 수 없는 진술은 무의미하다고 말했다. 이 기준에 따르면 형이상학적 진술들은 무의미한 것이 되며, 과학적 진술만이 의미 있는 것이 된다. 사실, 검증 가능성이라는 기준을 들이대면 형이상학적인 것만이 무의미한 진술들은 아니다. 윤리적 명제나 미적 표현도 무의미한 것이 된다. 칸트의 정언명법이나 공리주의가 주장하는 최대다수의 최대행복 원리도 경험적으로 검증되지 않는다. 그렇지만 우리는 이런 것들이 무의미하다고 생각하지 않는다. 과학적 진술을 제외하고 모든 형이상학적 진술과 윤리적 명제, 여타 가치론적 진술들이 모두 무의미한 것이라면 결과적으로 우리의 삶 자체가 무의미한 것에 둘러싸여 있다고, 그래서 우리의 삶도 무의미하다고 말해야 하지 않을까?

포퍼는 논리실증주의자들을 비판하면서 그들이 과학적인 진술과 의미 있는 진술을 혼동했다고 보았다. 사실, 과학은 의미 혹은 의미 있는 것을 탐구하지 않는다. 앞에서도 말했듯이, 과학이 탐구하는 것은 사실

---

24) 칼 포퍼, 《추측과 논박 1》, 이한구 옮김, 민음사, 2001, 81쪽.

이며 진리다. 과학이 사실을 탐구하므로 과학적 진술은 시험될 수 있는 것이다. "과학적인 것이 의미 있는 것이다"라는 진술은 과학적이지 않다. 이 진술은 엄밀하지 않다. '의미 있다'라는 용어가 다의적으로 이해될 수 있기 때문이다. 이 진술은 '사실'에 관한 것이 아니라 '의미'에 관한 것이다. 이 진술은 의미에 대한 특별한 관점이나 태도를 언명하고 있다. 포퍼는 형이상학적인 진술이 시험 가능하지 않으므로 과학적이지 않지만, 그럼에도 불구하고 의미 있는 진술이라고 말한다.

포퍼에 따르면, 형이상학은 논리실증주의자들이 그랬듯이 무조건 배격해야 할 것이 아니다. 과학과 형이상학 사이의 관계는 생각보다 밀접하다. 포퍼는 역사적으로 볼 때, "모든, 혹은 거의 모든 과학적 이론은 신화에서 유래하고, 신화는 과학적 이론을 정립할 수 있는 중요한 예견을 포함할 수 있다는 사실을 깨달았다"[25]라고 고백한다. 기존의 지식에 머물러 있을 때 과학은 답보 상태에 머물 것이며, 기존의 것에서 한 발 더 나아가기 위해 과학에 필요한 것은 대담한 상상과 창의적 발상이다. 신화와 형이상학은 이런 맥락에서 과학과 연결된다. 신화적 상상은 다듬어지고 발전하여 어느 시점에서 시험 가능한 것이 될 수 있다. 한때 "형이상학적인 관념에 불과했던 것도 상황이 바뀜에 따라 시험 가능한 것이 되고, 따라서 과학적인 것이 될 수 있다."[26] 그래서 형이상학적인 것은 의미 있을 뿐만 아니라 참이 될 수도 있다. 물론 우리가 '형이상학적'이라고 정당하게 부를 수 있는 한 형이상학적 진술은 과학적인 것이 아니다. 왜냐하면 그것을 시험할 수 없기 때문이다. 그러나 발전을 거듭하

---

25) K. Popper, *Conjectures and Refutations: The Growth of Scientific Knowledge*, Routledge, 2002, p. 38. (칼 포퍼, 《추측과 논박 2》, 이한구 옮김, 민음사, 2001, 85쪽.)

26) 브라이언 매기, 앞의 책, 59쪽.

고 다듬어져서 시험 가능한 것이 되면 한때 형이상학적이던 것이 새롭게 과학적인 것이 될 수 있다. 이런 예는 많다. 고대의 원자론이나 빛의 입자설, 전기 유체설 등은 한때 형이상학적 관념에 불과했다.

대담한 상상들

지금까지 인류는 주로 자연을 과학적 탐구의 대상으로 삼고 객관적 지식의 축적과 확장에 힘썼지만, 최근에는 인간 자신에 대한 과학적 탐구가 크게 늘었다. 오늘날 우리는 역사상 그 어느 때보다 심각하게 우리 자신을 객관화하고 대상화하여 과학적 · 기술적으로 탐구하고 있다. 근대 초기에는 치료적 목적을 위해 인체를 해부하고 의학적으로 탐구하는 정도에 머물렀다면, 지금은 우리 몸을 더 건강하고 강하게 만들고 수명을 더 늘리기 위해 인체를 생화학적으로 탐구하고 있으며, 생명공학의 발전과 함께 향상된 인류(enhanced human)를 꿈꾸고 있다. 우리 자신에 대한 과학기술적 탐구는 우리의 몸에 국한되지 않는다. 뇌과학과 인공지능 연구는 우리의 지적이고 정신적인 영역에 대한 과학기술적 지배력을 확장해서 사이보그 뇌(cyborg brain) 혹은 인공 지능체(artificial intelligence)의 탄생을 그려보고 있다.

생명공학, 나노기술, 인지신경과학, 인공지능 등의 기술적 발전은 우리 자신에 대한 대담한 상상들을 양산했다. 공학자이자 벤처사업가이기도 한 커즈와일은 인류가 '2045년경 기술적 특이점에 도달할 것'이라는 예측을 내놓았다. 특이점 이후에 인류는 상상할 수 없는 변화를 겪을 것이다. 그때 인류가 맞이하게 될 운명에 대해서는 각양각색의 상상이 난무한다. 인공지능의 선구자인 마빈 민스키(Marvin Minsky)나 로봇공학자인 한스 모라벡(Hans Moravec)은 인공지능의 발전으로 미래에 지구의 주인은 인간이 아닌 인공지능 로봇이 될 것이라고 예언했다. 매사추세츠공과대학(MIT) 슬론경영대학원 교수인 브린욜프슨(Erik Brynjolfsson)과 맥아피(Andrew McAfee)는 '머지않은 미래에 온전한 의식을 지닌 기계'가 탄생할 것이라고 예견했고, 다큐멘터리영화 제작자인 제임스 배럿(James Barrat)은 미국 내 인공지능 개발자와 이론가들을 두루 만나고 나서 쓴 책에서 "욕구 능력과 고도의 지능을 지닌 인격적 존재로서의 인공일반지능(AGI)이 등장할 것"이라는 믿음을 전했다.

과학기술자들의 입을 통해 전해지는 이런 이야기들에 대한 사람들의 1차적 반응은 놀라움과 당혹감, 두려움 같은 것이다. 혹시 호기심과 기대감을 보이는 사람도 있을지 모르겠다. 우리는 알파고의 선전을 목격했고, 왓슨의 성공담을 듣고 있으며, 4차 산업혁명의 전망에 대해 고민하고 있는 터여서 이런 이야기들이 더욱 현실감 있게 느껴진다. 더욱이 전문가들의 말이라면 더 말할 것도 없어 보인다. 그런데 이런 이야기들은 정말 믿을 만할까? 일단, 커즈와일 등의 예언은 '과학적인 진술'이 아니다. 예컨대, "2045년에 특이점이 도래한다"라는 진술을 반증할 분명한 수단이 없다. 이 진술이 참이라는 것을 입증하고 싶다면, 2045년까지 기다려서 확인할 수밖에 없을 듯하다. '2045년 특이점 도래' 예측은 지금까지의 기술 발전 추이와 최근의 고무된 기술 발전 속도를 기초로 한 커즈와일의 추정에 불과하다. 그는 이 예측을 가능하게 만든 이론이나 과학적 방법론을 제시한 적이 없다. 과학적 방법이란 누구든 그 방법으로 시험하면 같은 결과를 만들어낼 수 있는 것을 말한다. '인공지능 로봇의 지구 지배'나 '온전한 의식을 지닌 기계의 등장' 등의 예언도 마찬가지로 과학적인 것이 아니다.

이런 예언들은 과학적이지는 않지만 무의미한 것은 아니다. 이것들은 현재 우리의 상황을 잘 말해주고 있다. 근대과학과는 다른 세계관에 기초한 신생 기술들이 오늘날 과학 발전의 중심에 있다는 것, 기술의 적용 대상이 외부 세계에서 인간 자신으로 확장되고 있다는 것, 기술의 직접적 적용으로 인간 자신에게 전례 없는 변화가 예상된다는 것, 전례 없는 기술의 영향력과 지배력의 확대로 인간 사회가 급변하게 될 전망이라는 것, 그래서 우리에게 미래에 관한 불안감과 기대감이 공존하고 있다는 것 등을 말해준다. 이런 예언들의 긍정적인 면을 꼽아보자면, 전에 없이 우리의 상상력을 충족시키는 기술의 부상으로 다시금 우리 자신에 대해 되돌아보고 고민할 기회를 얻고 있다는 점, 이런 예언들이 미래의 불안정성과 불확실성을 확대해 보여주므로 인류 문명의 급변기에 있는 우리에게 문명의 변화 방향을 성찰하게 한다는 점 등을 떠올릴 수 있다. 그런 점에서 이런 예언들은 가치 있으며 중요하기까지 하다. 물론 그럼에도 불구하고 과학적이지는 않다. 다시 말해, 사실에 관한 것이 아니다. 이런 예언들을 과학적인 것으로 받아들인다면, 이런 예언들로 인해 우리 자신을 호도할 수 있고, 우리의 상상력이 제약을 받게 될 것이다. 인간이 어떤 존재인지, 인류 문명이 어디로 나아가야 할지를 고민하고 자유롭게 상상하고 논쟁하는 것은 언제나 좋은 일이다. 사실, 이런 문제는 과학적 탐구의 대상이 아니다.

'인간이란 무엇인가?'라는 물음

역사학자인 브루스 매즐리시(Bruce Mazlish)는 《네 번째 불연속》이라는 책에서 프로이트의 〈정신분석 입문〉(1915~1917) 여덟 번째 강의에 기대어 인류가 지금까지 세 번의 불연속을 경험했으며, 이제 네 번째 불연속을 경험하고 있다고 분석했다. 매즐리시는 우리의 인간중심적 사고는 우주에서 인간의 독보적인 지위를 확립하기 위해 인간이 우주 및 자연과 분명히 구분되고, 동물과 완전히 다르며, 인간의 본질인 정신 혹은 이성은 의식적이고 자유로운 것이며, 인간은 기계가 아니라는 생각을 오랫동안 지켜왔다고 말한다. 그러나 코페르니쿠스가 지구와 인간이 우주의 중심이 아니라는 사실을 일깨워주었으며, 다윈이 인간과 동물이 연속선상에 있음을 알게 했고, 프로이트가 무의식을 언급하여 우리의 행동도 자연에서 일어나는 사건들처럼 설명 가능하다는 것을 보여주었다. 그리고 이제 우리는 인간이 데카르트가 생각했던 것처럼 기계와 전적으로 다른 존재가 아니라 기계와 다름없는 존재임을 깨닫게 될 것이다. 인간과 기계가 결합하고, 인간적인 기계가 만들어지는 날이 오고 있다. 매즐리시의 분석은 창의적일 뿐만 아니라 현대 기술낙관주의자들의 대담한 상상을 통찰력 있는 틀로 묶어낸 듯하다.

매즐리시는 인간과 기계의 연속성을 주장하면서 우리 역시 어떤 의미에서 기계라고 말한다. 우리의 신체 기관은 기계와 유사하며, 우리의 지능도 기계적으로 구현할 수 있다. 유전은 일종의 정보 전달과 유사하다. 이런저런 점들을 토대로 우리도 모종의 기계라고 생각할 수 있다. 매즐리시는 인간과 기계가 아무런 차이도 없이 같은 것은 아니지만, 그 차이는 정도의 문제라고 말한다.[27] 사실, 매즐리시의 결론은 온건한 것이지만, 이 말로만 생각하면 그가 인간과 기계 사이에 본질적인 차이가 없다고 말하는 것처럼 들린다.

과학의 역사는 인간 지식의 확장 역사다. 인류는 지금껏 한편으로는 세계와 자연으로부터 인간 삶의 경계를 공고히 하면서, 다른 한편으로는 지속적으로 넓혀왔다. 매즐리시가 말한 인간과 동물의 불연속성의 붕괴나 인간과 기계의 불연속성의 붕괴는 인간과 동물, 그리고 인간과 기계가 동일하게 혹은 동등하게 된다는 것을 뜻하지 않는다. 그동안 인간은 동물을 도구화했으며, 기계적인 도구를 만들어냈다. 인간 외부에 있는 힘과 기능을 인간의 필요에 맞춰 사용했다. 그런데 이제 인간은 자연과 동물을 내면화하고, 자기 안에 포섭하는 자연의 인간화와 기계를 자신 속으로 끌어들이는 기계의 인간화를 기획하고 있다. 이 말은 동물을 인간으로 만들고, 기계를 인간으로 만든다는 뜻이 아니다. 동물성이 인간성 안에 흡수되고, 기계성이 인간 본성의 일부가 된다는 의미다. 지금까지 동물과 기계는 인간 밖에 있는 존재였지만, 이제 동물과 기계가 인간 안으로 들어오고 있다. 이것이 매즐리시가 말한 '불연속성의 파괴'의 참된 의미일 것이다.

과학은 지금까지 과학적 탐구를 통해 인간에 대한 지식을 확장해왔으며 앞으로도 끊임없이 인간에 대한 지식을 확장해나갈 것이다. 그리고 우리는 과학적 탐구와 별도로 우리 자신에 대해 다양한 관점에서 다양한 방식으로 탐구할 것이다. 그런 탐구는 과학적이지 않더라도 충분히 의미 있고 중요하다. 과거의 형이상학은 '인간이란 무엇인가?'라는 물음

27) 브루스 매즐리시, 《네 번째 불연속》, 김희봉 옮김, 사이언스북스, 2001, 18쪽.

의 답이 고정된 것으로 생각하고, 마치 사실을 다루듯이 접근한 탓에 과학과 경쟁하여 결국 패배하고 말았다. 그러나 이 물음은 사실에 관한 것이 아니다. 이 물음은 가치에 관한 것이며, 의미를 추구하는 것이다. 이 물음에 대해 과학은 부분적으로만 답변할 수 있다. 과학적 답변, 다시 말해 인간에 관해 성장하는 과학적 지식이 이 물음에 대한 우리의 답변에 영향을 미칠 수는 있지만, 이 물음은 궁극적으로 철학적이다.

과학이 발전함에 따라 우리 인간에 대해 더 많은 것을 알게 되고, 기존에 가지고 있던 인간의 개념, 다시 말해 전승되는 지식의 더미에서 발견되는 인간의 개념에 수정을 가할 필요를 느끼게 될 것이다. 그리고 우리는 과학적 지식이 성장하듯이 우리 자신의 인간 이해를 성장시킬 것이다. '인간이란 무엇인가?'라는 질문은 열린 질문이다. 인간의 개념은 고정된 것이 아니라 만들어지는 과정에 있다. 그래서 미래의 인간은 정확히 무엇이 될지는 모르지만 우리 인간이 바라는 그런 존재일 것이다. 그러므로 중요한 것은 '우리 인간이 우리 자신에 대해 무엇을 바랄 것인가?'라는 질문이다. '인간이란 무엇인가?'라는 물음은 '인간이란 무엇이어야 하는가?' 혹은 '인간이 무엇이면 좋을 것인가?'라는 물음으로 번역되어야 한다.

참고문헌

강석우 외, 《대학생을 위한 과학 글쓰기》, 아카넷, 2009.

레이 커즈와일, 《특이점이 온다》, 장시영 · 김명남 옮김, 김영사, 2007.

브라이언 매기, 《칼 포퍼》, 이명현 옮김, 문학과지성사, 1982.

브루스 매즐리시, 《네 번째 불연속》, 김희봉 옮김, 사이언스북스, 2001.

에릭 브린욜프슨, 앤드루 맥아피, 《제2의 기계시대》, 이한음 옮김, 청림출판, 2014.

제임스 배럿, 《파이널 인벤션》, 정지훈 옮김, 동아시아, 2016.

칼 세이건, 《악령이 출몰하는 세상》, 이상헌 옮김, 김영사, 2001.

칼 포퍼, 《추측과 논박 1》, 이한구 옮김, 민음사, 2001.

______, 《추측과 논박 2》, 이한구 옮김, 민음사, 2001.

A. F. 차머스, 《과학이란 무엇인가?》, 신중섭 · 이상원 옮김, 서광사, 2003.

Russell, B., *The Problems of Philosophy*, Oxford University Press, 1997.

Moravec, H., "The Age of Robots," in *Robotics Institute*, Carnegie Mellon University, 1993, https://frc.ri.cmu.edu/~hpm/project.archive/general.articles/1993/Robot93.html

Popper, K., *Conjectures and Refutations: The Growth of Scientific Knowledge*, Routledge, 2002.

3장
정치학에서의 경계 개념과 인간 이해

이승원

정치적 경계의 두 축: 국경과 권리

정치학에서 경계는 크게 두 가지로 구분될 수 있다. 하나는 근대 정치의 대표적 주체인 '국민국가'를 규정하는 경계, 즉 '국경(border)'이다. 다른 하나는 개인의 자유가 작동하는 범위를 설정하는 경계, 즉 '권리(rights)'다.

현대 세계에서 정치는 '국가'와 '개인'의 상호 관계 속에서 진행된다고 할 수 있다. 국가는 대외적으로는 전쟁 선포의 주체이며, 따라서 국제법과 국제규약의 책임 주체이기도 하다. 국가는 대외적 승인 속에서 정부를 구성하여 자국 내 시민에게 필요한 공적 서비스를 제공하기도 하고, 시민의 권리를 법적으로 통제하기도 한다.[1] 이와 달리, 개인은 특정 국가에 속하고 그 개인이 취해야 할 권리를 법적으로 보호받지만, 인간 개인으로서의 존재 양식은 국가 이전부터 그 어떤 정치체와도 독립해서 존재했다(정정훈, 2014; 마크 프레초, 2020; 조효제, 2015; 최현, 2008).[2] 개인은 오히려 역사적으로 국가를 구성·해체·재구성하는 초국가적인 주체이며, 개인이 국가를 세우고 헌법을 정하는 정치적 주체로서 행동할 때 이 주체를 '주권적 주체(sovereign subject)'라고도 한다. "대한민국은 민주공화국이며, (따라서) 대한민국의 주권은 (군주나 일부 과두제가 아닌 바로) 국민으로부터 나온다"라는 우리나라 헌법 1조의 의미는 바로 이 주권적 주체에서 국가가 출발한다는 것을 보여준다고 할 수 있다.

물론 개인이 모여서 특정한 정치 공동체를 형성할 때, 그 공동체 내에서 재산, 성(性), 인종, 지식 등을 둘러싼 다양한 형태의 차별, 통치, 저항의 복잡한 정치적 관계가 발생한다. 그리고 이러한 정치적 관계가 개인의 삶을 규정한다. 따라서 '개인'을 바라볼 때, 이 복잡한 지형을 놓치지 말아야 한다. 국가 또한 그 정치체제가 군주제, 과두제, 민주정 등 여러 체제 중 어떤 것인가에 따라, 그리고 제국, 식민지, 전쟁, 제1세계, 제3세계 등 어떤 역사적 경험과 지정학적 위치에 있는가에 따라 국가마다

---

1) 현대 국제관계에서 '국가'는 독보적인 위상을 갖는다. 특히 국제관계이론을 주도하는 신현실주의 입장에서 보면, 국제질서는 공통된 정부를 갖지 못한다는 전제 속에서 국가 간 세력관계를 어떻게 형성하는가가 각 국가의 안보와 평화를 위해 중요하다고 본다(모겐소, 2014, 3부와 4부; 월츠, 2013: 299-324).

2) 최현(2008)은 고대 그리스 자연법 사상에서부터 현대에 이르기까지 형성된 인권 개념과 함께 인권 실현을 위한 제도로서 시민권의 발전 과정을 보여준다. 프레초(2020)와 조효제(2015)는 국가 통치력의 오용과 한계에 의해 발생하는 인권 문제를 다루면서 국가 프레임을 넘어선 인권 연구와 제도화에 주목한다. 정정훈(2014)은 '인권' 담론에 대한 급진적 성찰을 통해 국가와 권력의 통치전략을 드러냄과 동시에 대항 가능성도 살핀다. 국가를 넘어선 포괄적 인권 연구를 위해 위 네 권의 필독을 권한다.

서로 다른 모습을 보이고 있다(헬드, 2010; 이승원, 2014; 월린, 2013; 무어, 1990).[3] 이러한 맥락에서 볼 때, 한 국가의 시민의 삶은 다른 국가의 시민의 삶과 같을 수 없다. 반면, 어느 국가에 살건 그 개인은 '존엄한 생명' 그 자체이므로 어떤 국가인가가 그 개인의 존엄성을 파괴할 어떤 근거도 가질 수 없다.

오늘날 우리가 사는 세계에서 개인은 자신이 속한 정치 공동체의 규칙에 따라(그것이 권위주의 방식일 수도 있고, 민주적 방식일 수도 있다) 국가(의 헌법)를 구성하고, 국가는 국제관계와 관련된 규약을 체결한다. 이 과정에서 다시 국제규약은 국가의 외교적 활동범위를 제약하고, 국가는 다시 그 제약 속에서 자국 내 시민의 활동에 필요한 법적 구속력을 강제한다. 제약과 구속력이 지나칠 경우, 과거의 경우처럼 제국주의적 침략이나 내정 간섭으로 빠질 수 있다. 정반대의 경우, 세상은 혼돈과 약육강식, 즉 토머스 홉스가 말하는 '만인에 대한 만인의 전쟁' 속에서 개인의 생명과 존엄성에 대한 보호는 어느 것으로부터도 보장받을 수 없는 상태가 된다(홉스, 2016: 131).

'국경'과 '권리'는 국가와 개인, 국가와 국가, 그리고 개인과 개인 사이 관계의 균형을 잡는 정치적 경계다. 국경은 각 국가가 자신의 주권을 적용하는 영역을 구획하며, 동시에 다른 국가들이 바로 그 영역을 그 국가의 영토로 인정하는 경계선이기도 하다(키팅, 2019: 42-49). 그리고 권리는 개인의 표현과 행동을 규정하는 기준이면서, 동시에 이 기준을 정하는 정치적 · 사법적 · 윤리적 권력이 작동하는 지점이기도 하다. 국경이 '영

3) 헬드(2010)와 이승원(2010)은 '민주주의'의 시각에서 역사적으로 출현한 상이한 정치제도의 변화 과정을 살핀다. 월린(2013)은 각 정치체를 태동 · 발전 · 변화시킨 정치사상과 그 핵심을 다루고 있으며, 무어는 정치체제가 변화는 과정에서 발생하는 국가의 모습과 사회적 약자의 희생을 보여준다.

토'를 구획하는 경계라면, 권리는 구체적으로 개인이 나타내는 표현, 움직이는 동선, 사용하는 공간의 설계, 역사적 맥락에서 발현되는 개인의 존재 양식과 연결되어 있다고 할 수 있다. 노예해방 이전의 미국 사회 속 흑인, 의무교육이 없던 시절의 아동·청소년, 성적 자기결정권을 전혀 보장받지 못하는 사회의 여성 등의 사례를 떠올리면 권리가 왜 개인의 존재 양식을 의미하는지 알 수 있다.

국경은 영토 내 시민이 합의해서 제정한 헌법을 통해서만이 아니라 국가 간 국제적 규약을 통해 승인되고, 이 국경을 지키기 위해서는 군사력, 경찰, 사법권력 등과 같은 거대한 권력 기구의 동원이 필요하다(모겐소, 2014: 325-331). 그리고 국경이 주권적 시민과 정부, 영토, 영해, 영공의 범위에 관한 것이라면, 권리는 특정한 권리의 담지자인 개인이 그 권리를 적용하기 위한 유무형의 자원과 연결되어야 한다. 예를 들어 교육권은 학교, 건강권은 필요한 먹거리와 보건의료 서비스, 주거권은 적절한 주거환경과 주택, 환경권은 깨끗한 공기, 물, 생태보존, 성적 자기결정권과 젠더 평등은 그에 맞는 적절한 공간과 공정한 기회, 차별을 극복할 수 있는 자원의 사용 등과 연결되어야 한다(프레초, 2020; 이승원, 2019; 정정훈, 2014). 그러나 특정 정치사회적 이해관계와 문화적 차이 또는 편견 속에서, 비록 헌법이 보장하거나 사회여론이 지지하는 권리 담론이 있더라도 특정한 권리 담론이 제대로 발현되지 못하거나, 그 권리에 대한 적절한 유무형의 자원이 연결되지 못하는 경우가 많다.

일반적으로 정치는 "가치의 권위적 배분(authoritative allocation of values)"으로 정의되는데, 이 가치는 생명과 연결되므로 먹거리, 주거, 보건, 교육에서부터 치안과 안보 등 광범위한 영역에 걸친 자원을 수반하게 된다. 따라서 정치란 '자원의 권위적 배분'이라고도 할 수 있다(Easton, 1965: 50; 이승원, 2013: 87-92). 여기서 배분하는 행위, 그리고 이러한 행위의 주체가 가지는 권위의 정당성을 둘러싸고 정당 간 대립, 사회운동, 혁명 등 다양한 정치변동 현상이 발생한다. 이러한 현상이 급진적으로 나아갈 경우, 국가의 성격 또는 국경이나 개인의 법적 권리 담론의 경계까지 변화시킬 수 있지만, 다른 한편으로 제한된 법적 · 윤리적 · 이데올로기적 경계를 넘어서지 못하고 그 경계 안에서 작동하는 규칙에 따라 보수적으로 정리되기도 한다.

또한, 개인이나 국가가 다른 나라의 국경을 불법적으로 넘을 경우 사법적 처벌이나 국제사회의 제재가 이뤄지듯, 개인이 타인의 권리를 침해할 경우 이에 대한 처벌과 통제가 뒤따른다. 이것은 단지 사후적 조치만이 아니라 감옥, 병원, 군대, 학교 등을 통해 이러한 처벌과 통제는 언제나 그리고 누구에게나 가능한 것으로 사회에서 받아들이게 된다(푸코, 2020). 이러한 맥락에서 개인은 한편으로는 합리적 이성의 작용, 타인과의 공감과 협력에 대한 경험의 기쁨 속에서(크로포트킨, 2015), 다른 한편으로는 처벌과 통제에 대한 두려움을 피하려고 자신의 권리만큼 타인의 권리를 존중하기 위해 노력하는 경향을 보인다. 피부색이나 언어 같은 인종적 특징, 종교적 신념, 성적 정체성, 지식과 교육수준 등은 여러 사회적 경계의 뿌리가 되기도 하며, 그 경계를 넘기 위한 권리 담론의 출발점이기도 하다.

이러한 경계에 대한 일반적 사고에서 놓치지 말아야 할 가장 중요한 것 중 하나는 '현재' 결정된 국경과 권리의 경계가 절대적이고 항구적으로 고정불변한 것이 아니라는 사실이다. 즉, 앞서 언급한 바와 같이 이 경계들은 '정치적'이므로 시대적 맥락과 정치사회적 특성에 따라 임의적으로 변할 수 있다. 이 의미는 우리가 현재 받아들인 국가들의 국경, 그리고 우리를 규정하는 권리의 법적 담론과 질서는 절대적인 것이 아니며, 문제가 발생하고 희생자가 나타나면 비판적으로 성찰하고 새롭게 재구성할 수 있는 인간의 자유로운 의지와 실천의 결과물이라는 것이다. 이러한 사실은 서구의 경우, 14세기 르네상스, 17세기 30년전쟁과 청교도 혁명, 18세기 프랑스 혁명, 19세기와 20세기 제국주의의 식민지 쟁탈전, 그리고 그 틈새에서 싹을 틔우려 노력한 여러 권리 투쟁(인권, 아동, 여성, 환경, 평화, 인종, 탈식민주의 등)의 역사 속에서 확인할 수 있다(이승원, 2014; 정정훈, 2018; 조효제, 2015; 홉스봄, 2009a & 2009b).

우리도 1945년 해방 이후 지금까지의 역사를 보면, 한반도 분단과 남북한 국가 수립 및 한국전쟁 과정, 그리고 이후 한국에서의 개발독재 시기, 1970년 전태일 열사 분신과 1980년 광주민주화항쟁을 통해 퍼져나간 민주화 과정, 신자유주의 체제로의 전환 과정을 살펴보면 우리의 국가, 헌법, 국경, 그리고 시민권 또한 인간 의지의 발현과 실천의 결과로서 후퇴와 발전, 그리고 예측 불가능한 방향으로의 선회 등 고정되지 않은 모습을 보여주고 있음을 분명히 알 수 있다(이승원, 2014; 최장집, 2002; 지주형, 2011; 장석준, 2011).

따라서 어떤 정치적 경계가 우리를 둘러싼 주권적 영토와 권리 담론을 둘러싸고 있는지를 좀 더 구체적이고 분석적으로 파악할 때, 우리는 국경 밖 너머의 세상, 우리의 권리 밖 너머에 있는 또 다른 자아를 찾아가면서 더욱 넓은 자유와 해방의 삶, 위기를 극복해나갈 수 있는 새로운 협력적 관계를 만들 수 있다. 이것이 우리가 정치적 경계를 주목하는 가장 큰 이유다.

사실 '국가'와 '개인', 그리고 정치적 경계 차원에서 파생되는 '국경'과 '권리'라는 현대 정치의 가장 큰 2개의 주제 축은 간단히 다룰 수 있는 문제는 아니다. 이 장에서는 우선 간단히 주요하게 고려되는 문제들을 나열하고, 그중 몇 가지를 다루면서 나머지는 다음 과제로 남기려 한다.

개인은 국가에, 국가는 개인에게 무엇을 해야 하고 무엇을 할 수 있을까? 그리고 "타인의 신체를 해하지 말라"라는 근대 사회계약론적 준칙 이상으로 개인과 개인이 서로를 대할 때 넘어서는 안 될 경계는 무엇인가? 타 국가의 시민, 그리고 국가의 위협이나 국적상실 때문에 우리 곁에 올 수밖에 없는 난민이나 무국적자와 우리 사이에 있는 경계는 무엇이며, 이 경계를 우리는 결코 넘을 수 없는 것인가? 우리 사회에 공존하는 '불법' 체류 이주민과 우리 사이에 놓인 '법적 경계'는 어떤 우정, 환대, 연대도 끼어들 수 없는 채 양자의 관계를 규정하는 유일한 경계인가?

나아가 국적이 같은 개인일지라도 사회경제적, 문화적, 성적, 정치이념적, 그리고 역사적인 경험상 차이 때문에 각자 이해관계와 서로 추구하는 권리 담론이 충돌하거나 서로 받아들이기 어려운 상황이라면, 이러한 차이와 갈등을 해결하기 위해 개인과 개인 사이에 놓인 경계는 어떻게 재구성되어야 할까? 국가, 그리고 국제 규범은 이 수많은 개인의 다양성을 동시대 정치사회적 질서에 담기 위해 어떤 법적 · 정치적 경계를 설정해야 할까? 그리고 그 방식은 무엇일까?

즉, 이 모든 질문은 우리가 매일 숨 쉬고 살아가는 일상에 관한 것이다. 학교에서 교사와 학생 사이 폭력적 군사문화가 투영된 권위적인 경계가 그렇고, 명절이나 제사 때는 물론 일상 곳곳에서 터져 나오는 가부장적 여성 차별과 왜곡된 성 역할을 전통처럼 당연시 여기는 남성 권위적 경계가 그렇다. 아무것도 아닌 일로 아파트 주민이 경비 노동자에게 터무니없는 욕설과 폭력을 행사해도 이런 범법 행위를 즉각 제지하고 처벌하지 못하는 경계, 단지 사소한 기분 탓에 발길질을 하거나 물건을 집어 던지는 회장 가족에게 아무 말 없이 순응해야 하는 운전기사나 가사 도움 노동자가 겪는 갑질의 경계, 학교 폭력이나 취업 장벽에서 엄청난 무력감을 끌어내는 경계도 마찬가지다. 일상에 얽혀 있는 이런 수많은 경계 속에서 고통을 느끼면서도 외면하거나 순응해야 하는 이 경계를 어떻게 제거할 수 있을까?

마지막으로, 국경을 사이에 두고 전개되는 국가 간 적대적 관계를 넘어 평화적 관계를 회복하고 유지하기 위해서는 어떤 경계를 넘어야 하고, 어떤 새로운 정치적 경계를 설정해야 하는가? 이와 연결해볼 때, '국경없는의사회(Doctors Without Borders)'나 '국경없는과학기술자회(Engineers Without Borders)'에서 말하는 '국경 없는'은 무슨 의미일까(몰리, 2007; 이경선, 2013)? 영국의 전설적인 록그룹 비틀스의 맴버였던 존 레넌이 평화를 기원하며 부른 〈이매진(Imagine)〉의 가사 "Imagine there's no countries"처럼 국경 없는 세상, 권리의 장벽이 없는 세상을 꿈꾸는 것은 그저 초라한 개인의 낡은 몽상일 뿐일까?

위에 나열된 질문에 대한 답을 찾는 것은 매우 어려운 일이다. 하지만 적어도 이런 질문을 떠올리고 던지는 것만으로도 나와 내가 속한 공동체의 존재 이유와 삶의 방식을 더욱 자유롭고 희망적이게 할 수 있다. 경계에 대한 질문을 던지는 것은 경계를 넘어 더 넓은 세상으로 나아가는 방식 중 하나일 것이다.

국민국가의 경계: 국경

국경의 역동성

국경은 때로 자국을 보호하기 위해 필요하기도 하지만, 때로는 그 자체가 자국의 역사에서 치욕적으로 강요된 외세의 침략에 의한 결과일 수도 있다. 그리고 자국의 독립과 해방을 위해 강요된 국경을 그 국가의 시민이 스스로 무너뜨릴 수도 있다. 후자의 경우 베를린 장벽, 소련의 해체와 러시아연방의 출범 같은 것을 떠올릴 수 있다. 이러한 국경은 1985년 체결된 이후 1995년 사실상 효력이 발생한 유럽연합(EU) 회원국 사이의 무비자 통행을 위해 국경 개방을 규정한 셴겐조약(Schengen agreement)에 따라 대단히 개방적일 수 있다(Law, 2018). 하지만 과거 베를린 장벽, 우리의 휴전선, 세계적 대유행병인 코로나19 확산에 대응하는 국

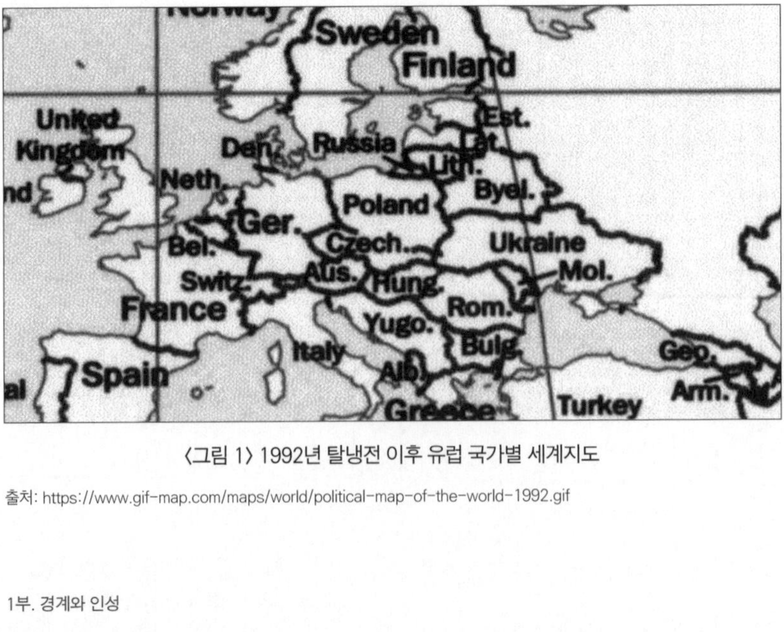

〈그림 1〉 1992년 탈냉전 이후 유럽 국가별 세계지도

출처: https://www.gif-map.com/maps/world/political-map-of-the-world-1992.gif

가 간 이동 봉쇄처럼 국경은 상황에 따라 대단히 폐쇄적이고 배제성을 강하게 띨 수도 있다.

〈그림 2〉 2019년 현재 유럽 국가별 세계지도

출처: https://upload.wikimedia.org/wikipedia/commons/0/0c/Political_Map_of_the_World%2C_June_2019.pdf

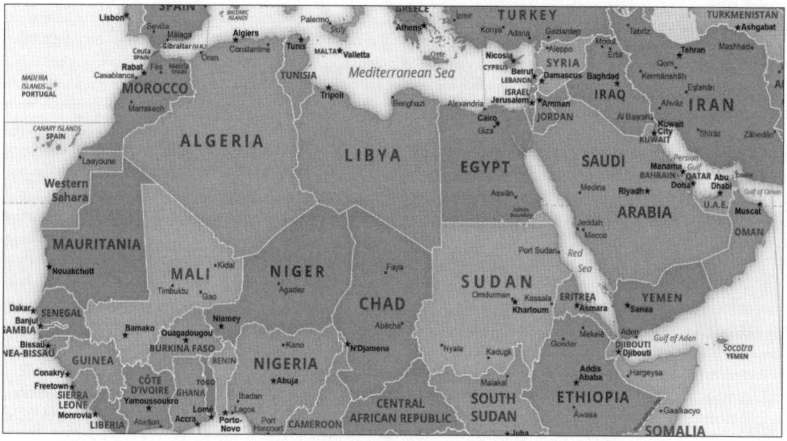

〈그림 3〉 2019년 현재 북아프리카와 중동 국가 지도

출처: https://upload.wikimedia.org/wikipedia/commons/0/0c/Political_Map_of_the_World%2C_June_2019.pdf

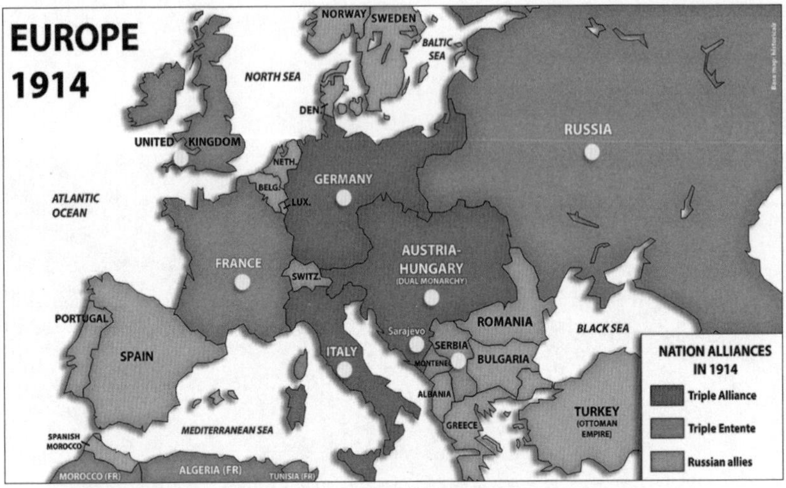

〈그림 4〉 1914년 제1차 세계대전 발발 당시 유럽 국가별 세계지도

출처: http://maps.canadiangeographic.ca/outbreak-of-first-world-war-map/

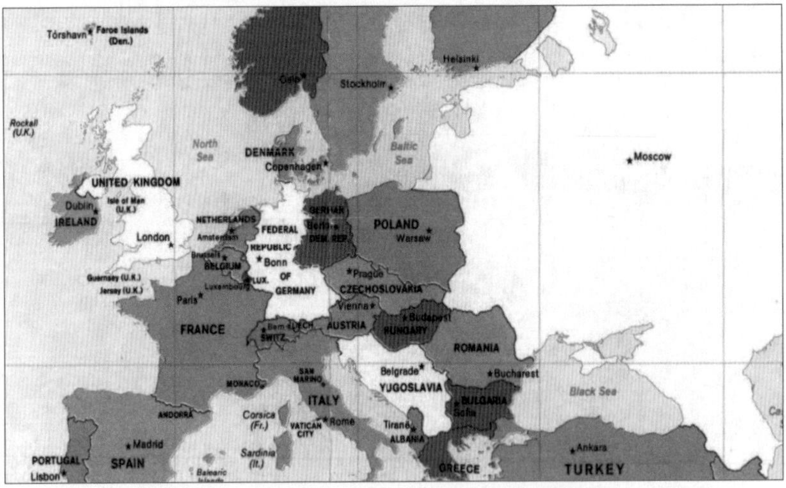

〈그림 5〉 1980년 냉전 상태의 유럽 국가별 세계지도

출처: https://www.loc.gov/resource/g3200.ct000425/?r=0.408,0.126,0.225,0.092,0

유럽 국가별 지도에서 알 수 있듯이, 21세기 초엽에 그려진 국가별 세계지도는 제1차 세계대전 직전과 크게 다르며, 냉전이 정점이 이르렀던 1980년, 그리고 독일 통일과 소련 해체 등 탈냉전 직후인 1992년 국가별 지도와도 차이가 있었다. 이 차이는 자연 변화가 아닌 전쟁이나 체제 붕괴 같은 정치적 변동에 의한 결과였다. 아라비아반도와 아프리카 대륙의 많은 국경은 자연지리적 지형을 참조하여 형성된 유럽, 아시아, 아메리카 대륙의 국경과 달리 마치 자로 그은 듯이 직선으로 된 곳을 많이 볼 수 있다. 우리나라도 한국전쟁 이전 미소 분할 점령 정책에 의해 남북을 가른 직선으로 된 북위 38도선과 한국전쟁 이후 전쟁의 격전적 상황을 반영한 군사분계선 사이에 차이를 보이고 있다. 이런 국경의 끊임없는 변화를 통해 국경이란 인간의 인위적이고 정치적인 활동의 결과라는 것을 알 수 있다.

보통 근대국가의 경계, 즉 근대적 국경이 형성된 것은 유럽에서 최악의 전쟁 중 하나로 손꼽히는 30년전쟁의 종결점인 베스트팔렌조약(Westphalian Treaty of 1648)에서 시작되었다고 한다. 베스트팔렌조약은 근대국가의 권리와 의무를 규정하는 규약이다. 베스트팔렌조약을 통해 유럽 국가들은 각각의 국가를 '영토에 기반한 국가(territorial state)'로 세우고, 영토를 규정한 국경을 국가 간 법적 국경으로, 그리고 국경 안 영토를 그 국가가 행하는 주권(sovereignty)이 작동하는 영역으로 인정하게 되었다(Keating, 2019; Gross, 1948: 20-41; Osiander, 2001: 262-264). 이는 그 이전까지 유럽 여러 나라에 커다란 영향을 미친 가톨릭 교황의 권위에 제동을 거는 것이었으며, 근대 국민국가(nation-state)의 시작이기도 했다.

베스트팔렌조약을 통해 만들어진 서유럽 근대국가의 국경은 근대 국민국가 간 패권전쟁으로 이어졌고, 이후 프랑스, 독일, 영국, 네덜란드 등에 의한 제국주의 정책으로 아프리카, 아시아, 아메리카로 확산되었다. 특히 20세기 초 제1차 세계대전이 발발할 때까지 유럽 국가들의 제국주의적 약탈 경쟁은 다른 대륙을 대상으로 하는 식민지 쟁탈전이 되었고, 이러한 영향 속에서 이때부터 지금까지 약소국들의 국경은 인위적으로 새롭게 그려져왔다고 볼 수 있다. 앞서 언급한 아프리카 대륙과 아라비아반도에 그려진 국경이 그랬고, 우리의 휴전선이 그렇게 그려졌다. 팔레스타인의 역사적 지형 위에 세워진 이스라엘의 국경 또한 대단히 정치적인 맥락에서 그려졌으며, 여전히 국제사회에서 중요한 분쟁지역으로 거론되고 있다.

이렇게 인위적으로 만들어진 국경은 우리 삶을 규정하는 정치적 최종심급이라고도 할 수 있다. 우리가 아무리 자유로운 삶을 추구한다고 하더라도 북핵 위기, 코로나19 같은 세계적 전염병 등이 전면적 위기로 등장하면, 국경을 봉쇄하거나 국가안보를 위한 자원 총동원 같은 비상상황 속에서 개인의 자유는 '합법적으로' 규제될 수 있기 때문이다. 예를 들어, 대한민국 국적만 소유한 개인이 중국이나 미국을 유효한 비자 없이 여행하게 되면 불법 체류자로 체포당하고 그에 상응하는 해당국의 법적 처벌을 받게 될 수 있다. 대한민국에 거주하는 이주노동자도 비자가 주는 시공간적 권한을 넘어서면 마찬가지 대우를 받는다. 우리나라가 일제 강점으로부터 해방되기 전 일본이나 러시아 사할린 등으로 가서 자리 잡은 후 독립된 사실을 알았지만 귀국하지 않았을 뿐만 아니라 거주하는 나라의 시민으로 귀화하지 않은 채 일본이나 소련(러시아)에서 무국적자로 살다가 생을 마감한 동포, 그리고 그 동포의 생존하는 후손들은 전 세계 모든 국경에 막혀 있으며, 어느 나라로부터도 제대로 된 보호를 받을 수 없다.

최근 사례로 코로나19 방역과 관련해서 이들은 한국이나 일본에서 공적 마스크를 제대로 지원받을 수 없었다. 특히 우리 사회에 거주하는 불법 이주노동자의 경우, 오히려 공적 마스크를 요구하는 행위가 자신들의 존재를 드러내고 체포될 수 있어서 주저할 수밖에 없었고, 시민사회단체의 도움을 통해 필요한 마스크를 어느 정도 공급받을 수 있었다. 한국전쟁 결과 남북이 분단된 이후 자유 왕래가 철저히 금지되어 전쟁 당시 남한과 북한으로 헤어진 이산가족의 슬픔도 바로 이 '국경'이라는 최종심급 때문에 제대로 위로받기 어렵다.

최종심급으로서 국경의 대표적 사례인 '한반도 휴전선'과 '독일 베를린 장벽'을 살펴보면서, 국경이라는 정치적 경계와 개인의 관계에 대해 이해해보자.

한반도 휴전선

휴전선은 1953년 한국 군사 정전에 관한 협정으로 만들어진 군사분계선이다. 이러한 군사분계선을 '휴전선'이라 부르는 것은 아직 한국전쟁이 종전되어 평화협정을 체결하지 못한 채 상호 군사적 대응을 잠정적으로 잠시 쉬는(휴전) '정전 협정'에 의해 만들어졌기 때문이다. 비무장지대(DMZ, De-Militarized Zone)는 휴전선에서 남북으로 각각 2km 거리에 있는 지역을 지칭하며, 38선은 한국전쟁 이전에 남북을 나눈 군사분계선이다.[4] 38선은 제2차 세계대전이 끝나기 직전 미국, 영국, 소련의 지

4) https://ko.wikisource.org/wiki/한국전쟁_정전협정문 참고

도자들이 모인 얄타회담에서 일본이 패망할 경우 한반도에서 일본을 무장해제시키기 위해 미국과 소련이 각각 남과 북을 임시로 분할통치하기 위해 그은 대단히 임의적인 선이었다. 잠시 38선에 얽힌 중요한 역사적 사실을 살펴보자.

1945년 8월 14일 경성의 조선 총독부는 일본 본토로부터 긴급 통신 연락을 받게 된다. 그 내용은 다음 날인 8월 15일 일본 천황이 연합국에 항복 선언을 할 것이고, 그때부터 한반도의 남쪽은 미국이, 북쪽은 소련이 군사점령을 할 것이므로 조선 내 일본인의 피해를 최소화하면서 귀국할 방안을 세우라는 것이었다. 이 소식을 들은 조선 총독부는 엄청난 충격에 빠졌다. 전통적으로 한반도의 남과 북은 38선이 아니라 한강을 기준으로 나뉘어 있었기 때문에 이 기준이라면 일본에 매우 강경한 태도를 보여온 소련군이 한수 이북에 위치한 경성의 총독부를 점령할 것이 분명했다. 이미 8월 초부터 한반도로 진격하고 있던 소련군과 반대로 태풍 때문에 오키나와 지역에 발이 묶인 미군 소식은 이러한 걱정을 더욱 키웠다(USAFIK 1: 5-18; Hoag: 69-78).

분할점령 경계에 대한 혼란이 초래한 이러한 불안은 조선 총독부의 대응 방향을 혼란스럽게 했다. 총독부는 소련을 고려해서 좌익 성향의 조선인 지도자를 찾았고, 그중 한 명이 바로 몽양 여운형 선생이었다. 몽양은 총독부에 정치, 경제, 치안의 자치권과 독립운동가의 즉각적 석방을 요구하면서, '건국준비위원회'를 세워 조선의 자주 독립국가 건설을 준비했다(최장집, 2002: 2장 1절; 이승원, 2014: 144-150). 그러나 결국 미소 분할점령은 한강이 아니라 38선에 의해 나뉘며, 경성은 소련이 아닌 미군정 아래에 놓인다는 사실이 드러나면서 자주 독립국가 건설 과정은 크게 어긋나게 된다.

이 건설 과정은 5년 동안 미 · 소 · 영 · 중 신탁통치 후 독립국가 수립이라는 1945년 12월 모스크바 삼상회의 결과가 반탁운동에 의해 왜곡되고, 두 차례에 걸친 미소 공동위원회가 결렬되면서 사실상 무산되었다(최장집, 같은 책; 커밍스, 1986: 4장). 결국, 남북은 강제로 그어진 38선을 넘지 못한 채 1948년 각각 남과 북에 대한민국과 조선민주주의인민공화국을 수립했고, 2년 뒤 한국전쟁의 비극에 빠지게 되었다. 이 경계가 38선이 아닌 한강이었다면, 아니 어떠한 경계도 그어지지 않았다면 우리 역사는 완전히 달라졌을지 모른다.

휴전선 제거 노력의 일환으로 2000년 김대중 대통령과 김정일 국방위원장은 분단 이래 최초로 남북정상회담을 열었고, 2007년 노무현 대통령과 김정일 국방위원장의 2차 남북정상회담이 이어졌다. 그 후 10여 년간 긴장과 대립이 이어졌지만, 2018년 남과 북은 4월, 5월, 9월 세 차례에 걸쳐 휴전선을 넘나들며 평화와 통일을 위한 정상회담을 성사시켰다. 하지만 이것은 여전히 시작일 뿐 정치적 경계로서의 국경을 허물기 위해서는 훨씬 많은 장벽을 넘어야 한다. 오랜 시간 누적된 불신과 사회문화적 이질감 등 많은 부분을 조심스레 해결해나가야 하며, 현재 개성공단과 금강산 관광지역이 폐쇄된 것처럼 자칫하면 모든 것이 한순간에 물거품이 되고, 더 높고 강력한 장벽이 만들어질 수도 있다.

휴전선을 제거한다는 것은 북핵 문제의 평화적 해결, 국가보안법 개정 또는 폐지, 미국으로부터 대한민국 전시 작전통제권의 반환, 자본주의와 사회주의라는 이질적 정치경제 체제의 민주적 통합 등 수많은 과제를 안고 있다(천경효 외, 2019: 22-25). 또한 비록 '인위적 장벽'이지만 국경은 그것이 무너진 이후의 삶을 아직 많은 사람이 경험하지 못했기 때문에 국경 너머 삶에 대한 동경과 신념을 만들어내는 것도 이 거대한 정치적 경계를 넘는 힘겨운 작업이다.

독일 베를린 장벽

베를린 장벽은 휴전선과 달리 그 자체가 독일을 서독과 동독으로 가르는 군사분계선 전체를 일컫는 것이 아니라, 지리적으로 동독에 속한 베를린을 동과 서로 나눈 콘크리트 장벽이었다. 약 40km에 불과했지만, 이 장벽은 동독과 서독 양 진영뿐만 아니라 제2차 세계대전 이후 40여 년간 냉전과 이념적 경계의 상징으로 자리 잡았다.

제2차 세계대전의 패전국이었던 독일을 미국, 영국, 프랑스, 소련이 분할점령함에 따라 동독은 소련이, 서독은 미국, 영국, 프랑스가 맡기로 했다. 그런데 이때 4개국은 동독에 위치한 독일 수도 베를린만큼은 동독과 소련만이 아니라 동서로 나누어 서베를린을 미국, 영국, 프랑스가 점령하기로 했다. 이처럼 독특한 베를린의 위치와 분할 방식은 남북을 선명하게 나누고 그 경계에서 군사적 · 이념적 적대감을 극도로 끌어올린 우리와 달리 동서독 대립에 미묘한 기운이 흐르게 했다(Grenville, 2005: 566).

동독 내 서베를린은 동독을 완전한 정치 공동체로 발전하지 못하도록 하는 결정적 방해물이었다. 미국, 영국, 프랑스, 그리고 서독의 자본주의와 자유민주주의의 영향이 서베를린을 통해 동독으로 전달되어가자, 1961년 동독은 베를린을 동서로 나누는 경계에 거대한 장벽을 세워버렸다. 이후 베를린 장벽은 동서독뿐만 아니라 동서 냉전의 상징적 경계가

되었다.[5)]

위에서 보여준 1980년 유럽 지도를 참조하면, 베를린 장벽을 기준으로 서쪽에는 서독과 함께 프랑스, 영국, 네덜란드 등 자본주의 국가가 있었고, 동쪽에는 동독, 폴란드, 루마니아, 헝가리, 체코슬로바키아, 유고슬라비아 등 동유럽 사회주의 국가가 포진해 있었다. 이 장벽은 서독 입장에서는 사회주의 진영의 중심국인 소련과 동유럽 사회주의 국가들의 남하 정책을 저지하는 방어막이었고, 동독 입장에서는 대서양 너머 미국을 중심으로 영국, 프랑스, 서독의 자본주의적 공세를 막는 중요한 방패막이었다.

1989년 결국 베를린 장벽은 일련의 복잡한 국제관계의 중력 속에서 무너져 내렸고, 동과 서로 갈라졌던 독일은 하나의 주권국가로 재통일되었다. 베를린 장벽의 붕괴와 함께 유럽은 유럽연합(European Union: EU) 건설을 통해 거대한 단일 시장, 경제 공동체, 하나의 영토에 대한 꿈을 다시 꾸기 시작하면서 유럽의 경계를 새롭게 쓰고 있다. 그러나 이러한

---

5) 냉전이란 군사력이 주를 이루는 열전(hot war)과 달리 군사력이 전면에 배치되지는 않지만, 이를 뒤로한 채 첩보전, 신무기 개발, 군사동맹 확장 등 간접적 안보전쟁과 외교전, 이데올로기적 대립이 중심이 된다. 냉전의 중심에는 자본주의와 사회주의라는 거대한 이데올로기적 대립이 있었다. 따라서 냉전 시기 각 진영에 속한 국가들은 자국 내에서 자본주의 혹은 사회주의에 관한 정치적 신념과 이데올로기적 가치에 도전하는 모든 신념과 행위를 금지했다. 냉전의 경계는 한국전쟁으로 분명해졌으며, 1950년대 미국 사회에서 폭발한 매카시즘은 냉전을 사회, 그리고 시민의 뇌 속에까지 확산시켰다. 결국, 1960년대 냉전은 미국과 소련 사이에 쿠바 미사일 사태, 베트남 전쟁으로 제3차 세계대전의 일촉즉발 위기까지 치닫는다. 이후 양 진영 사이의 군사력 대결은 이 냉전의 경계가 무너지기 시작한 1980년대 후반까지 쉬지 않고 전개되었다. 이 시기 한국은 반공주의를 앞세워 1960년 4월 혁명의 정통성을 무너뜨린 박정희의 1961년 5월 쿠데타와 이후 일련의 권위주의적 통치가 시작되었다. 그리고 1970년대에는 대통령에게 제왕적 권력을 보장하고, 의회와 시민사회를 통제하는 유신헌법과 긴급조치 시대가 이어졌으며, 1980년 광주민주화항쟁에 대한 국가폭력적 대응 속에서 정권을 찬탈한 전두환 군사독재 정부가 뒤를 이었다. 이 모든 것은 냉전과 그 영향으로 한반도 분단 상황이 만든 반공주의적 경계 안에서 이뤄진 비극적 역사였다고 할 수 있다.

과정이 언제나 좋은 방향으로만 가지는 않는다. 경계를 무너뜨린다는 것은 예측 불가능한 흐름에 대한 대응도 뒤따르기 때문이다.

유럽 국가들 사이에 난민, 이주노동자와 일자리 문제, 국가 간 빈부격차와 복지 수준의 차이는 여러 가지 갈등을 만들어냈고, 결국 영국이 유럽연합을 탈퇴하는 브렉시트(Brexit) 사건까지 일어나게 되었다. 또한, 베를린 장벽 붕괴와 동일한 역사정치적 경로에 있던 소련의 해체와 동유럽 사회주의 국가의 자본주의 체제로의 전환 과정에서 유고 내전 같은 엄청난 참극이 일어났다는 사실도 잊지 말아야 한다(신두병, 2013: 49-54). 휴전선처럼 한 번 만들어지면 좀처럼 무너뜨리기 어려운 경계도 있지만, 한순간 무너졌지만 무너진 터전 위에 새로운 삶의 울타리를 세운다는 것이 얼마나 어려운지를 보여주는 베를린 장벽 사례 또한 놓치지 말아야 할 역사적 교훈이다.

휴전선과 베를린 장벽 외에도 국경이 우리의 삶, 개인의 자유와 권리에 얼마나 큰 영향을 미치고 있는지를 말해주는 사례는 너무도 많다. 아마 현대 세계의 모든 갈등은 이 틀을 벗어나지 않는다고 해도 과언이 아닐 것이다. 이주노동자와 관련한 미국 사회 갈등의 상징인 미국-멕시코 국경, 인도와 파키스탄 그리고 방글라데시를 나눈 국경, 신장위구르, 내몽골, 티베트 등 중국 내 특별자치성을 둘러싼 경계, 그리고 남북한, 중국, 러시아, 일본 사이의 영토분쟁 등이 대표적 사례이고, 영국과 북아일랜드 간의 갈등이나 중국과 대만 사이의 갈등도 사실상 그 핵심은 국경과 영토에 있다고 할 수 있다.

개인의 존엄한 삶의 경계: 권리

앞서 살펴본 바에 따르면, 국경이란 법, 관습, 시민권의 근거이자 승인 주체가 되는 주권적 권위가 작동하는 영역을 구분하는 경계선이다. 주권적 권위는 역사적으로 왕이나 황제 같은 군주 또는 독재자가 행사할 수 있으며, 특정한 집단이 권력을 세습하는 것이 아니라 시민이 직접 통치하는 공화정에 의해 행사될 수도 있다. 그리고 그 정치 공동체의 복잡한 역사사회적 변화와 정치경제적 이해관계, 문화적 특성 등에 따라 변할 수 있다.

그렇다면 이런 주권적 권위는 왜 필요할까? 그 핵심은 '자원 배분'에 있다. 앞에서 언급한 바와 같이 정치의 가장 기본적인 정의는 "한정된 자원의 특정한 권위에 의한 배분 과정"이라고 할 수 있다(Easton, 1965: 50; 이승원, 2013: 87-92). 인간이 살아가면서 필요한 기본적인 자원은 제한되어 있다. 기본적인 존엄한 삶을 유지하는 데 필요한 자원은 깨끗한 물과 공기, 안정된 주거공간과 환경, 건강한 먹거리, 적절한 보건의료 시스템, 적절한 에너지 공급망, 그리고 개인의 자유와 사회적 평등을 위한 교육의 기회 등이라고 할 수 있다.[6]

이러한 개인의 자유와 역량에 필요한 자원은 무한히 공급될 수도,

---

6) 노벨 경제학상 수상자인 아마티아 센(Amartya Sen)은 그의 저서 《자유로서의 발전》을 통해 발전이란 단지 집단적 차원에서의 양적 경제성장이 아니라 인간 개인 각각의 삶의 질 향상, 그리고 이 향상을 스스로 이뤄낼 수 있는 자유의 수준으로 해석하면서 경제적 양극화, 민주주의 후퇴 등의 문제를 제시하고, 여성과 사회적 약자, 개인의 자유를 위한 정치사회적 조건을 탐색한다(센, 2013). 이와 같은 방향에 따라 마사 누스바움(Martha Nussbaum)은 자신의 책 《역량의 창조》에서 이러한 개인의 자유와 삶의 질을 향상시키는 힘이 바로 역량(capabilities)이며, 다음과 같은 10가지 핵심을 제시한다. ① 생명, ② 신체 건강, ③ 신체 보전, ④ 감각, 상상, 사고, ⑤ 감정, ⑥ 실천이성, ⑦ 관계, ⑧ 인간 이외의 종, ⑨ 놀이, ⑩ 자신을 둘러싼 환경 통제(누스바움, 2015: 2장).

사용될 수도 없다. 무한한 것처럼 여기고 사용할 경우 자연 공급체계, 즉 자연생태계는 무너지게 된다. 따라서 이러한 필수 자원은 적절히, 지속 가능하고 재생 및 회복 가능한 정도로 사용되어야 한다. 이를 위해서는 이것을 사용하는 인간집단 사이에 일정한 약속과 제재가 필요하다.

또한, 이 자원이 1/n 또는 더 필요한 사람에게는 더 가고 덜 필요한 사람에게는 덜 가는 어떤 '공정한 방식'에 따라 배분되지 않아서 발생하는 풍요 속의 빈곤, 대공황 같은 문제에 대한 정의로운 개입이 필요하다(센, 2013; 지글러, 2015). 즉, 권리와 이를 위해 필요한 자원이 현실 세계에 존재함에도 불구하고 제도로 연결되지 않는 문제를 해결하기 위해서는 양자 사이에 있는 어떤 간격이나 경계를 과감히 뛰어넘어 권리와 자원을 적절히 연결하는 실천이 필요하다. 이러할 때 바로 주권적 권위의 역할이 매우 중요하다. 주권적 권위는 개인의 다양한 권리를 법적으로 규정하고, 자원을 행정적으로 관리하며, 권리와 자원을 연결하는, 그래서 개인의 생명과 존엄성이 보호받도록 하는 주권적 권위의 현대 주체로서 국가의 역할을 규정한다.

중요한 것은 국경이 정해지는 이유, 그리고 시민이 국가를 세우는 이유도 궁극적으로는 자신들의 생명과 존엄성을 보호하기 위함이다. 역사적으로 국경이 해체되거나 재구성되면서 새로운 국가가 탄생하거나 국가의 정치적 특성과 헌법이 바뀐 과정을 살펴보자. 이러한 과정은 대부분 그동안 배제되거나 억압받던 계층이나 집단이 새로운 정치적 주체로 변하면서 이들의 권리 담론이 제도적으로 보장되고, 사회적으로 평등한 대우를 받는 갈등과 투쟁의 과정이었다고 할 수 있다. 종교개혁, 프랑스 혁명, 미국 독립전쟁, 영국 차티스트 운동과 '서프러제트(Suffragette) 운동'으로 불리는 여성 참정권 운동, 19세기 말 유럽 공장 노동자의 사회주의 운동, 미국 흑인 운동, 1960년대 이후 출현한 서구 신사회 운동과 신좌파 운동, 한국 사회의 민주노조 운동, 양심적 병역거부, 호주제 폐지 운동, 장애인 이동권 투쟁, 투기적 도시화와 부동산 개발정책에 맞서는 도시 주거권 투쟁 등은 이러한 과정에서 발견되는 무수히 많은 저항과 투쟁 중 일부다. 이와 같은 사회운동과 투쟁들은 개인의 권리를 규정한 기존의 법적 · 사회적 · 윤리적 경계를 넘어서 자신들에게 필요한 유무형의 자원들을 확보하는 과정이었다.

인류 역사에서 권리의 경계가 도전받고 재구성되는 과정들은 언제나 험난하고, 많은 희생이 뒤따른다. 그리고 그 결과가 언제나 긍정적인 것만은 아니었다. 그뿐만 아니라 모든 권리가 언제나 조화를 이루지는 못한다. 대표적으로 가톨릭에서 주장하는 '생명보호 차원에서의 낙태 반대'와 여성의 성적 자기결정권에 기반한 '낙태 합법화'는 풀리기 쉽지 않은 권리 충돌이다. '젠트리피케이션(gentrification)'(양준호, 2019: 288-291; 정원오, 2016: 22-26)으로 잘 알려진 것처럼 사실상 상가 건물 소유주와 건물의 가치를 경제적 · 사회문화적으로 향상시키는 데 기여한 임대 가게 주인들 사이의 갈등, 도시 주거지역 재개발이나 재건축과 관련된 건물주와 실제 거주 임차인 사이의 이해관계 충돌은 공공과 사회적 가치가 전혀 개입할 수 없도록 법적 · 배타적으로 보호받고 있는 '사적 소유권'을 둘러싼 갈등이다. 원자력 발전을 둘러싼 경제성장과 환경권 사이의 갈등도 이미 원자력 발전소나 방사능 폐기장 건설을 둘러싼 지역 갈등과 공론화 과정 속에서 크게 드러난 바 있다(주성수, 2009; 하승수, 2009).

이 장에서는 여성 참정권 운동을 소개하면서 개인의 권리를 둘러싼 수많은 경계와 이를 넘어서려는 시도들에 대한 사례를 다룬다.

여성 참정권 운동

참정권이란 말 그대로 정치에 참여할 권리다. 참정권을 얻기 위한 운동이 일어났다는 것은 그 이전에는 정치에 참여할 권리가 인정되지 않았음을 의미한다. 존재하되 자유는 없는 자라고 할 수 있다. '한정된 자원에 대한 권위적 배분'이라는 정치의 원론적 의미에 비춰보면, 참정권이 없는 사람은 자신에게 필요한 자원에 스스로 접근할 수도 없고, 적절할 때 자율적으로 사용할 수도 없으며, 개가 주인이 밥 줄 때를 기다리듯 오로지 권위를 가진 자들의 판단에 종속되어야 한다. 스스로 자신의 목소리를 낼 수도 인정받을 수도 없는 존재, 자신에게 필요한 자원에 스스로 자유롭게 접근할 수 없는 존재란 바로 '사회적 약자(social minorities)'다.

장애인, 아동, 청소년, 이주민, 성소수자, 빈곤층, 난민, 소수 인종 등 여러 사회적 약자들이 모습을 드러내고 있으며, 권리와 그 권리에 연결될 자원을 위해 많은 실천을 하고 있다. 특히 여성은 인류 역사에서 가장 오래되었고, 여전히 그 위치를 유지하고 있는 사회적 약자의 대표적인 사례다. 인간 역사는 뛰어난 정치지도자나 전쟁영웅, 발명가 등에 의해 바뀌었다고 볼 수도 있지만, 이러한 인간의 문명이 다시 야만으로 퇴보하지 않도록 하는 가장 중요한 힘은 바로 보이지 않는 '그림자 노동(일리치, 2015)' 속에서 가장 필요한 사회적 재생산의 기능을 가장 헌신적으로, 그리고 가장 고통스럽게 담당한 여성의 노동 때문이었다고 할 수 있다.

동서양을 막론하고 남성의 성적 만족과 장자 상속을 위한 자손 번식, 그리고 남성 중심의 편한 여가와 일상생활을 위한 도구로 취급당했던 여성들은 스스로 남성 중심 질서에 대한 문제의식과 도전을 시도했다. 특히 남성 중심성을 깨기 위해 가장 중요한 것은 여성과 남성이 동등한 정치적 권리를 갖는 것이었다. 근대 서양에서 이에 대한 최초의 도전은 1791년 '여성과 여성 시민의 권리선언'을 주창한 프랑스의 올랭프 드 구주(Olympe de Gouges, 1748~1793)에서 시작한다고 볼 수 있다. 올랭프 드 구주는 프랑스 혁명 직후 발표된 프랑스 인권선언(시민과 인간의 권리선언)이 여성을 시민으로 전혀 인정하지 않는 남성 중심성임을 비판하면서, 여성과 여성 시민(Woman and Female Citizen)을 위한 권리를 주창했다. 그러나 불행히도 올랭프 드 구주는 이 선언을 발표한 뒤 2년 만에 로베스피에르에 의해 단두대에서 처형되었다. 남성 중심 질서의 경계를 넘어서려는 시도에 대한 처참한 보복이었다(스콧, 2017: 79-144). 이런 배경 속에서 영국의 메리 울스턴크래프트(Mary Wollstonecraft, 1759~1797)는 남성과 동일한 여성의 교육 기회를 주창했다.

본격적으로 여성의 정치적 권리가 주창된 것은 1848년 뉴욕에서 세계 최초로 열린 여권대회에서 시작되었고, 이후 여성 참정권 운동이 여러 나라로 확산하기 시작했다. 그러나 그 장벽을 넘기는 쉽지 않았다. 독립선언문을 통해 보편적 인권을 주창한 미국의 경우, 1872년 수잔 앤서니는 대통령 선거 투표를 강행하려다가 당시 100달러 벌금형을 받기도 했다.

1903년 영국의 에멀린 팽크허스트(Emmeline Pankhurst, 1858~1928)는 여성사회정치동맹을 조직해 본격적인 참정권 운동을 전개했다. 비슷한 시기인 1908년 3월 8일, 미국에서는 1만 5천여 여성 노동자가 뉴욕 루트커스 광장에 모여 임금과 참정권을 뜻하는 '빵과 장미'를 들고 여성의 노동과 정치적 권리 보장을 외쳤다. 이후 3월 8일은 '세계 여성의 날'로 지정되었으며, 여성 참정권 운동은 더 많은 지역으로 확산되었다. 이러한 흐름 속에서 에멀린 팽크허스트와 여성사회정치동맹은 '여성 참정권자'를 뜻하는 '서프러제트(Suffragette)'라고 불렸는데, 이들의 급진적이고 헌신적인 운동 결과 영국은 1918년 만 30세 이상 여성에게 참정권을 인정했고, 10년 뒤 21세 이상 여성으로 참정권이 확장되었다(이남희, 1999).

그러나 여성 참정권은 오랫동안 쉽게 인정되지 못했다. 미국은 여성 참정권(1920)이 흑인 남성 참정권(1870)보다 훨씬 늦게 인정되었으며, 프랑스는 제2차 세계대전 이후인 1946년 인정되었다. '자유의 나라'로 인식되는 스위스의 경우, 아이러니하게도 여성 참정권이 인정된 해는 1971년이었다. 여성 참정권은 대한민국이 1948년, 그리고 중국이 1946년, 인도가 1949년 등 아시아 지역에서 상대적으로 빠르게 인정되었는데, 이것은 식민지 독립과 정부 수립 과정에서 국제사회의 개입 같은 영향이 컸다고 볼 수 있다(이승원, 2014). 공교롭게도 교황이 수장인 바티칸 시국은 교황 선출권이 추기경에게만 부여되고, 여성은 추기경이 될 수 없어서 아직까지 여성 참정권이 인정되지 않는 정치 공동체다.

여기서는 참정권에 한해서 언급했지만, 지금 우리가 너무도 당연히 생각하는 참정권이 남성의 세계를 넘어 여성에게로 다가오는 과정에서 얼마나 큰 희생과 고통이 따랐는지를 생각하면, 여전히 우리 사회를 관통하고 있는 여성에 대한 거대한 '유리천장 효과', 전통적인 가부장제 중심의 여성 역할 강요 등의 경계와 장벽을 넘는 것은 또 다른 험로이지만 가야 할 길이다.

다루지 못한 권리의 경계들

이탈리아 철학자 조르조 아감벤(Giorgio Agamben)은 자신의 책 《호모 사케르(Homo Sacre)》를 통해 인간 존재에 대한 사회적 경계의 무서움을 드러냈다. 호모 사케르라는 말 자체는 '성스러운 인간'을 의미하지만, 사실은 고대 로마 시대에 사회에서 추방당한 범죄자로서 존재 자체도 인정받지 못하는, 그래서 누구나 죽여도 되는 대상이면서도 제물로도 바쳐질 수 없는 존재였다. 더는 어떤 쓸모도, 어떤 존재적 의미도 가진 것으로 여겨지지 않아서 차별의 대상조차 되지 못한 사람들이었다(아감벤, 2008: 156-171). 호모 사케르는 전쟁 시대 때는 아우슈비츠 수용소의 유대인, 난징 대학살 때의 중국인, 관동대지진 시기의 조선인 같은 무고한 학살의 대상이었을 것이다. 그리고 오늘날 호모 사케르는 '누군가'에게는 일정한 주거와 일자리 없이 떠돌면서 빈곤의 가장 밑바닥에서 살아가는 홈리스(homeless)들로 보일 수 있다. 그리고 '누군가'에게는 전쟁의 위험 속에서 탈출하여 떠돌다가 목숨을 부지하기 위해 제주도에 입국한 예멘 난민일 수 있다. 그리고 또 '누군가'에게는 더는 대출능력도, 지불 능력도 없어 자신에게 필요한 어떤 것도 상품으로 구입할 수 없는 신용불량자일 수도 있다. 또 다른 '누군가'에게 이들은 열심히 일하는 아파트 경비원, 편의점 알바 노동자와 퀵 배달 노동자, 기업 간부의 운전기사일 수도 있다. '누군가'에게는 하찮은 것처럼 보일 노동권을 보장받고 존엄성을 지키기 위해 자신의 삶을 처절히 내던지며 한 평도 안 되는 고공 철탑 위에 올라가 수백 일을 농성했던 노동자도 마찬가지다. 이들 모두 그 모든 '누군가'에게는 프란츠 카프카의 소설 《변신》에서 주인공 그레고리 잠자가 결국 가족이 던진 먹다 남은 사과가 등에 박혀 서서히 죽어가는 딱딱한 껍질의 벌레, 봉준호 감독의 영화 〈기생충〉에서 반지하방에 사는 주인공 기택이 아무 거리낌 없이 툭 쳐버리는 곱등이와 같을지도 모른다.

이들의 권리는 어떻게 지켜져야 하고, 이 권리가 생명 그리고 존엄과 만나기 위해서는 어떤 경계를 넘어야 할 것인가?

자유를 향한 경계 넘기

모든 경계가 어떤 제약과 금지를 뜻하지 않듯, 경계 안에 있는 것이 늘 안전하고 자유로운 것은 아니다. 왜냐하면 누군가에게는 자유를 억누르는 경계가 누군가에게는 가장 안전한 보호막이 될 수 있기 때문이다. 어떤 경계는 독재자나 흉악범으로부터 평범한 시민을 보호하는 안전장치가 될 수도 있지만, 어떤 경계는 누군가에게는 이른바 '금수저'를 물고 태어난 삶을, 그리고 다른 누군가에게는 불공정과 차별의 고통에서 벗어나지 못하게 하는 창살이 될 수도 있다.

그래서 모든 경계를 바라볼 때는 그 너머에 누가, 무엇이 존재하는지 가능한 한 자세히 알 필요가 있고, 내가 마주하는 경계가 언제, 누가, 그리고 어떻게 세웠는지 그 계보와 역사를 알기 위해 노력해야 한다. 그리고 나를 보호하기 위해 세운 경계가 다른 누군가를 배제하거나 묶는 것은 아닌지 끊임없는 성찰이 필요하다. 이것이 바로 국경 밖 너머의 세상, 우리의 권리 너머에 있는 또 다른 자아를 찾아가는 여정의 출발이며,

'자유로운 삶'을 위한 중요한 성찰이 될 것이다.

국경, 인종, 성(性), 재산, 교육수준 등 마주하는 경계가 어떤 것이든간에 그것을 절대화하는 순간 우리는 경계 밖에 존재하는 모든 것을 적으로 규정하고, 내부의 변화를 인정하지 않는 전체주의의 함정에 빠지게 될 것이다. 그리고 어떤 경계도 인정하지 않는다면 나와 타인의 관계에서 생명과 존엄성을 지키는 방법은 그리 많지 않을 것이다. 이 두 가지 함정에 빠지지 않기 위해 새로운 국경과 권리의 경계는 더는 무기와 폭력, 전쟁과 통제가 아니라 우정과 연대, 그리고 낯선 자와의 우연한 만남과 환대를 통해 경계 너머의 불안과 공포를 호기심과 설렘으로 바꾸면서 새롭게 세워져야 할 것이다.

참고문헌

강현수, 《도시에 대한 권리: 도시의 주인은 누구인가》, 책세상, 2010.

데이비드 몰리, 《국경 없는 의사회》, 조준일 옮김, 파라북스, 2007.

데이비드 헬드, 《민주주의의 모델들》, 박찬표 옮김, 후마니타스, 2010.

마사 누스바움, 《역량의 창조: 인간다운 삶에는 무엇이 필요한가》, 한상연 옮김, 돌베개, 2015.

마크 프레초, 《인권사회학의 도전》, 조효제 옮김. 교양인, 2020.

미셸 푸코, 《감시와 처벌: 감옥의 탄생》, 오생근 옮김, 나남, 2020.

베링턴 무어, 《독재와 민주주의의 사회적 기원》, 진덕규 옮김, 까치, 1990.

브루스 커밍스, 《한국전쟁의 기원 1》, 김자동 옮김, 일월서각, 1986.

셸던 월린, 《정치와 비전 3》, 강정인 외 옮김, 후마니타스, 2013.

신두병, 《발칸의 음모: 처음이자 마지막 대사가 쓴 유고 내전사》, 용오름, 2013.

아마티아 센, 《자유로서의 발전》, 김원기 옮김, 갈라파고스, 2013.

양준호 외, 《도시에 대한 권리: 인천의 도시공간과 커먼즈》, 보고사, 2019.

에릭 홉스봄, 《극단의 시대(상): 20세기 역사》, 이용우 옮김, 까치, 2009.

______, 《극단의 시대(하): 20세기 역사》, 이용우 옮김, 까치, 2009.

이경선, 《국경 없는 과학기술자들: 적정기술과 지속가능한 세상》, 뜨인돌, 2013.

이남희, 《영국 여성참정권운동의 성격, 1897~1918: 활동가에 대한 분석을 중심으로》, 서울대학교 박사학위논문, 1999.

이반 일리치, 《그림자 노동》, 노승영 옮김, 사월의 책, 2015.

이승원, 《도시 커먼즈와 민주주의: 도시 커먼즈 운동의 특징과 동학에 관한 이론적 재고찰》, 《공간과 사회》 제29권 2호(3019), 134-174쪽.

______, 《민주주의: 비타 악티바 개념사 29》, 책세상, 2014.

______, 〈현대 정치의 주체, 공간, 그리고 민주주의: 최장집의 '정당 민주주의'에 대한 비판적 고찰을 중심으로〉, 김정한 외, 《최장집의 한국 민주주의론》, 소명출판, 2013.

장석준, 《신자유주의의 탄생: 왜 우리는 신자유주의를 막을 수 없었나》, 책세상, 2011.

장 지글러, 《왜 세계의 절반은 굶주리는가?》, 갈라파고스, 2016.

정원오, 《도시의 역설》, 젠트리피케이션, 후마니타스, 2016.

정정훈, 《인권과 인권들: 정치의 원점과 인권의 영속혁명》, 그린비, 2014.

조르조 아감벤, 《호모 사케르: 주권 권력과 벌거벗은 생명》, 박진우 옮김, 새물결, 2008.

조슈아 키팅,《보이지 않는 국가들: 누가 세계의 지도와 국경을 결정하는가》, 오수원 옮김, 예문아카이브, 2019.

조앤 W. 스콧,《페미니즘 위대한 역사》, 공임순 외 옮김, 앨피, 2017.

조효제,《조효제 교수의 인권 오디세이》, 교양인, 2015.

주성수,《직접민주주의: 풀뿌리로부터의 민주화》, 아르케, 2009.

지주형,《한국 신자유주의의 기원과 형성》, 책세상, 2011.

천경효 외,〈2018 남북통합지수〉, 서울대학교 통일평화연구원, 2019.

최장집,《민주화 이후의 민주주의》, 후마니타스, 2002.

______,《한국 민주주의의 조건과 전망》, 나남, 1996.

최현,《인권: 비타 악티바 개념사 1》, 책세상, 2008.

케네스 월츠,《국제정치이론》, 박건영 옮김, 사회평론, 2000.

토머스 홉스,《리바이어던》, 최공웅 · 최진원 옮김, 동서문화사, 2016.

표트르 A. 크로포트킨,《만물은 서로 돕는다》, 김훈 옮김, 여름언덕, 2015.

하승수 외,《한국 직접 · 참여민주주의의 현재: 주민발의, 주민투표, 주민소송, 주민소환, 주미참여예산》, 민주화운동기념사업회, 2009.

한스 모겐소,《국가 간의 정치 1: 세계평화의 권력이론적 접근》, 이호재 · 엄태암 옮김, 김영사, 2014.

Easton, David, *A Framework for Political Analysis*, Englewood Cliffs, NJ: Prentice-Hall, 1965.

Grenville & John Ashley Soames, *A History of the World from the 20th to the 21st Century*, Routledge, 2005.

Gross, Leo, "The Peace of Westphalia, 1648-1948," in *American Journal of International Law, 42, no. l*, 1948, pp. 20-41.

Hoag, C. Leonard, "American Military Government in Korea: War Policy and the First Year of Occupation, 1941-1946," in *Draft manuscript prepared under the auspices of the office of the Chief of Military History*, Department of the Army, 1970.

Law, Jonathan, "Schengen Agreement," in *A Dictionary of Law*, Oxford University Press, 2018.

Morgenthau, Hans J., *Politics among Nations: the struggle for power and peace*, McGraw-Hill, 1987.

Osiander, Andreas, "Sovereignty, International Relations, and the Westphalian Myth,"

, in *International Organization 55*, no 2, 2001, pp. 260-269.

United States Army Force in Korea, "Dissemination of Information to the Korean People," General Hodge's Directive to Brigadier Gen. S. Harris, TFGCG 350, 50, September 4, 1945.

웹사이트(최종 검색일, 2020년 5월 23일)

http://maps.canadiangeographic.ca/outbreak-of-first-world-war-map/

https://www.loc.gov/resource/g3200.ct000425/?r=0.408,0.126,0.225,0.092,0

https://www.gif-map.com/maps/world/political-map-of-the-world-1992.gif

https://upload.wikimedia.org/wikipedia/commons/0/0c/Political_Map_of_the_World%2C_June_2019.pdf

https://ko.wikisource.org/wiki/한국전쟁_정전협정문

4장
심리학에서 본 인성교육

—

양재원

인성교육과 관련한 심리학 연구: 규범과 과학의 경계

인성의 중요성, 그리고 인성을 키워주기 위한 교육의 중요성에 대해서는 어느 누구도 이의를 제기하지 않을 것이다. 특히 반인륜적・반사회적 범죄가 사회적으로 이슈가 되어 우리의 주의를 끌 때면 인성교육은 더욱 강조된다. 모든 사람의 공분을 일으킬 만한 사건이 발생하면 사회적으로 인간의 다른 어떤 속성에 비해서도 인성은 우선시된다. 범죄자가 흔히 생각하는 사회적으로 성공한 사람이거나 나이 어린 아동, 청소년과 같이 발달 과정에 있는 경우 이런 경향은 더욱 강력해진다. 이런 범죄는 인성교육의 부재 탓이며, 이 문제를 해결하기 위해서는 인성교육이 강화되어야 한다는 주장에 힘이 실린다(김환희, 2017; 연합뉴스, 2019).

경쟁 사회 속의 실패에 대한 두려움 속에 사회적 성공을 강조하던 사람들은 모두 휴머니스트가 되기 시작한다. 심지어는 인성이 취업과 성공을 위한 스펙이 된다(김봉구, 2016; 박천욱, 2018). 상급 학교, 특히 유명 대학 진학과 대기업이나 공기업 취업이던 교육의 목적은 잠시 동안 인성 개발로 대체된다. 이럴 때면 사회는 인성과 관련하여 교육기관에 책임을 묻고, 교육기관은 그 책임을 떠안는다. 2015년 1월에 제정된 〈인성교육진흥법〉 제4조에는 더욱 구체적으로 "인성을 갖춘 국민을 육성"하기 위해 국가와 지방자치단체가 학교를 중심으로 인성교육 활동을 전개하고, 그 진흥을 위해 노력해야 한다고 규정하고 있다.

인성교육의 중요성에 대해 어떤 심리학자도 반대하는 사람은 없을 것이다. 인간의 행동과 심리적 현상을 과학적으로 연구하는 심리학은 다른 인문학이나 사회과학 분야에 비해 규범적으로 제안하는 일이 상대적으로 적은 것 같다. 왜냐하면 '과학', 특히 실험적이고 계량적인 과학적 방법론을 사용하는 하드 사이언스(hard science)를 지향하는 심리학계는 규범을 제안하기보다 현상을 드러내고 이를 인과적으로 설명하는 데 초점을 두고 있기 때문이다. 그럼에도 불구하고 인간에 대한 심리학적 이해를 통해 궁극적으로는 인간 복지와 안녕(well-being)의 향상을 추구한다는 면에서는 다른 인문 · 사회과학 분야와 다르지 않다.

그렇다면 인성교육에 대해 심리학계가 어느 정도는 관심을 보일 것이라고 생각해볼 수 있다. 하지만 실제로 인성교육에 대한 심리학의 관심은 생각보다 매우 적다. 학술연구정보서비스(RISS)를 이용하여 '인성교육'이라는 단어로 검색해보니, 2020년 3월 말 현재 학위논문 8,981건이 검색되었다. 하지만 이 중 인성교육을 주요 주제로 작성한 논문이면서 저자의 소속을 보는 것이 가능한 학위논문만으로 검색해보았을 때,

학위논문의 저자가 심리학과인 경우는 총 4편에 불과했다(강명숙, 2012; 김연숙, 2017; 김정옥, 2019; 최재수, 2018). 그리고 그 4편이 출간된 논문 저자의 소속은 모두 상담심리학과였다.

또한 국내 연구논문의 데이터베이스 사이트인 DBpia에서 '인성교육'으로 검색해보니 총 3,443건의 학술논문이 검색되었으며, 이 중 심리과학 분야의 논문은 24건이었다. 심리과학 분야의 논문 중 학술대회 자료집에 발표한 논문을 제외하고 인성교육을 논문의 주요 주제로 하여 학술지에 발표한 논문은 2편에 불과했다(김정모 · 전미애, 2014; 노이경 · 정남운, 2007). 이런 수치는 국내에 발표된 논문을 체계적으로 검색하고 개관하여 산출한 것은 아니다. 상기한 수치들은 국내의 많은 연구자가 인성교육에 관심을 갖고 있지만, 심리학자들이 이에 대해 가지는 관심은 상대적으로 매우 적다는 점을 분명하게 보여주고 있다. 인간의 심리 · 행동에 대한 관심과 그에 대한 과학적 연구를 주요 특성으로 하는 심리학에서 '인성' 교육에 주목하고 있지 않다는 점은 한편으로 매우 놀랍기도 하다. 이런 현상이 나타나는 이유는 인성에 대한 심리학의 관점이 다소 다르기 때문이라고 생각한다.

인성교육을 이야기하기 위해서는 먼저 인성이 무엇인지에 대해 정의 내리는 것이 올바른 순서일 것이다. 국립국어원(2020)의 표준국어대사전에 따르면 인성은 "사람의 성품, 혹은 각 개인이 가지는 사고와 태도 및 행동 특성"을 의미한다. 영어로는 가장 흔하게는 'personality', 그리고 상대적으로 드물지만 'character'라고 번역되기도 한다. 심리학에서는 이를 흔히 '성격'이라고 번역한다. 그리고 심리학에서 '성격'이라는 개념은 "한 개인이 가진 비교적 일관되고 독특한 사고, 감정 및 행동 경향성"이라고 정의한다(Schachter, Gilbert & Wegner, 2008). 이를 바탕으로 인성교육에 대한 정의를 내려보면 “사람의 성품이나 각 개인이 가지는 사고와 태도 및 행동 특성을 교육하는 것”이라고 할 수 있다.

‘인성’이라는 용어를 심리학 용어인 ‘성격’으로 바꿔본다면, 인성교육은 “어떤 한 개인의 성격을 교육하다”라는 의미가 된다. 심리학에서는 성격이 정신역동이론에서 강조하는 것처럼 생애 초기 부모와의 관계에서 형성되는 것이건, 혹은 유전과 환경의 상호작용에 의해 형성되는 것이건, 성격이란 어떤 과정을 통해 형성되는 것이지 교육해야 한다고 생각하지는 않는 것 같다.

그렇다면 ‘심리학의 입장에서 인성교육은 어떻게 이해되어야 할 것인가?’라는 이슈가 남는다. 이는 아마도 인간에게 의미 있는 좋은 성격 혹은 성품이라는 것이 있고, 사람들이 그런 성격적 속성을 더 가질 수 있도록 교육하는 것을 인성교육이라고 이해하는 것이 바람직할 것 같다. 앞서 언급했던 〈인성교육진흥법〉에서도 “인성교육이란 … 인간다운 성품과 역량을 기르는 것”을 목적으로 하고 있다. ‘인간다운’이라는 표현으로 모호하게 기술되어 있지만, 이는 좋은 성격적 속성이라는 의미로 이해될 수 있을 것이다. 그렇다면 ‘좋은 성격이라는 것은 무엇이라고 규정할 수 있을까?’라는 다분히 규범적인 이슈가 남게 된다. ‘심리학 영역에서 좋은 성격을 어떻게 이야기할 수 있을까?’에 대한 답을 얻기 위해서는 심리학의 성격 이론에 대해 살펴볼 필요가 있다.

심리학에서의 성격 개념

사람들이 어떻게 생각하고 느끼며 행동하는지는 심리학자가 아니더라도 모든 사람의 중요한 관심사다. '저 사람은 왜 저렇게 행동할까?', '저 사람은 어떻게 행동할까?'에 대해 답을 얻는 것, 즉 타인의 행동 방식을 이해하고 예측하는 것은 상황을 설명하고 예측할 수 있도록 하며, 이는 나의 안전과 행복에 도움을 주기에 사람들은 이에 대해 관심을 갖는다. 누군가의 행동을 설명하고 예측할 때 생각해볼 수 있는 가장 중요한 것 중 하나는 상황적 요인이다. 일반적으로 사람들은 위협적인 상황에서는 공포와 불안을 느끼며, 뜻밖의 선의를 경험할 때는 행복감을 느낀다. "존재가 의식을 규정한다"거나 "상황이나 지위가 사람을 만든다"라는 식의 명제는 모두 인간 행동의 결정 요인 중 상황적 요인의 중요성을 강조하는 것이다.

하지만 모든 사람이 동일한 상황에서 같은 방식으로 생각하고 느끼며 행동하는 것은 아니다. 롤러코스터를 타는 것이 누군가에는 짜릿함을 느끼게 하지만, 또 다른 누군가에게는 극심한 공포를 야기한다. 사회구조적으로 동일한 규정을 받고 지위를 가지고 있더라도 사람들의 생각과 행동은 개인별로 차이가 존재한다. 따라서 같은 상황에서 개인 간의 차이를 설명할 수 있는 개념이 필요하며, 이 지점에 '성격'이라는 개념이 심리학적으로 매우 중요한 요소가 된다.

사고, 정서 및 행동 같은 심리적 현상의 개인차를 설명할 때 그러한 심리적 현상이 상황, 존재 같은 외부적 요인보다는 개인 내적 요인에 의해 영향을 받는다고 가정한다. 이것이 한 개인의 행동을 결정하는 데 있어 외부 요인의 영향을 무시한다는 것은 아니다. 같은 상황에서 다르게 나타나는 행동의 개인차를 설명하기 위해서는 필수적으로 개인 내적 속성의 영향력에 초점을 맞출 수밖에 없다는 것일 뿐이다. 여기에 다른 사람과 구별되는 한 개인이 가진 독특한 행동 양상이라는 성격의 중요한 측면을 확인할 수 있다.

성격을 정의할 때 중요하게 여기는 또 다른 측면은 안정성과 일관성이다. 우리가 다른 사람의 행동을 그 사람의 내적인 심리적 요소에 귀인 하는 것은 기본적으로 그 사람이 언제든 그런 행동 양상을 보이기 때문이다. 어떤 사람이 상황에 따라 다른 행동을 보인다면 그 행동의 원인을 상황으로 설명하는 것이 더 합리적인 판단일 것이다. 이렇듯 성격은 상황에 따른 일관성을 갖는다(Sherman, Nave & Funder, 2010).

안정성과 일관성은 시간의 변화에 따른 측면에서도 적용된다. '성격은 변화하는가?'와 관련된 이슈다. 선행 연구들을 살펴보면 대체로 성격은 안정성을 가진 것으로 알려져 있다(McCrae & Costa, 1994; Terracciano, McCrae & Costa, 2010). 대규모의 장기종단 연구 결과를 보면, 성인기에는 트라우마를 경험해도 일반적으로 크게 변화하지 않는다(Ogle, Rubin & Siegler, 2014). 이는 상황에 따른 일관성뿐 아니라 시간에 따라서도 안정적이라는 것이 성격이 가진 또 다른 특성이다.

요약하면 성격이란 결국 "한 개인이 가진 독특하고 일관된 행동 양상"이라고 정의될 수 있다. 우리는 이를 통해 부분적으로 사람들의 행동을 설명하고 예측한다.

5요인 성격모형

성격의 정의가 그러하다면 타인과는 다른 독특한 개인차를 어떤 특성(trait)으로 기술할 때 '어떻게 하면 가장 간명하고도 풍부하게 설명할 수 있을까?'가 주요 관심사가 된다. 이에 대해서는 성격을 연구하는 심리학자들 사이에서 오랜 시간 동안 많은 논쟁이 있었다.

카텔(Cattell, 1965)은 16개의 특성을 주장했으며, 아이젠크(Eysenck, 1970)는 외향성(extraversion), 신경증(neuroticism), 정신증(psychoticism)이라는 세 가지 특성 요인으로 성격을 설명하고자 했다(Eysenck & Eysenck, 1975). '어떤 특성을 성격 기술에 활용할 것인가?'와 그 개수에 대한 연구자들의 논쟁은 1980년대에 들어와 비교적 일치된 합의점을 찾기 시작했다. 맥크래와 코스타(McCrae & Costa, 1987, 1997)는 "정보의 손실 없이 다섯 가지 특성으로 비교적 간명하게 인간의 성격을 설명할 수 있다"라고 주장했다. 그것은 신경증(neuroticism), 외향성(extraversion), 개방성(openness), 친화성[원만성, 우호성(agreeableness)], 성실성(conscientiousness)의 다섯 가지 성격 요인이며, 이를 'big 5'라고 표현하기도 한다. 물론 이에 대한 이견이 없는 것은 아니다. 다섯 가지 요인에는 동의하지만 다른 특성들을 주장한 연구자가 있기도 하며(Zuckerman, Kuhlman, Joireman, Teta & Kraft, 1993), 기존 big 5 요인에 한 가지 특성을 추가하여 여섯 가지 특성을 주장한 학자도 있다(Lee & Ashton, 2004). 클로닝거 외(Cloninger et al., 1993)는 타고난 성격적 속성과 관련이 깊은 4개의 기질(temperament)과 경험을 통해 만들어지는 3개의 성격(character)으로 성격(personality)을 설명하고자 했다. 이와 같이 다른 여러 시도가 있기는 하지만, 최근에는 많은 학자들 사이에 5개의 성격특성에 대한 일정한 합의가 이루어진 듯하다. 5요인 성격모형은 시간의 변화에 대해 안정적이고, 범문화적으로 보편적인 현상을 보이며, 일부의 경우에는 생물학적인 특성과도 관련되어 있음이 확인되기도 했다(Lesch et al., 1996; McCrae & Allik, 2002; McCrae & Costa, 2003). 5요인 성격모형의 개념과 측정치는 상당히 신뢰할 만하고 타당하다는 연구가 지속되어왔다.

5요인 성격모형과 좋은 성격

5요인 성격모형의 특성과 그 하위요인을 아래 〈표 1〉에 제시했다. 이 중 가장 오랫동안, 그래서 더 많이 연구된 신경증과 외향성을 중심으로 성격의 5요인에 대해 각각의 특성을 살펴보면 다음과 같다.

신경증은 정서적 적응과 불안정의 수준을 측정한다. 이러한 경향성이 높은 사람은 심리적인 스트레스를 쉽게 느끼며, 부적응적인 대처 반응을 많이 한다. 신경증이 높은 사람은 부정적인 감정을 더 많이 느끼고, 긍정적인 감정은 덜 느끼며, 일반적으로 부정적인 정서 표현을 많이 하는 경향이 있다(Larsen & Ketelaar, 1991; Pennebaker & King, 1999). 정서조절상의 문제가 있어 불안장애나 우울장애 등 심리장애에도 매우 취약한 것으로 알려져 있다(Yoon, Maltby & Joormann, 2013). 높은 신경증에서 보이는 부정적 감정의 과다는 신체적 건강에도 악영향을 주는 것으로 보고되었다(Finch, Baranik, Liu & West, 2012). 이로 인해 신경증 성격을 가진 사람들은 심혈관계 질환 등으로 사망할 확률이 그렇지 않은 사람에 비해 더 높은 것으로 나타났다(Mroczek & Spiro, 2007; Shipley, Weiss, Der, Taylor & Deary, 2007).

외향성은 대인관계에서 상호작용의 정도와 강도를 측정한다. 외향

〈표 1〉 5요인 성격모형

성격특성	하위요인	높은 점수의 특징	낮은 점수의 특징
신경증	불안(anxiety) 적대감(angry hostility) 우울(depression) 자의식(self-consciousness) 충동성(impulsivity) 취약성(vulnerability)	걱정이 많음 불안정한 감정 스트레스에 취약	정서적 안정성 이완 강건함
외향성	따뜻함(warmth) 사교성(gregariousness) 주장성(assertiveness) 활동성(activity) 자극추구(excitement-seeking) 긍정 정서(positive emotions)	사교적 적극적 낙관적	내향적 조용함 활기 없음
개방성	상상(fantasy) 심미성(aesthetics) 감정(feelings) 활동(actions) 아이디어(ideas) 가치(values)	많은 호기심 창의적 풍부한 상상력	관습적 실용적 보수적
친화성	신뢰(trust) 솔직(straightforwardness) 이타주의(altruism) 순응(compliance) 겸손(modesty) 연민(tender-mindedness)	사람들을 잘 믿음 신뢰를 줌 마음이 여림	비협조적 무례함 의심 많음
성실성	역량(competence) 체계성(order) 충실성(duties) 성취 지향(achievement striving) 자제력(self-discipline) 신중(deliberation)	체계적 믿음직함 성실함	충동적 부주의함 목적지향성 부족

주: Costa, P. T. Jr. & McCrae, R. R. (1992). Revised NEO Personality Inventory (NEO-PI-R) and NEO Five-Factor(NEO-FFI) professional manual. Odessa, FL: Psychological Assessment Resources에서 발췌.

적인 사람은 활동 수준이 높으며, 자극에 대한 접근성이 높아 상대적으로 긍정적인 감정을 더 많이 느낀다. 외향성이 높은 사람은 사회적 관계 지향성이 높아 다른 사람들과 함께 보내는 시간이 많으며, 관계도 좋다(Asendorpf & Wilpers, 1998). 긍정적인 대인관계는 행복 같은 긍정 감정을 더 많이 느끼게 하며, 건강에 대한 긍정적인 효과로 연결된다. 외향적인 사람은 행복감을 더 많이 느끼고(Costa & McCrae, 1992), 행복한 사람들은 스트레스를 덜 받으며, 심혈관계 질환이나 전염병의 발병 가능성이 낮다(Cacioppo, Hawkley, Kalil, Hughes, Waite & Thisted, 2008).

개방성은 호기심과 낯선 것에 대한 인내와 탐색의 정도를 측정한다. 개방적인 사람일수록 호기심이 많고 창의적이며 상상력이 풍부하다. 이런 사람들은 예술적 관심이 많으며, 확산적 사고에 근거하여 창조적인 모습을 많이 보인다(Costa, McCrae & Holland, 1984). 이는 직장 내에서 더 많은 성취와 더 많은 소득을 만들어내기도 한다. 또한 이들이 가진 새로운 것에 대한 개방적인 태도는 새로운 상황에 대한 인내력을 높여 스트레스를 덜 받기도 한다(Schneider, Rench, Lyons & Riffle, 2012).

친화성은 대인관계 지향성을 측정한다. 이 요인에서 점수가 높은 사람들은 흔히 성격이 좋다는 평가를 듣는다. 솔직하고 타인에게 친절하며 이타적인 행동을 많이 한다. 친화성이 높은 사람들은 타인에 대한 공격적인 태도가 낮으며, 사람들과 좋은 관계를 유지한다(Asendorpf & Wilpers, 1998; Meier & Robinson, 2004).

성실성은 목표지향적 행동을 조직하고 그것에 동기를 부여하는 정도를 측정한다. 성실성이 높으면 체계적이고 근면성실하며, 성취에 대한 높은 야망을 갖는다. 성실성이 높으면 학업적 성취를 얻을 가능성이 높다(Lievens, Ones & Dilchert, 2009). 이에 따라 삶의 질이나 행복 등 긍정적인 보상을 받을 가능성이 높아진다(Hayes & Joseph, 2003; McCrae & Costa, 1992).

다시 바람직하거나 좋은 성격(인성) 형성을 위한 교육을 추구하는 인성교육으로 돌아가보자. 심리학에서 가장 널리 알려진 5요인 성격모형을 언뜻 보면 낮은 신경증과 높은 외향성, 개방성, 친화성 및 성실성은 적응적인 성격으로 보인다. 정서적으로 안정되어 있으며, 적극적이고 창의적이며, 사람들과 좋은 관계를 맺고, 성실한 사람이라면 사회적으로 바람직한 성격이라고 생각할 수 있을 것이다. 그런 성격적 특성을 가질 수 있도록 교육하는 것이 좋은 성격 형성을 위한 인성교육이라고 생각해볼 여지가 있다고 여겨질 수 있다. 그러나 그렇게 단순하지 않다. 햇볕이 있으면 그늘이 있듯이 5요인의 각 성격적 특성은 긍정과 부정의 측면을 동시에 갖고 있다. 명백해 보이는 장점 뒤에는 단점이 숨겨 있으며, 때로는 단점으로 인해 보이지 않던 장점이 드러난다. 이에 대해서도 앞서 5요인에 대한 설명과 마찬가지로 신경증과 외향성을 중심으로 각 장단점의 이면을 살펴보자.

신경증은 분명히 부적응적인 경향과 관련이 있어 보인다. 불안, 우울 같은 심리적 상태를 좋아할 사람은 없을 테니 말이다. 하지만 신경증이 항상 부정적으로만 작동하는 것은 아니다. 생각해보자. 우리는 미래에 대해 불안감을 느낄 때에야 뭔가를 준비하기 시작한다. 좋은 학점을 따기 위해 공부하기도 하지만, 나쁜 성적을 받아 과락을 면하기 위해 노력하기도 하는 것 역시 사실이다. 실제로 신경증과 학점과는 정적 상관관계를 갖는다(Lievens et al., 2009). 이런 측면에서 보면 신경증은 앞으로 닥칠 부정적 자극 같은 위협을 감지하는 민감한 레이더 같은 기능을 한다(Nesse, 2005). 또한 어느 정도의 불안과 우울감을 가진 사람들이 그렇지 않은 사람에 비해 더 현실적이고 객관적으로 지각할 수 있기도 하다(Sharot, 2011; Taylor & Brown, 1988; Yang, Yoon, Chong & Oh, 2013).

반면 외향성의 경우에는 장점이 먼저 눈에 보인다. 사람들과 어울려 행복감에 빠져 있는 모습은 많은 사람이 그리는 이상적인 삶의 모습일지 모른다. 또한 누구나 열정이 있고 사교적이고 적극적이며 낙관적인, 즉 외향적인 사람들과 더 어울리고 싶어 한다. 하지만 여기에도 그늘은 있다. 외향성이 높은 사람들의 특징인 보상, 쾌락에 대한 과도한 추구는 부정적인 기능을 하기도 한다. 외향적인 사람들은 교통사고를 더 많이 내며, 사고나 부상으로 더 많이 입원하는 경향이 있다(Nettle, 2005). 이 모든 것이 보상과 쾌락을 위해 위험을 기꺼이 더 많이 감수하기에 생기는 현상이다. 외향적인 사람들은 혼외관계를 더 많이 갖기도 한다(Nettle, 2005). 심지어 위험 감수를 더 많이 하는 성격을 가진 사람들이 상대적으로 더 빨리 죽는 경향과도 연결된다(Martin, Friedman, Tucker, Tomlinson-Keasey, Criqui & Schwartz, 2002).

성격 5요인의 다른 차원들, 즉 개방성, 친화성, 성실성에도 이와 같은 어두운 측면들이 공존한다. 풍부한 상상력과 창의적인 성격적 특성인 개방성이 높은 사람들은 정신병에 더 취약하다(Gurrera, Dickey, Niznikiewicz, Voglmaier, Shenton & McCarley, 2005). 사람들과의 관계를 중시하는 친화성이 높으면 자기성취에는 취약하다. 이런 사람들은 다른 사람들에 비해 학업 성취나 수업 집중도가 더 낮다(Judge et al., 2012; Lievens et al., 2009). 성실성이 높은 사람이 성공할 가능성이 높기는 하지만, 이에 문제가 생겼을 때 겪게 되는 부정적인 심리적 영향은 더 크다(Boyce, Wood & Brown, 2010).

우리가 긍정적인 성격적 요소라고 생각했던 것은 그 이면에 부정적인 측면을 동시에 가지고 있다.

사실 그보다 더 중요한 것은 긍정적인 성격적 요소라고 하는 것이 현재 환경에서만 적응적이라는 점이다. 예를 들어 높은 성실성은 잘 조직되어 있는 생활 환경에서는 매우 적응적이다. 9시면 출근하고 6시에 퇴근하며, 주 5일 근무하고 2일은 휴식을 취하는 일상의 삶은 산업화된 세계에서는 다른 무엇보다 중요하다. 특히 노동이 철저히 분업화되어 있어서 약속된 시간과 공간에서 수많은 사람이 각자의 업무를 시행해야 최종적인 상품이 나오는 시스템 내에서는 더더욱 그러하다. 그중 어느 한 곳에서라도 공백이 발생하면 전체 시스템 자체가 마비되어 상품 생산이 중단될 것이기 때문이다. 이런 속성이 인간에게 중요하게 받아들여진 것은 그리 오래되지 않았다. 20~30만 년이라는 호모사피엔스의 역사에서 보면, 성실성이 성공을 보증하는 성격적 특성이 된 것은 매우 짧은 시간이었을 것이다. 인류는 농경과 정주의 생활을 시작한 약 1만 년 이전에는 수렵과 채집을 통해 생존해왔다. 이 시기에는 잘 짜인 시간과 공간 내에서 조직적으로 생활하는 것이 가능하지도 않았고, 생존에도 별로 도움을 주지 않았을 것이다. 이때는 오히려 상황에 따라 즉각적으로, 그리고 충동적으로 반응하는 것이 더 적응적이었을지도 모른다(Nettle, 2007).

다른 성격적 특성도 마찬가지다. 부정적 자극에 대해 민감하게 신호를 탐지하는 신경증은 현재는 적응하기에 불리할 것이다. 우리의 생존을 항시적으로 위협하는 포식자가 존재하는 것도 아니며, 당장이라도 즉시 도피해야 할 만한 강력한 자연의 위험이 존재하는 것도 아니다. 설령 그런 일이 있더라도 과거와 비교할 때 인류 문명은 이런 위협과 위험에 대처할 만한 상당한 준비가 되어 있다. 이런 환경에서는 레이더가 민감하게 작동하는 것 자체가 우리를 피곤하게 한다. 그러나 외부에 항시적인 위협과 위험이 있는 환경에서는 민감한 경보기는 생존에 절대적이었을 것이다.

이런 점을 고려해보면 어떤 특정한 성격이 적응에 유리하다는 것은 시간과 공간이라는 환경에 종속된다. 환경에 따라 적응적인 성격이 달라질 수밖에 없다. 따라서 현재 처한 상황에 적응적인 성격을 갖추도록 교육할 수 있다. 하지만 그것이 미래에도 적응적일지는 알기 어렵다. 우리는 미래 환경이 어떨지를 예측하기 어렵기 때문이다. 이처럼 좋은 성격이라는 것이 환경에 종속적이기에 심리학에서는 인성교육에 대한 개입에 관심을 덜 보이는 것 같다.

그렇다면 심리학은 인성교육에 대해 할 이야기가 없을까? 그렇지는 않다. 인성교육에서 인성을 성격으로 이해하여 불필요한 오해를 만들기보다는 〈인성교육진흥법〉에서 언급한 "인성교육이란 … 인간다운 성품과 역량을 기르는 것"이라는 인성교육의 정의 중 '인간다운'에 좀 더 초점을 맞춰볼 필요가 있다. '인간답다'라는 개념이 매우 모호하기는 하지만, 이는 인간이라는 존재가 가지는 본원적 성질을 가진다고 이해할 수 있다. 이 지점에서 인성교육에 대한 심리학적 이해에 대한 고민을 다시 시작해볼 필요가 있다.

사회적 존재로서의 인간

인간이라는 존재의 본원적 속성은 무엇일까? 인간은 오래전부터 사회적 존재라고 일컬어졌다. 다른 동물보다 물리적으로 별로 나을 것도 없는 인간은 협력적인 관계를 통해 잘 살아남아 지금에 이르고 있다(Nowak & Highfield, 2011). 인간은 수렵과 채집 시절부터 집단적으로 거주하며 식량을 구하고 외부의 위협에 대처하며 공동의 생존을 도모해왔다. 지금은 오랜 옛날처럼 동물을 사냥하거나 포식자로부터 스스로 보호하는 노력을 하지는 않는다. 하지만 여전히 인간은 분업이라는 시스템 속에서 서로 의지하며 네트워크 속에서 살아가고 있다.

인간이 가진 사회적 존재라는 속성은 심리적 현상으로도 나타난다. 소속에 대한 욕구는 인간이 가진 가장 기본적인 욕구 중 하나다(Baumeister & Leary, 1995). 사회적 관계로부터 배척되어 집단 내에 소속되고자 하는 욕구가 충족되지 못할 경우에는 여러 심리적인 문제가 나타난다. 사회적으로 배척될 때는 마치 신체적으로 상처를 입었을 때와 마찬가지로 고통감을 느낀다(Eisenberger, Lieberman & Williams, 2003). 사회적으로 소외되면 건강이 악화되며 사망률이 높아진다(House, Landis & Umberson, 1988). 사회적 소속감이 저하되면 자기조절력도 감소하게 된다(Baumeister, DeWall, Ciarocco & Twenge, 2005). 자기조절력의 감소는 충동적인 행동으로 연결되며, 이런 충동적 행동에는 범죄 행동도 포함된다.

인간에게 사회적 관계 내에 수용되는 것은 매우 중요하기에 자신이 사회적으로 수용되는지의 여부를 끊임없이 확인하며 관찰한다. 이때 자신에 대한 평가의 총체인 자존감은 사회적 관계를 확인하는 중요한 지표로 작동한다(Leary, Tambor, Terdal & Downs, 1995). 즉, 사회적으로 수용될 경우에는 자존감이 상승하는 반면 사회적으로 배척될 때는 하락한다. 사회적으로 배척되었을 때, 다시 말해 자존감이 하락했을 때는 즉각적으로 자신이 수용되었다는 신호를 찾으려는 것과 같이 집단에 소속되려는 강한 동기를 보인다(Maner, DeWall, Baumeister & Schaller, 2007; Pickett, Gardner & Knowles, 2004). 사회적 배척이 그만큼 고통스럽기 때문에 본능적으로 재소속되기 위한 노력을 한다는 것이다.

이와 같이 인간을 규정하는 여러 규정 중 사회적 존재라는 요소가 강하게 작동한다. 따라서 '인간다움'이라는 것을 궁극적인 목표로 삼고 있는 인성교육은 사회적 존재로서의 인간이라는 차원에 초점을 맞춰야 할 것이다.

공감 능력과 인성교육

인간이 강력한 사회적 존재라는 규정하에 인간다운 속성을 갖게 만드는 교육에는 어떤 초점이 맞추어져야 할까? 이는 '사회적 관계를 유지하기 위해 우리에게 필요한 것은 무엇인가?'에 대한 답이 될 것이다. 한 개인이 타인과 관계를 맺으며 사회적인 존재로 살아가기 위해 가장 필요한 것은 상호 간의 소통일 것이다. 의사소통은 집단 내에 속한 개인 각자가 자신의 욕구를 이야기하고 그 안에서 합의점들을 만들어가며 공동의 협력 작업이 가능할 수 있도록 하는 가장 강력한 수단이다. 그리고 그러한 소통이 가능하기 위해서는 서로에 대해 이해할 필요가 있을 것이며, 그것이 바로 '공감'이라고 할 수 있다.

공감(empathy)은 타인의 관점에서 생각하는 바와 느끼는 감정을 파악하고 추론하는 능력을 말한다(Batson, 1991). 타인의 생각과 감정을 이해할 수 있어야 사회적 존재로서 협력적 활동이 가능하다. 실제 공감 능력은 사회적 관계에 매우 밀접한 영향을 미친다. 공감 능력이 뛰어난 사람들은 낯선 사람이건 오랜 시간을 함께 보낸 연인이건 상관없이 다른 사람들의 호감과 긍정적 평가를 받으며 관계에서의 만족도가 상승한다(남혜림 · 김서희 · 주은영 · 양재원, 2017; 전희정 · 양재원, 2019). 이런 경향은 나이 어린 아동에게도 유사하게 나타난다(양재원 · 박나래 · 정경미, 2011). 또한 공감 능력이 뛰어난 사람들은 친사회적 행동 역시 더 많이 보이는 것으로 보고되었다(김혜리 외, 2013).

기본적으로 인간은 공감하는 능력을 타고나는 것으로 보인다. 신생아는 태어난 지 얼마 되지 않아 보호자의 표정을 흉내 낸다. 모방을 통해 다른 사람의 관점을 받아들일 준비를 하는 것이다(Meltzoff & Moore, 1983). 우리는 타인의 표정을 그대로 따라 하면서 다른 사람이 느끼는 감정을 자연스레 느끼게 된다. 이 과정을 '감정 전염(emotional contagion) 현상'이라 한다(Hatfield, Cacioppo & Rapson, 1993). 이런 증거는 뇌의 기전에서도 확인할 수 있다. 거울 뉴런 체계는 타인의 감정과 행동을 반영하게 하며, 타인을 이해하고 모방할 때 중요한 기능을 담당하는 것으로 알려져 있다(Rizzolatti & Craighero, 2004). 또한 우리는 다른 사람의 고통을 지켜볼 때 자신이 고통스러울 때 느끼는 뇌의 부위와 동일한 영역이 활성화된다. 타인과 자신을 구별하지 않고 동일한 감정을 느끼는 것이다(Singer, Seymour, O'Doherry, Kaube, Dolan & Frith, 2004).

반면에 공감 능력의 부족은 사회적 관계에서의 부적응과 관련이 있는 것으로 나타난다. 낮은 공감 능력은 많은 심리적 문제와 관련되어 있다. 공격적 행동 등과 같은 문제 행동을 보이는 사람은 낮은 공감 문제를 갖고 있는 것으로 보인다(김정미, 2009). 특히 낮은 공감 능력은 반사회적 행동이나 범죄 행동 및 낮은 도덕성이나 윤리의식과 밀접한 관련이 있는 것으로 나타난다(문은옥 · 김혜리 · 천영운 · 김태화 · 최현옥, 2014; Blair & Coles, 2000; Brook & Kosson, 2013; Eisenberg, Eggum & Di Giunta, 2010). 또한 낮은 공감 능력은 재범을 예측하는 중요한 변수로 보고되고 있다(Bock & Hosser, 2014). 우리는 흔히 패륜적인 범죄를 보면 그 이유를 인성교육의 부재와 그에 따른 윤리성의 부족에서 찾곤 한다. '인성교육과 윤리성 부재'라는 표현을 심리학에서 더욱 익숙한 '공감 능력의 부족과 부재'라는 표현으로 바꿔본다면, 공감의 부재로 불릴 수 있다. 그렇다면 심리학은 인성교육에 대한 관심을 명시적으로 드러내고 있지 않았을지는 모르지만, 이미 오래전부터 '공감'이라는 개념에 대한 연구로부터 시작하여 공감 능력을 증진하기 위한 훈련을 개발했으며, 그 효과성을 검증해오는 방식으로 인성교육과 관련지어왔다고 하겠다.

인성교육, 공감 능력 향상과 심리학의 과제

지금까지의 논의를 통해 인간다움의 형성에 초점을 맞추는 인성교육은 심리학적 관점에서 보았을 때 공감 능력의 향상에 초점을 맞추는 것이 바람직하다는 점을 확인했다. 실제로 심리학계에서는 일련의 공감 능력 향상을 위한 프로그램을 개발해왔고, 이를 통해 친사회적 행동을 늘리고 범죄 행동을 줄이기 위한 노력을 지속해왔다. 하지만 공감 능력 향상을 위한 심리학 분야의 연구는 여전히 부족하다. 여전히 많은 부분은 해결되지 않은 이슈로 남아 있으며, 이에 대해 심리학계의 연구가 지속될 필요가 있다.

첫째, 공감에 대한 개념과 이에 대한 합의된 측정 방식의 개발이다. 심리학계에서 공감은 매우 다양한 방식으로 측정이 이루어지고 있다. 가장 흔하게는 자기보고식 검사를 활용하고 있다. 자기보고식 설문은 측정하기가 간편하다는 매우 큰 장점이 있다. 하지만 얼마나 공감을 잘하는지 그 능력을 측정하는 것을 스스로에게 물어서 확인한다는 것은 분명히 한계가 있다. 따라서 공감 능력을 확인하는 여러 과제, 예를 들어 표정, 정서 인식능력을 측정하는 과제 혹은 특정한 상황에서 상대가 어떤 감정인지를 예측해보는 과제 등이 개발되어 사용되고 있다. 다양한 측정 도구들이 사용되고 있다는 것은 합의된 정확한 측정 방식이 부재하다는 반영일 것이다. 이런 차이는 공감에 대한 합의된 정의가 부족한 것과도 관련이 있다. 따라서 공감에 대한 정의를 명확히 하고, 그에 대한 객관적 측정 방식을 구성하는 것이 무엇보다 중요할 것이다(Vachon, Lynam & Johnson, 2014).

둘째, 공감 능력의 발달이 어떻게 가능하며 반대로 어떻게 개발되지 않는지에 대한 이론적·경험적 연구가 필요하다. 매우 이른 시기부터 나타나는 모방 행동이나 감정 전염 혹은 거울 뉴런체계 같은 존재를 보면 인간은 공감할 수 있는 기본적 기제를 타고난 것처럼 보인다. 하지만 사람들의 공감 능력에는 개인차가 존재한다. 누군가는 타인의 아픔을 자신의 아픔 이상으로 느끼는 반면, '사이코패스'라고 불리는 사람들은 타인의 심리적 고통에 전혀 공감하지 못하는 것처럼 보인다. 이와 같은 개인차가 나는 이유가 무엇인지를 확인하는 것이 심리학의 주요 과제다. 이것은 단순히 개인차를 설명하기 위한 이론적 관심 때문만은 아니다. 공감 능력의 향상을 위한 개입과 교육을 시행하기 위해서는 그것이 어떻게 하면 발달하는지, 혹은 어떻게 하면 발달이 지연 혹은 제지되는지에 대한 충분한 이해가 있어야 한다. 그래야 공감 능력 향상을 위한 개입이 이론에 근거할 수 있게 될 것이다.

셋째, 공감 능력 향상을 위한 프로그램의 효과성을 검증하기 위해서는 무작위 대조군 연구(randomized controlled trial)를 통해 검증해야 하며 이를 통해 근거를 갖춘 프로그램을 구성할 필요가 있다. 개입 프로그램의 효과성이 적절한 설계방식에 의해 검증되어야 한다는 점은 아무리 강조해도 지나치지 않다. 공감을 증진시키기 위해 많은 연구들이 이루어졌으나 실제 교육 및 치료 현장에서 폭넓게 활용되는 경우가 많지는 않은 것 같다. 이는 많은 연구가 충분히 잘 설계되지 못했거나, 표본이 충분하지 않은 것도 중요한 이유 중 하나라고 생각한다. 공감 능력의 향상이라는 주제로 이론에 근거하여 대상에 적절한 프로그램을 구성하고, 잘 설계된 방식으로 검증할 필요가 있다.

공감에 대한 적절한 측정 방식의 개발, 공감 능력에 대한 개인차에 대한 이해는 심리학이 인성교육에 기여할 수 있는 중요한 정보가 될 것이다. 이를 바탕으로 각 개인 혹은 집단별로 맞춤형 공감 능력 증진을 위한 프로그램 개발이 가능할 것이다. 이렇게 구성된 개인별 · 집단별 맞춤형 인성교육을 잘 설계된 효과 연구를 통해 검증할 필요가 있다. 그럴 때 경험적으로 검증된 인성교육 프로그램이라고 할 수 있을 것이다. 이렇게 하는 것이 (사회)과학의 관점에서 심리학이 인성교육의 개발과 발전에 기여하게 될 것이라 기대한다.

국립국어원.《표준국어대사전》. Retrived from https://stdict.korean.go.kr, 검색일: 2020년 4월 1일.

김봉구(2016. 6. 9). 뽑고 싶은 신입사원? "스펙보다 태도 · 인성부터 본다". 한국경제신문. Retrieved from https://www.hankyung.com/society/article/201606098250g, 검색일: 2020년 4월 8일.

김환희(2017. 9. 5). '청소년 범죄', 인성교육의 부재 탓. 한국교육신문. Retrieved from http://www.hangyo.com/news/article.html?no=82547, 검색일: 2020년 4월 7일.

박천욱(2018). 스펙보다 인성으로 승부하라. 월간리크루트. Retrieved from http://www.hkrecruit.co.kr/news/articleView.html?idxno=15405, 검색일: 2020년 4월 7일.

연합뉴스(2019. 10. 31). 청소년 범죄 날로 잔혹해지는데… 잠자는 법안. Retrieved from https://www.yna.co.kr/view/MYH20191031003000038, 검색일: 2020년 4월 7일.

Asendorpf, J. B., & Wilpers, S. (1998), Personality effects on social relationships, Journal of Personality and Social Psychology, 74(6), 1531-1544.

Batson, D. (1991), The altruism question: Toward a social-psychological answer, Hillsdate, NJ: Erlbaum.

Baumeister, R. F., DeWall, C. N., Ciarocco, N. J., & Twenge, J. M. (2005), Social exclusion impairs self-regulation, Journal of Personality and Social Psychology, 88(4), 589-604.

Baumeister, R. F., & Leary, M. R. (1995), The need to belong: Desire for interpersonal attachments as a fundamental human motivation, Psychological Bulletin, 117(3), 497-529.

Blair, R. J. R., & Coles, M. (2000), Expression recognition and behavioural problems in early adolescence, Cognitive Development, 15(4), 421-434.

Bock, E. M., & Hosser, D. (2014), Empathy as a predictor of recidivism among young adult offenders, Psychology, Crime & Law, 20(2), 101-115.

Boyce, C. J., Wood, A. M., & Brown, G. D. (2010), The dark side of conscientiousness: Conscientious people experience greater drops in life satisfaction following unemployment, Journal of Research in Personality, 44(4), 535-539.

Brook, M., & Kosson, D. S. (2013), Impaired cognitive empathy in criminal psychopathy: Evidence from a laboratory measure of empathic accuracy, Journal of Abnormal Psychology, 122(1), 156-166.

Cacioppo, J. T., Hawkley, L. C., Kalil, A., Hughes, M. E., Waite, L., & Thisted, R. A.

참고문헌

강명숙, 〈뇌교육 인성프로그램이 청소년의 자아존중감 및 자아정체감에 미치는 영향〉, 상지
평화안보상담심리대학원 상담심리학과 석사학위 청구논문, 2012.

고정애 · 박경, 〈청소년 성폭력가해자들의 피해자 공감향상을 위한 프로그램개발 및 효과〉,
《청소년학연구》 20(5), 2013, 107-129쪽.

김연숙, 〈우리사랑! 가족사랑! 마을사랑! 협동활동을 통한 인성교육이 유아의 공감능력 및
친사회성에 미치는 영향〉, 대진대학교 상담심리학과 석사학위 청구논문, 2017.

김윤희 · 김진숙, 〈공감훈련 프로그램의 효과에 대한 메타분석〉, 《상담학연구》 16(4), 2015
1-21쪽.

김정모 · 전미애, 〈마음챙김에 기초한 교양강좌가 대학생의 인성발달에 미치는 효과〉, 《Kor
Journal of Clinical Psychology》 33(4), 2014, 833-852쪽.

김정미. 〈고교생의 공감, 또래영향력, 사회적 지지와 공격성과의 관계〉. 《교육학연구》 47. 2
49-72쪽.

김정옥. 〈뇌교육 기반 인성프로그램이 초등학생의 마인드셋에 미치는 효과〉.
국제뇌교육종합대학원대학교 상담심리학과 석사학위 청구논문. 2019.

김혜리 · 정명숙 · 손정우 · 박민 · 엄진섭 · 문은옥 … 이수미. 〈아동의 인지적 · 정서적 공감
사회적 행동 간의 관계〉. 《한국심리학회지: 발달》 26(1). 2013. 255-275쪽.

남혜림 · 김서희 · 주은영 · 양재원. 〈공감정확도 및 정서표현 능력이 호감도에 미치는 영향〉.
《인지행동치료》 17(1). 2017. 1-19쪽.

노이경 · 정남운. 〈인성교육을 목적으로 한 구조화된 집단상담의 성장촉진요인〉. 《한국심리학
학교》 4(2). 2007. 99-123쪽.

문은옥 · 김혜리 · 천영운 · 김태화 · 최현옥. 〈품행문제 청소년의 공감손상: 인지공감의 손상인
정서공감의 손상인가?〉. 《한국심리학회지: 발달》 27(3). 2014. 127-149쪽.

서은국. 《행복의 기원》. 서울: 21세기북스. 2014.

양재원 · 박나래 · 정경미. 〈얼굴표정 정서 인식 능력과 고등학생의 심리사회적 적응 및 또래관
《Korean Journal of Clinical Psychology》 30(2). 2011. 475-495쪽.

전희정 · 양재원. 〈인지 및 정서적 공감과 연인의 관계만족도〉. 《한국심리학회지: 여성》 24(4).
2019. 465-483쪽.

최재수. 《뇌교육 기반 인성프로그램이 자기주도학습에 미치는 영향: 마인드셋과 학업적
자기효능감의 매개효과》. 국제뇌교육종합대학원대학교 상담심리학과 박사학위 청구논
2018.

(2008), Happiness and the invisible threads of social connection, In M. Eid, & R. J. Larsen (Eds.), The science of subjective well-being (pp. 195-219), New York: Guilford Press.

Cattell, R. B. (1965), The scientific analysis of personality, London, UK: Penguin.

Cloninger, C. R., Svrakic, D. M., & Przybeck, T. R. (1993), A psychobiological model of temperament and character, Archives of General Psychiatry, 50(12), 975-990.

Costa, P. T. Jr., & McCrae, R. R. (1992), Revised NEO Personality Inventory (NEO-PI-R) and NEO Five-Factor(NEO-FFI) professional manual, Odessa, FL: Psychological Assessment Resources.

Costa, P. T. Jr., McCrae, R. R, & Holland, J. L. (1984), Personality and vocational interstrs in an adult sample, Journal of Applied Psychology, 69(3), 390-400.

Eisenberger, N. I., Lieberman, M. D., & Williams, K. D. (2003), Does rejection hurt? An fMRI study of social exclusion, Science, 302(5643), 290-292.

Eisenberg, N., Eggum, N. D., & Di Giunta, L. (2010), Empathy-related responding: Associations with prosocial behavior, aggression, and intergroup relations. Social Issues and Policy Review, 4(1), 143-180.

Eysenck, H. J. (1970), The structure of human personality (3rd ed.), London, UK: Methuen.

Eysenck, H. J., & Eysenck, S. B. G. (1975), Manual of the Eysenck personality questionnaire, San Diego, CA: EdITS.

Finch, J. F., Baranik, L. E., Liu, Y., & West, S. G. (2012), Physical health, positive and negative affect, and personality: A longitudinal analysis, Journal of Research in Personality, 46(5), 537-545.

Gurrera, R. J., Dickey, C. C., Niznikiewicz, M. A., Voglmaier, M. M., Shenton, M. E., & McCarley, R. W. (2005), The five-factor model in schizotypal personality disorder, Schizophrenia Research, 80(2-3), 243-251.

Hatfield, E., Cacioppo, J. T., & Rapson, R. L. (1993), Emotional contagion, Current Directions in Psychological Science, 2(3), 96-100.

Hayes, N., & Joseph, S. (2003), Big 5 correlates of three measures of subjective well-being, Personality and Individual Differences, 34(4), 723-727.

House, J. S., Landis, K. R., & Umberson, D. (1988), Social relationships and health, Science, 241(4865), 540-545.

Judge, T. A., Rodell, J. B., Klinger, R. L., Simon, L. S., & Crawford, E. R. (2013), Hierarchical representations of the five-factor model of personality in predicting job performance: Integrating three organizing frameworks with two theoretical perspectives, Journal of Applied Psychology, 98(6), 875-925.

Larsen, R. J., & Ketelaar, T. (1991), Personality and susceptibility to positive and negative emotional states, Journal of Personality and Social Psychology, 61(1), 132-140.

Leary, M. R., Tambor, E. S., Terdal, S. K., & Downs, D. L. (1995), Self-esteem as an interpersonal monitor: The sociometer hypothesis, Journal of Personality and Social Psychology, 68(3), 518-530.

Lee, K., & Ashton, M. C. (2004), Psychometric properties of the HEXACO personality inventory, Multivariate Behavioral Research, 39(2), 329-358.

Lesch, K. P., Bengel, D., Heils, A., Sabol, S. Z., Greenberg, B. D., Petri, S., ... Murphy, D. L. (1996), Association of anxiety-related traits with a polymorphism in the serotonin transporter gene regulatory region, Science, 274(5292), 1527-1531.

Lievens, F., Ones, D. S., & Dilchert, S. (2009), Personality scale validities increase throughout medical school, Journal of Applied Psychology, 94(6), 1514-1535.

Maner, J. K., DeWall, C. N., Baumeister, R. F., & Schaller, M. (2007), Does social exclusion motivate interpersonal reconnection? Resolving the "porcupine problem," Journal of Personality and Social Psychology, 92(1), 42-55.

Martin, L. R., Friedman, H. S., Tucker, J. S., Tomlinson-Keasey, C., Criqui, M. H., & Schwartz, J. E. (2002), A life course perspective on childhood cheerfulness and its relation to mortality risk, Personality and Social Psychology Bulletin, 28(9), 1155-1165.

McCrae, R. R. & Allik, J. (2002), The Five-Factor model of personality across cultures, New York: Kluwer Academic Publisher.

McCrae, R. R., & Costa, P. T. Jr. (1987), Validation of the five-factor model of personality across instruments and observers, Journal of Personality and Social Psychology, 52(1), 81-90.

______. (1994), The stability of personality: Observations and evaluations, Current Directions in Psychological Science, 3(6), 173-175.

______. (1997), Personality trait structure as a human universal, American Psychologist, 52(5), 509-516.

______. (2003), Personality in adulthood: A five-factor theory perspective, (2nd ed.), New York: Guilford Press.

Meier, B. P., & Robinson, M. D. (2004), Does quick to blame mean quick to anger? The role of agreeableness in dissociating blame and anger, Personality and Social Psychology Bulletin, 30(7), 856-867.

Meltzoff, A. N., & Moore, M. K. (1983), Newborn infants imitate adult facial gestures, Child Development, 54(3), 702-709.

Mroczek, D. K., & Spiro, A. (2007), Personality change influences mortality in older men, Psychological Science, 18(5), 371-376.

Nesse, R. M. (2005), Natural selection and the regulation of defenses: A signal detection analysis of the smoke detector principle, Evolution and Human Behavior, 26(1), 88-105.

Nettle, D. (2005), An evolutionary approach to the extraversion continuum, Evolution and Human Behavior, 26(4), 363-373.

______. (2007), Personality: What makes you the way you are, Oxford, UK: Oxford University Press.

Nowak, M. A., & Hightfield, R. (2011), Altruism, evolution, and why we need each other to succeed, New York: Free Press.

Ogle, C. M., Rubin, D. C., & Siegler, I. C. (2014), Changes in neuroticism following trauma exposure, Journal of Personality, 82(2), 93-102.

Pennebaker, J. W., & King, L. A. (1999), Linguistic styles: Language use as an individual difference, Journal of Personality and Social Psychology, 77(6), 1296-1312.

Pickett, C. L., Gardner, W. L., & Knowles, M. (2004), Getting a cue: The need to belong and enhanced sensitivity to social cues, Personality and Social Psychology Bulletin, 30(9), 1095-1107.

Rizzolatti, G., & Craighero, L. (2004), The mirror-neuron system, Annual Review of Neuroscience, 27, 169-192.

Schachter, D. L., Gilbert, D., & Wegner, D. M. (2008), Psychology, New York: Worth Publishers.

Schneider, T. R., Rench, T. A., Lyons, J. B., & Riffle, R. R. (2012), The influence of neuroticism, extraversion and openness on stress responses, Stress and Health, 28(2), 102-110.

Sharot, T. (2011), The optimism bias, Current Biology, 21(23), R941-R945.

Sherman, R. A., Nave, C. S., & Funder, D. C. (2010), Situational similarity and personality predict behavioral consistency, Journal of Personality and Social Psychology, 99(2), 330-343.

Shipley, B. A., Weiss, A., Der, G., Taylor, M. D., & Deary, I. J. (2007), Neuroticism, extraversion, and mortality in the UK Health and Lifestyle Survey: a 21-year prospective cohort study, Psychosomatic Medicine, 69(9), 923-931.

Singer, T., Seymour, B., O'Doherry, J., Kaube, H., Dolan, R. J., & Frith, C. D. (2004), Empathy for pain involves the affective but not sensory components of pain, Science, 303(5661), 1157-1167.

Taylor, S. E., & Brown, J. D. (1988), Illusion and well-being: A social psychological perspective on mental health, Psychological Bulletin, 103(2), 193-210.

Terracciano, A., McCrae, R. R., & Costa Jr, P. T. (2010), Intra-individual change in personality stability and age, Journal of Research in Personality, 44(1), 31-37.

Vachon, D. D., Lynam, D. R., & Johnson, J. A. (2014), The (non) relation between empathy and aggression: Surprising results from a meta-analysis. Psychological Bulletin, 140(3), 751-773.

Yang, J. W., Yoon, K. L., Chong, S. C., & Oh, K. J. (2013), Accurate but pathological: Social anxiety and ensemble coding of emotion, Cognitive Therapy and Research, 37(3), 572-578.

Yoon, K. L., Maltby, J., & Joormann, J. (2013), A pathway from neuroticism to depression: examining the role of emotion regulation, Anxiety, Stress & Coping, 26(5), 558-572.

Zuckerman, M., Kuhlman, D. M., Joireman, J., Teta, P., & Kraft, M. (1993), A comparison of three structural models for personality: The big three, the big five, and the alternative five, Journal of Personality and Social Psychology, 65(4), 757-768.

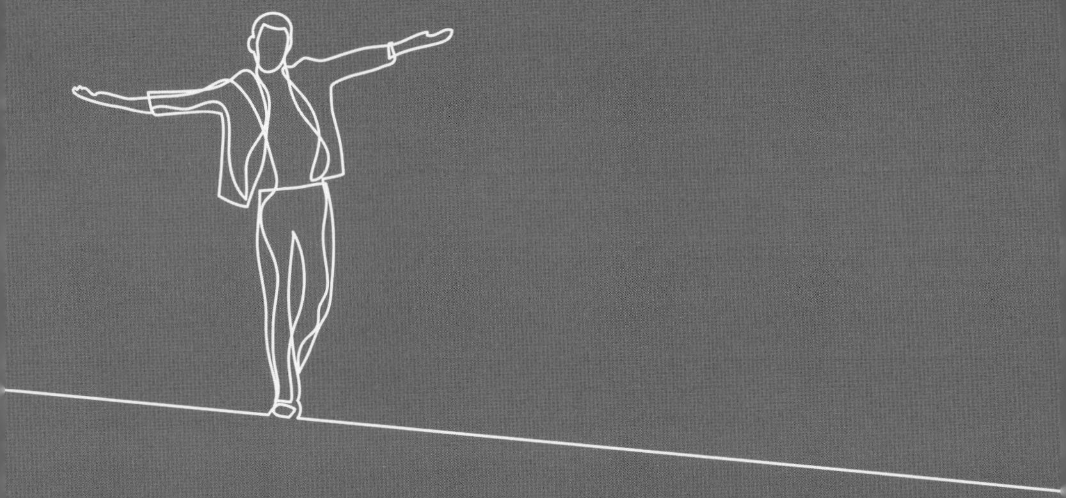

2부
경계에 선 인간

1장
총론

—

구본만, 이상민

'경계-모듈형 CUK 인성교육'과 경계의 사유

삶에 격(格)이 생기는 것, 인간에게 품격(品格)이 생기는 것은 성숙한 인간에게서나 가능한 일이다. 시간이 지나 나이가 들었다고 해서 모두 성숙한 어른이 되는 것은 아니다. 갈등과 충돌, 구분과 대립이 점점 심각해지고 있는 오늘날 성숙한 어른이 되는 것은 어느 때보다 어려운 일이다. 성숙한다는 것은 지혜의 눈을 갖는 것이고, 통찰력이 생기는 것이다. 이성을 넘어서 감성, 경험 등 나의 인격을 드러내는 요인들이 동시에 힘을 발휘하는 것이다. 이러한 능력은 일순간 생기는 것이 아니라 꾸준히 단련하고 연습하고 감당한 뒤에야 만들어진다.

구분되고 대립하는 것으로 이루어진 사회는 고착되어 있다. 고착된 사회에서 경계를 마주하기란 쉽지 않다. 어느 한쪽에 편승되어 안주하지 않고 경계를 마주한다는 것은 변화하는 세계를 인지하며 자신의 가치관, 신념, 이념도 그 흐름에 내맡길 수 있다는 것이다. 단단한 내적 힘으로 두려움과 불안함을 떨칠 수 있을 때, 경계를 지키고 마주하는 것으로부터 성숙한 인간다움의 사유가 시작된다.

경계(境界)의 글자부터 분석해보자. 境(지경 경) 자는 '땅'을 뜻하는 土(흙 토) 자와 '다하다'를 의미하는 竟(다할 경) 자가 결합하여 '영토의 끝자락'을 뜻한다. 界(지경 계) 자는 田(밭 전) 자와 介(끼일 개) 자가 결합하여 '밭과 밭 사이의 경계'라는 의미를 갖고 있다. 즉, 소유주가 다른 두 밭의 경계라는 의미다. 이처럼 경계는 어떤 것의 끝자락, 한계의 의미를 갖고 있다. 서로 다른 기준과 사유 체계를 갖춘 영토가 맞닿은 곳이 경계다. 이에 따라 경계선에 선다는 것은 이분법으로 나뉜 두 항의 사이에 선다는 의미다.

올림포스 12신 중의 한 명인 헤르메스는 신의 세계, 인간의 세계, 지하의 세계를 자유롭게 넘나드는 신이다. 신의 전령을 인간에게 전달해주고, 죽은 자의 영혼을 안내하는 헤르메스(Hermes)의 어원은 '돌무더기'를 뜻하는 그리스어 헤르마(Herma)에서 유래했다. 그리스에서 돌무더기는 '경계석'을 의미한다고 한다. 천상계와 인간계, 지하계의 경계를 넘나드는 신이었던 헤르메스는 사자(使者) 역할을 했을 뿐 아니라 교환과 거래, 타협 등 상업의 신으로도 이름을 떨쳤다. 경계는 신이나 인간에 관계 없이 한계를 그어준다. 더 이상 갈 수 없는 곳에는 경계가 있다. 신이 사는 곳과 인간이 사는 곳, 죽은 자가 가는 곳의 기준에 의해 나뉜 공간은 헤르메스 이외에는 넘나들 수 없다. 아무도 드나들 수 없는 곳을 드나들 수 있기에 헤르메스가 경이롭게 느껴지는 것이다.

1998년 개봉한 영화 〈트루먼쇼(The Truman Show)〉는 30년 동안 살아온 자신의 삶이 실상은 TV 리얼리티 프로그램 중 하나였다는 것을 알게 된 주인공 트루먼 버뱅의 이야기를 담아내고 있다. 완벽하게 작은 섬으로 세팅한 가짜 세계 속에서 보험회사원으로 살아가는 트루먼의 24시간은 일거수일투족 전 세계 17억 명의 시청자에게 생중계되고 있었다. 자신이 태어나 자란 섬을 한 번도 떠나지 않았던 트루먼은 어느 순간 자신을 떠나버린 연인을 찾아 피지로 떠날 계획을 세운다. 10,909일째 지속한 리얼리티쇼가 중단될 것을 걱정한 제작진은 트루먼의 여행 계획을 막으려 했지만, 결국 트루먼은 진짜 바다처럼 만들어진 가짜 바다 위에 요트를 띄운다. 요트는 바다의 끝인 세트장 벽에 닿았고, 트루먼이 사다리를 타고 비상구로 나가려는 순간 '트루먼쇼'의 기획자인 크리스토프가 말을 건넨다. "이 세상은 거짓말과 속임수뿐이지만 내가 만든 세상에선 두려워할 게 없어"라고. 크리스토프는 이어서 다음과 같이 말한다. "비록 틀에 갇힌 작은 세상에 살고 있지만, 트루먼은 가짜가 아닙니다. 진짜 인생입니다." 무엇이 진짜이고 무엇이 가짜인지는 결국 자신이 믿는 것에 따라 달라질 수밖에 없다. 진짜 세계이지만 위선과 불안이 가득 찬 곳, 가짜 세계이지만 안정과 행복이 가득 찬 곳의 경계에 선 트루먼은 마지막 결정을 내린다. 트루먼은 "못 볼지도 모르니 미리 인사하죠! 굿애프터눈, 굿이브닝, 굿나잇"이라는 인사를 남기고 경계를 넘어선다.

경계를 마주할 수 있는 것은 삶에 대한 애착, 미래에 대한 확신이 있어서다. 그러한 애착과 확신은 경계에 서 있는 순간 나를 엄습하고 있는 불안과 두려움도 떨쳐내게 한다. 그래서 경계에 서 있는 자들은 도전적이고 용감하다.

'경계-모듈형 CUK 인성교육과정'은 경계의 사유를 통해 인간다움을 찾고자 하는 인성교육에 대한 새로운 시도다. 경계의 사유는 어찌 보면 인간이 본래 가지고 있는 속성일지도 모른다. 왜냐하면 인간은 이성을 추구하면서 욕망을 탐닉하고, 의식의 영역에 존재함과 동시에 무의식의 지배도 받기 때문이다. 또한 이기적인 욕심과 이타적 성향을 동시에 품고 있으며, 경제적 이익과 도덕적 정의도 함께 추구한다. 따라서 내 안에 들어 있는 양가적 감정과 사유, 그리고 상황에 따라 판단해야 하는 사고가 경계선상에서 균형을 가질 수 있을 때, 자신의 정체성이 생성되고 존재성이 확립된다.

오늘날 사회 공동체가 풀어야 할 문제들은 그리 단순하지 않다. 정치적 · 사회적 · 경제적 · 문화적 차원에서 다각도로 분석하고 문제 요인을 파악하여 최적의 해결안을 찾아내야 하는 복합적 문제들이다. 대립과 갈등의 문제가 산적한 사회 속에서 지혜를 가진 인간으로 발돋움할 수 있는가? 경계에 대한 균형감을 잃고 자신이 속하지 않은 다른 영역을 경직된 사유로만 바라본다면, 문제는 더욱 심각해질 뿐이다. 근대적 사고의 중심축으로 인식된 데카르트의 코기토 개념은 이분법적 도식에서 밀려난 비주류와의 갈등 골을 깊게 만들었다. 왜냐하면 다름과 차이를 인정하지 않고, 경계를 바라보지 못했기 때문이다. 기본적으로 인간은 당대적 집단의식으로부터의 일탈과 내면적 저항의 성격을 가지고 있다. 들뢰즈와 가타리가 자본주의 사회를 살아가는 주체는 누구나 자본주의 사회에서 벗어나고자 하는 욕망, 탈영토화와 다시 사회의 일원이 되어 살아가고자 하는 욕망, 재영토화가 공존해 있다고 본 것과 같은 의미다. 이는 자본주의 사회에서 생활하는 모든 개인이 가지고 있는 성향이다.[1]

---

1) 질 들뢰즈 · 펠릭스 가타리, 《앙띠 오이디푸스》, 최명관 옮김, 민음사, 2001, 443-465쪽 참조.

우리가 경계의 사유를 끌어와서 인성교육에 적용하고자 하는 핵심이 여기에 있다. 경계의 사유는 대립과 갈등의 선상에서 서로의 경계를 인식할 수 있고 자각할 수 있게 해준다. 즉 이는 내가 속한 곳의 경계를 재빠르게 알아차리고 인식할 수 있도록, 상대편의 다름과 차이를 인지하는 것으로 경계에 대해 민감성을 가질 수 있도록 한다. 경계 민감성은 경계를 마주함으로써 대립과 갈등하는 상황을 이해하고 어느 한쪽에 편파적이지 않게, 공정성을 획득할 수 있게 해 주는 것으로 우리가 지속적으로 성숙시켜야 하는 것이다.

우리가 살아가는 사회는 고정되지 않고, 끊임없이 유동적으로 변하고 있다. 경계도 마찬가지다. 충돌하면서 공존하고, 분할되면서 연결되고, 갈등이 일어나면서 화합하는 상황에서 경계는 움직인다. 그렇기에 경계의 사유는 어느 한쪽에 고착되면 안 된다. 경계를 생성하고 넘어가고 넘나드는 유연한 사유가 되어야 한다. 그런데 과학기술의 발전과 사회문화적 환경은 내가 속한 세계와 그 안에서 살아가는 자신의 모습을 바라볼 수 있는 메타적 사유를 점점 하기 어렵게 만든다. 인공지능, ICT, 빅데이터 등의 4차 산업혁명을 이끌어가는 최첨단 과학기술과 우리 일부가 되어버린 스마트폰과 인터넷은 디지털화를 일상으로 전환시켰다. 빅데이터 기술을 통해 자신의 성향에 맞는 정보와 뉴스를 제공해주는 편리한 디지털화는 우리가 조망해야 하는 사회와 세계의 모습을 선별해서 보여준다. 그런데 이것은 오히려 고립된 개인과 무비판적 집단주의를 양산하는 사유의 무능을 겪는 사람들[2)]이 되게 할 위험이 있다.

인간적 가치와 삶의 의미에 대한 고찰이 일어나고, 그것이 자신에

2) 이충한, 〈4차 산업혁명과 민주주의의 미래〉, 《철학논총》 91, 새한철학회, 2018, 289-312쪽.

대한 성찰로 연결되어야 사유하는 인간이 될 수 있다. 그런데 오늘날 문제는 자신이 선호하고 가치 있다고 생각하는 것과 다른 입장에 있거나, 자신이 속한 사회가 아닌 다른 사회에 대해서는 이해와 공감의 사유보다는 무시와 혐오의 감정이 발휘되는 데 있다.[3] 일상의 디지털화가 가져온 이러한 사유의 부재는 고립된 개인이 되고 세계의 진상을 파악하는 일에서 점점 멀어질수록 심해진다. 그리고 스스로 이런 세계에 놓여 있는 우리 자신에 대해 사유하는 일이 필요하지 않다고 여기도록 만들어 버린다. 같은 것을 추구하고 가치 있다고 여기며 나와 다른 것을 함께 무시하고 혐오하는 것만으로도 충분히 세계에 대해 사유하고 있다고 믿게 된다.[4]

이렇게 사유의 무능을 겪는 고립된 개인으로서의 삶을 살아가지 않기 위해서는 인간적 가치와 삶의 의미를 물을 수 있는 사유가 필수다. 이분법적으로 나뉜 세계에서 한쪽에 속하여 다른 세계를 보지 못한다면 인간적 가치와 삶의 의미를 물을 수 있는 사유는 할 수 없다. 따라서 우리는 경계에 서야 한다. 양쪽 세계를 조망할 수 있는 곳에서 사유를 펼쳐야 한다.

여기에서 제시하는 세 가지 경계의 사유는 이 시대를 살아가는 성숙한 시민으로서 자신과 사회를 조망할 수 있는 열린 관점을 지향한다. 나와 타인이 개방된 관계를 형성하며 공동선을 찾아가는 과정을 추구한다. '구분 짓기', '넘어가기', '넘나들기'의 유형은 경계의 사유에 내포된 의미를 명확하게 드러내줄 것이다.

---

3) 위의 논문, 302쪽.

4) 위의 논문, 303쪽.

경계의 사유: 구분 짓기

'구분 짓기'는 자기정체성을 확립하고, 자기 존재를 지어가는 내적 성찰로서 경계의 사유다. 경계 구분 짓기는 삶을 살아가면서 마주치는 불확실하고 모호한 개념들에 대해 올바르게 분별하고 통찰하여 경계로 구분 지을 수 있는 능력이다. 또한 능동적이고 적극적으로 삶을 긍정하면서 매 순간 변화하는 삶 속에서 경계를 유연하게 설정할 수 있는 것을 말한다.

무엇보다 삶 속에서 경계를 구분 짓기 위해서는 자신의 경험을 바탕으로 삶을 개념화하는 것이 중요하다. 삶의 개념화를 통해 스스로 경계를 설정하고, 치열하게 내면의 성찰을 통해 지속적으로 경계의 구분 지음을 반성하고 수정하는 과정을 진행해야 한다. 한 번 설정한 경계를 끝까지 고수한다면 결국 경계의 사유를 하지 못한 채 한쪽 세계에 고착될 수밖에 없다. 경계를 올바르게 구분 짓기 위해서는 무엇보다 삶의 경험을 개념화할 수 있어야 하고, 타인에 의한 것이 아닌 스스로 선택한 것이어야 한다.

경계의 구분 짓기를 통해 비로소 나다움과 인간다움의 가치를 분별할 수 있는데, 여기에서는 '다름-틀림', '의무-배려', '비판-공감', '선택-포기', '다가서기-거리 두기', '소유-나눔'의 키워드를 통해 구분 짓기의 의미를 살펴보고 있다. 명확하게 구분 지어야 하는 용어 중의 하나는 단연 '다름-틀림'이다. 자주 혼용되는 다름과 틀림은 언어를 잘못 사용하는 것에 국한되지 않는다. 사안을 대하는 태도에 대한 생각의 차이를 언어로 나타내주는 것이기 때문이다.

'의무-배려'와 '비판-공감'은 짝지어진 두 단어가 명료하게 나뉘는 것이라기보다는 어떤 행동과 사유를 우선할 것인지에 대한 구분 짓기다. 다시 말해 무엇이 의무이고 배려인지, 무엇이 비판이고 공감인지를 따져 보는 것이 아니다. 여기에서 구분 짓고자 하는 경계는 배려하는 의무, 의무감을 가진 배려로, 특정 상황에서 나의 행동이 타인에게 선한 행동이 될 수 있는 최선이 무엇인지 판단할 수 있는 능력이다. 비판과 공감도 그러하다. 어떤 것을 이해하고자 할 때 비판과 공감이 동시에 일어나는데, 어떤 사유를 우선순위에 둘 것인지를 구분 지을 수 있는 능력이다.

'선택-포기'에서는 스스로 선택하는 것의 중요성과 동시에 포기하는 것도 일종의 선택이라는 것을 일깨워준다. 자기정체성에 근거하여 선택해야 하는 것과 포기해야 하는 것을 구분 지을 수 있고, 한 걸음 더 나아가 선택할 수 없는 것과 포기할 수 없는 것도 구분 지을 수 있어야 한다. 어떤 결과를 가져올지 모르는 불확실성을 딛고 선택할 수 있어야 하고, 포기를 선택하는 결단력도 필요하다. 또한 선택할 수 없는 것은 포기가 아니라 인간의 유한성에 의한 것임을 겸허하게 받아들이는 자세도 필요하다.

'다가서기-거리 두기'는 인간관계에서의 구분 짓기다. 나와 타인의 관계 설정에 있어 친밀과 고립은 결국 배타적으로 대립하는 것이 아니라 상보적 관계에 기인하는 것이다. 나는 타인과의 관계를 통해 자기정체성을 형성하게 되는데, 다가서기와 거리 두기가 균형감을 가져야 한다. 다가선다는 것은 누군가와 가까워진다는 것으로, 경계가 겹치는 것을 말한다. 다가서기와 거리 두기의 균형이 깨지면 상대의 타자성을 부정한 채 자신의 일부로 여기게 되거나, 아무도 다가올 수 없는 높은 장벽을 치게 되기도 한다. 불완전한 두 사람이 만나 건강한 하나가 되기 위해서는 서로가 서로에게 의지하되 각자의 개별성을 유지하는 상호의존적

관계를 말한다.[5)]

'소유-나눔'에서는 우선 소유와 나눔에 드리워진 왜곡된 개념을 바로잡고자 한다. 소유는 대가를 지불한 물건을 획득하는 것이고, 나눔은 소유한 재화의 일부를 나누는 것이라는 생각은 잘못된 것이다. 또한 소유해야만 나눌 수 있다는 그릇된 인식을 개선하여 소유와 나눔을 구분 짓고자 한다. 우리가 진정 소유해야 하는 것은 물질과 재화가 아니라 내적 성장을 이룰 수 있는 가치와 사유다. (물질) 소유의 최저화, 나눔의 극대화를 통해 나눔의 문화가 공동체에 확산될 수 있도록 그 경계를 구분 지어야 한다.

경계의 사유: 넘어가기

'넘어가기'는 주체성의 확립, 도약을 통한 주체성의 함양, 성숙한 관계로의 확장으로 이어지는 성장의 사유다. 넘어가기는 극복하고 도전하고 도약하고 지향하며 성장한다는 목적을 가지고 한 단계 올라서기 위한 경계의 사유다. 기존의 관념과 편견을 극복하여 성숙한 시민으로 나아가고, 울타리를 벗어나 새로운 세계로 도전할 수 있으며, 주인의식을 가지고 주체성을 확보하는 단계로 도약할 수 있어야 한다. 또한 성숙한 인성 함양을 위해 공동체 가치를 실천하는 것을 지향하고, 자신에 대한 평가와 반성을 기반으로 꾸준히 성장해나갈 수 있어야 한다.

---

5) 문요한, 《관계를 읽는 시간》, 더퀘스트, 2018, 38쪽.

생애주기에 따라 넘어야 하는 경계가 있다. 유아기에서 아동기로, 아동기에서 청소년기로, 청소년기에서 청년기로, 청년기에서 장년기로, 그리고 장년기에서 노년기로 이어지는 생물학적 연령에 기초한 사회집단에 대해 일반적으로 기대하는 일련의 행위가 있다. 아동기에 해당하는 아동은 그에 적절한 행위를 보여야 하는데, 만약 유아기를 벗어나지 못한다면 연령 층위 간의 이동이 정상적으로 이루어지지 않은 것으로 판단한다. 신체적 성장은 청소년기를 거쳐 대개 마무리되지만, 인간적 가치와 삶의 사유에 대한 성장은 노인기까지 진행되어야 한다. 그러나 대개 사유의 성장도 청소년기에서 청년기로 넘어오면서 멈춰버리고 만다. 청년기가 되면 경계를 넘어가기 위한 사유의 성장을 더 이상 하지 않는다. 성장이 멈춰버리면 노화가 진행된다. 경계의 사유도 마찬가지다. 부단히 경계 넘어가기를 시행하지 않고 한쪽을 선택하며 안주하는 순간, 그 사람의 폭과 능력은 딱 거기에서 멈춘다. 한쪽을 선택하여 거기에 머무르면 바로 그 프레임에 갇혀 굳어버린다.[6] 여기에서는 청소년기를 벗어나 청년기로 들어선 주체들을 대상으로 3단계의 성장 과정과 여섯 개의 넘어가야 할 경계를 설정해보았다. 1단계인 주체성의 확립에서는 '손님에서 주인으로 넘어가기', '익명에서 실명으로 넘어가기'로, 2단계인 도약을 통한 주체성의 함양에서는 '의존에서 독립으로 넘어가기', '아마추어에서 프로페셔널로 넘어가기'로, 3단계인 성숙한 관계로의 확장에서는 '무관심에서 참여로 넘어가기', '혐오에서 관용으로 넘어가기'다.

1단계인 주체성의 확립에 속하는 '손님에서 주인으로 넘어가기'와 '익명에서 실명으로 넘어가기'는 내 삶의 주인이 되는 과정에 대한 인식

6) 최진석, 《경계에 흐르다》, 소나무, 2017, 83쪽.

이다. 어느 시기보다 중요한 선택과 판단의 순간이 많은 청년기에는 내 삶의 진정한 주인으로서 주체성을 정립해야 한다. 자신의 의견과 주장을 펼치는 데 있어서도 당당하게 자신을 드러낼 수 있는 자신감이 필요하다. 익명성 뒤에 숨어서 건전한 비판보다는 무책임한 비난을 하는 것이 아니라 성숙하고 당당한 목소리를 낼 수 있는 주체성이 형성되어야 한다. 진정한 나를 알아가고 내 삶의 중심에 오롯이 내가 놓여 있음을 자각하며, 주체적이고 능동적인 태도로 자신의 삶을 영위하는 것이 경계 넘어가기의 1단계다.

2단계인 도약을 통한 주체성의 함양은 '의존에서 독립으로 넘어가기', '아마추어에서 프로페셔널로 넘어가기'로, 독립성과 전문성을 길러 성숙한 시민으로 성장하기 위한 과정이다. 자신이 속해 있던 원가정으로부터 독립된 사회인으로 나아가는 새로운 자각에 눈을 떠야 한다. 그리고 그로부터 진정한 자유, 적극적인 자유를 갈구해야 한다. 그래야만 자신의 전문 분야를 개척하는 과정에서 마주치는 어려움과 장애물을 극복하고, 자기효능감을 극대화하여 전문성을 강화할 수 있다. 독립성을 획득하기 위해 자기주도력을 기르고, 전문성을 함양하기 위해 자기효능감을 성숙시킨다면, 사회의 거친 풍랑에도 전복되지 않는 강인한 내면의 힘을 가질 수 있을 것이다.

3단계인 성숙한 관계로의 확장은 '무관심에서 참여로 넘어가기', '혐오에서 관용으로 넘어가기'로, 타인과 공동체를 대하는 자신의 태도를 숙련시키는 것이다. 나를 둘러싼 사회는 타인과의 관계 속에서 구축된 것이고, 공동체의 존립은 타인과의 관계 속에서 가능하다. 타인에 대한 무관심은 결국 공동체를 와해시키는 행위다. 공동체 유지를 어렵게 만드는 또 하나의 요인은 혐오다. 혐오는 고립된 개인주의가 나와 다른 생각, 취향, 주장을 가지고 있는 사람들을 존중하지 않을 때 나타나는 감정이고, 관용은 나와 다른 사람들을 존중할 때 나타나는 감정이다. 성숙한 민주주의 사회가 유지되기 위해서는 다양한 신념과 가치관이 존중되어야 한다. 그런데 나와 같은 생각과 신념을 가진 사람들만 정당하다고 판단하는 순간, 사회갈등은 더욱 깊어진다. 무관심을 줄이기 위해서는 참여의 실천이, 혐오를 줄이기 위해서는 관용의 실천이 중요하다.

경계의 사유: 넘나들기

'넘나들기'는 다양한 갈등 상황에 놓인 주체가 갈등 사이에서 조화로운 화해를 이루는 탐색의 과정을 조망한다. 갈등은 시대와 사회를 막론하고 언제나 있었지만, 현대사회로 넘어오면서 갈등 현상은 점점 증가하고 있다. 따라서 무엇이 갈등을 일으키고, 어떻게 갈등이 표출되며, 갈등을 어떻게 받아들일 것인가에 대한 논의가 필요하다. 넘나들기를 통한 경계의 사유는 세 가지 유형으로 구분되는데, 그것은 내 안에서 일어나는 내면 갈등, 타인과 상호작용을 통해 일어나는 관계 갈등, 공동체 간에 일어나는 집단 갈등이다. 내면 갈등에는 '인싸와 아싸', '원본과 모사' 사이에서 일어나는 개인 갈등이, 관계 갈등에는 '사랑과 우정'의 개인 갈등과 '구세대와 신세대'의 사회 갈등이, 집단 갈등에는 '도시와 농촌', '국민과 세계시민'의 간극에서 벌어지는 사회 갈등이 포함된다.

넘나들기는 경계를 구분 짓고, 경계 넘어서기를 반복하는 행위다. 갈등을 빚어내는 두 항의 경계선을 마주하되, 어느 한쪽에 편승하지 않고 끊임없이 경계 넘어서기를 되풀이하는 것이다. 갈등이 언제나 부정적 영향만 가져오는 것은 아니다. 갈등에는 두 차원의 모습이 있는데, 그것은 갈등이 사회구성원을 단절시키고 전체 사회의 지속적인 발전을 저해하거나, 사회적 긴장과 갈등 해결을 추구하는 과정에서 사회구성원을 결속시켜 갈등 해결의 대안을 모색하게 만드는 것이다.[7] 갈등이 갖고 있는 양가적 속성을 파악하여 정반합(正反合)의 논리 전개를 반복함으로써 결국 자신만의 지혜로운 해결책을 찾아내는 것이 '넘나들기'가 도달해야 하는 종착점이다.

내 속의 넘나들기인 '내면적 갈등'에서는 '인싸와 아싸'의 관계를 고찰해본다. 대체로 집단에 잘 적응하며 무리의 중심이 되는 사람들을 지칭하는 '인싸'에는 집단을 주도하고 이끌어나간다는 긍정적인 의미가 있다. 반면 집단의 중심으로 들어오지 못하고(혹은 않고) 주변에 머무는 사람들을 지칭하는 '아싸'에는 '고립된', '소외된' 등의 부정적 의미가 더 강하다. 그래서 대체로 사람들은 인싸가 되기를 원하고, 아싸가 될지 모른다는 불안감을 갖기도 한다. 그러나 인싸와 아싸의 경계를 구분 짓는 주체가 과연 누구인지 생각해볼 필요가 있다. 공동체에 소속되고자 하는 욕구와 개인의 가치를 추구하고자 하는 욕구의 경계를 자유롭게 가로지를 수 있어야 한다.

또 하나의 내면적 갈등은 '원본과 모사'다. 이는 보여지는 나와 실제의 나 사이에서 일어나는 갈등이다. 현대사회는 보여주는 문화가 자리잡았다. 타인의 일상을 보여주는 TV 프로그램이 넘쳐나고, SNS를 통해 실시간 자신의 근황을 공유하며, 일기를 쓰듯 브이로그를 찍어 올린다.

---

7) 서문기, 〈한국의 사회갈등 구조 연구: 갈등해결 시스템을 모색하며〉, 《한국사회학》 38(6), 한국사회학회, 2004, 197쪽.

요즘 한창 유행하고 있는 부캐 현상도 그렇다. '부캐'는 게임에서 사용하는 용어로, 온라인게임에서 사용하던 주계정이나 캐릭터 외에 새롭게 만든 부캐릭터를 줄여 부르는 말이다. 내가 가보지 않은 길, 남들이 봐주기를 바라는 나의 모습을 가상으로 설정해보며 한낱 유희로 즐기는 것이 모사(模寫)다. 그런데 부캐릭터가 원캐릭터를 삼켜버리는 순간, 모사가 원본을 잃어버리는 순간 나의 실제는 수면 아래로 가라앉게 된다. 타인에게 보여주고 싶은 나의 모사가 원본이 될 수 있도록 자신의 민낯을 잃어버리지 않을 수 있는 균형이 필요하다.

나와 너 넘나들기인 '관계적 갈등'에서는 우선 '사랑과 우정'의 관계를 생각해본다. 매슬로의 욕구 피라미드를 보면 생리적 · 본능적 욕구가 가장 아랫부분을 차지한다. 그 위의 단계는 존중, 사랑, 소속감의 욕구로, 관계에 대한 것이다. 내면을 가꾸고 단단하게 만드는 개인 욕구 위에 타인과 함께 살아가는 관계의 욕구가 존재한다. 그리고 이를 기반으로 삼아 자기의 꿈을 실현하는 자아실현의 단계로 발전하게 된다. 존중받는 느낌, 사랑하는 감정, 소속되어 있다는 안정감은 인간관계에서 충족된다. 가정에서부터 사회, 공동체에 이르기까지 구성원의 일원으로 존재하고 있다는 욕구가 충족되어야 한다. 이 욕구가 충족되기 위해서는 다른 사람과의 관계를 조절할 수 있는 능력이 필요하다. 사람이 모여 있는 곳에서 필연적으로 발생하는 갈등을 관리하고 해결해나가기 위한 노력이 있어야 한다.

관계적 갈등 중 다른 하나는 '구세대와 신세대'의 세대 갈등이다. 세대 갈등은 연령 층위에 따라 세대를 형성하며 빚어지는 갈등으로 그 양상은 세대 간 문화 갈등(주로 가치관 갈등), 세대 간 권력 갈등과 이념 갈등,

세대 간 경제적 갈등(일자리 경쟁) 등으로 나타난다.[8] 이러한 세대 간 갈등은 상호 의사소통은 물론 공동 활동을 기피하는 현상으로까지 나아간다. 한국 사회에서 심각해지고 있는 세대 갈등을 완화하기 위해서는 세대의 경계선을 넘나들며 양자 관계를 숙고해야 한다.

공동체 넘나들기의 '집단적 갈등'에서는 '도시와 농촌'이라는 물리적 공간의 경계가 사회문화적 · 경제적 갈등을 빚어내는 현상에 대해 살펴본다. 한 국가 내에서 공간 경계에 따라 도시와 농촌이 구분되고, 결국 그것이 한쪽 공간에 대한 소외 현상으로 나타남으로써 도시와 농촌의 격차는 더욱 벌어지고 있다. 중심과 주변의 차별로 인식될 수 있는 도시와 농촌의 경계 구분은 넘나들기 사유를 통해 극복되어야 할 사항이며, 지속 가능한 삶을 위한 필수 요소다. 도시와 농촌의 균형개발과 상호 공생을 위한 경계를 넘나드는 열린 사유를 통한 실천만이 집단 갈등을 해소할 수 있는 방안이다.

마지막 집단적 갈등인 '국민과 세계시민'에 대한 고찰은 글로벌 시대에 마주해야 하는 필수 요소다. 세계화 추세에 따라 타 국가와 문화에 대해 개방함으로써 다양한 문화적 특수성을 받아들임과 동시에 자국 보호의 폐쇄적 태도도 강화되고 있다. 이는 세계화로 인해 사회구조가 변화되고, 동시에 개인의 주관적인 정체성 및 가치관의 변화와도 맞물려 있다고 한다. 특히 세계화의 진행은 현대사회의 개인에게 새로운 정체성 형성을 야기한다고 추론하기도 하는데, 이에 대해 개인이 스스로를 세계사회의 구성원으로 인식함으로써 전 지구적 결속으로 나아갈 가능성을 제시하는가 하면, 다른 한편에서는 공동체 의식의 붕괴로 인해 개인

8) 박재홍, 〈한국사회의 세대갈등: 권력 · 이념 · 문화 갈등을 중심으로〉, 《한국인구학》 33(3), 한국인구학회, 2010, 77쪽.

의 결속력이 사라짐으로써 개인의 고립이 심화될 가능성을 제시하고 있다.[9] 여기에서는 집단 폐쇄성과 개방성의 경계에 서서 국민으로서의 정체성과 세계시민으로서의 정체성을 자유롭게 횡단하며 정주와 이주를 반복하는 존재로서 우리의 모습을 찾아보고자 한다.

9) 이수빈, 〈세계시민 성향의 영향요인에 대한 다층모형 분석〉, 《한국사회학회 사회학대회 논문집》, 한국사회학회, 2015, 12쪽.

참고문헌

데이비드 브룩스, 《인간의 품격》, 김희정 옮김, 부·키, 2015.

문요한, 《관계를 읽는 시간》, 더퀘스트, 2018.

박재홍, 〈한국사회의 세대갈등: 권력·이념·문화 갈등을 중심으로〉, 《한국인구학》 33(3), 한국인구학회, 2010.

서문기, 〈한국의 사회갈등 구조 연구: 갈등해결 시스템을 모색하며〉, 《한국사회학》 38(6), 한국사회학회, 2004.

시어도어 젤딘, 《인생의 발견》, 문희경 옮김, 어크로스, 2017.

애덤 스미스 원저, 러셀 로버츠, 《내 안에서 나를 만드는 것들》, 이현주 옮김, 세계사, 2015.

이수빈, 〈세계시민 성향의 영향요인에 대한 다층모형 분석〉, 《한국사회학회 사회학대회 논문집》, 한국사회학회, 2015.

이충한, 〈4차 산업혁명과 민주주의의 미래〉, 《철학논총》 91, 새한철학회, 2018.

질 들뢰즈·펠릭스 가타리, 《앙띠 오이디푸스》, 최명관 옮김, 민음사, 2001.

최진석, 《경계에 흐르다》, 소나무, 2017.

______, 《인간이 그리는 무늬》, 소나무, 2019.

피터 비에리, 《삶의 격》, 문항심 옮김, 은행나무, 2014.

2장
구분 짓기

박일태, 이소영, 홍우람

'경계'란 "사물이 어떠한 기준에 의하여 분간되는 한계"[1]를 말한다. 개념적으로 '경계'는 기준에 따라 구분되고 한정된, 적어도 하나 이상의 '항(項)'을 전제로 한다. 경계에 대한 개념적 이해를 염두에 둘 때 우리는 수학적인 예, 말하자면 유리수의 집합과 무리수의 집합 사이의 경계 같은 예를 쉽게 떠올릴 수 있다. 실수의 전체 집합을 구성하는 유리수의 집합과 무리수의 집합은 비록 둘 다 무한하기는 하지만 각각의 정의에 의해 서로 외연이 구분되고, 그에 따라 두 집합 사이의 경계는 선명하고 견고하게 설정될 수 있다. 그러나 삶 속에서 우리가 마주하는 경계들은 수학이라는 학문에서 등장하는 경계들과 달리 선명하지도, 견고하지도

1) 국립국어원, 《표준국어대사전》, https://stdict.korean.go.kr/search/searchView.do?word_no=392924&searchKeywordTo=3(검색일: 2020.4.12)

않다.

인간은 살아가면서 자신의 의지와 무관하게 설정된 경계에 부닥치기도 하고, 자신의 의지에 따라 의도적으로 경계를 새롭게 설정하기도 한다. 그러나 이러한 경계들은 우리가 생각하는 것보다 훨씬 모호하다. 예컨대, '나'와 나를 둘러싼 '타자' 사이의 경계를 생각해보자. 신체의 측면에서 인간은 자기 자신을 다른 모든 것과 물리적으로 확연히 구분되는 것으로 경험한다. 하지만 이 선명해 보이는 경계조차 때로는 모호해질 수 있다. 때때로 인간은 나와 가족, 나와 친구, 나와 동료를 '우리'라고 부르며 '남'과 구별하고, 나아가 '나'와 동일시한다. 가족의 아픔을 나의 아픔으로, 친구의 기쁨을 나의 기쁨으로, 동료에 대한 모욕을 나에 대한 모욕으로 받아들인다. 모호한 경계는 견고하게 고정되지 못하고, 때로는 확장되고 때로는 좁아지기 마련이다.

사실 선명하고 견고한 경계는 오직 수학이라는 학문에서만 가능한 것처럼 보인다. 철학자 칸트는 수학이란 경험과 무관하게 개념들을 정의(定義)하는 데서 출발하는 학문이라고 설명한다.[2] 정의란 곧 어떤 개념의 외연, 즉 경계를 설정하는 것과 마찬가지이므로 수학에서 각 개념 사이의 경계는 개념들이 정의됨과 동시에 분명하게 그려질 수 있다. 따라서 애초에 분명하게 설정된 경계를 전제로 구성되는 수학의 세계에서는 모호성이 허용되지 않으며, 모든 경계는 확실하게 구분된다. 그런데 수학과 달리 인간의 삶은 경험과 무관하게 정의된 개념들에서 출발할 수 없다. 인간의 삶은 애초에 경험과 더불어 시작되며, 경험을 통해 비로소 구성된다. 그러므로 인간의 삶과 연관된 수많은 개념은 경험에 앞서 제

---

2) 임마누엘 칸트, 《순수이성비판 2》, 백종현 옮김, 아카넷, 2006, 877-878쪽(A730-1/B758-9).

시된 정의에 따라 형성되지 않고, 단지 경험의 축적을 통해 형성될 뿐이다. 이렇게 형성된 개념들은 결코 확실하고 명확하게 정의되지 않는다. 각각의 인간이 자신의 삶 속에서 축적한 경험의 내용이 다를 뿐만 아니라 한 인간이 축적한 경험의 내용도 삶의 흐름 속에서 변화하기 때문이다. 이 점에서 우리가 가지고 있는 많은 개념은 불확실하고 모호하다.

우리가 삶 속에서 마주하는 다양한 경계는 바로 이러한 불확실하고 모호한 개념들에 의해 설정된다. 앞서 예로 들었던 '나'와 '타자' 사이의 경계도 마찬가지다. 이 경계는 경험과 상관없이 확실하고 명확하게 정의된 '나'의 개념과 '타자'의 개념에 의해 설정될 수 없으며, 단지 우리 각자가 축적한 '나'와 '타자'에 대한 경험을 바탕으로 설정될 뿐이다. 우리가 경험하는 삶의 세계는 수학의 세계와 달리 모호하고 불확실하며, 그러한 삶의 세계에서 마주하는 경계들 역시 모호하고 불확실할 수밖에 없다. 달리 말하면, 인간의 삶은 모호하고 불확실한 경계로 점철되어 있다. 이 경계는 한편으로는 벽처럼 우리를 가로막는가 하면, 다른 한편으로는 울타리처럼 우리를 보호하기도 한다. 우리는 이런 경계에 부딪히며 때로는 좌절과 갈등을 겪기도 하고, 때로는 안식과 평안을 얻기도 하며, 때로는 조화와 극복을 시도하기도 한다. 따라서 우리 삶의 가장 기본적인 과제 중 하나는 이러한 경계를 올바로 분별하고 통찰하는 일이다. 우리는 이 과제를 '구분 짓기'라고 명명한다.

모호하고 불확실한 인간의 삶 속에서 다양한 경계를 올바로 분별하고 통찰한다는 것은 쉬운 일이 아니다. 이러한 '구분 짓기'라는 과제를 올바로 수행하기 위해 우선 두 가지 사항을 기억할 필요가 있다. 첫째로 기억해야 할 점은 '구분 짓기'의 목표가 인간 삶 속의 다양한 경계를 수학의 경계들처럼 선명하고 견고하게 설정하는 데 있지 않다는 것이다.

앞서 살펴본 것처럼 삶의 세계는 수학의 세계와 다르며, 삶 속의 경계도 수학 속의 경계와 다를 수밖에 없다. 따라서 그러한 목표를 성취하는 것은 애초에 불가능하다. 나아가 둘째로 기억해야 할 점은 삶의 세계에서 마주치는 경계들을 수학의 경계들처럼 선명하고 견고하게 설정한다는 목표는 불가능할 뿐만 아니라 적절하지도 않다는 것이다. 수학이라는 학문이 본질적으로 분명하고 확실한 반면에, 인간의 삶은 본질적으로 모호하고 불확실하다. 이러한 본질적 성격을 무시하고 인간 삶의 모든 경계를 확고부동하게 설정하려 한다면 오히려 삶이 훼손될 수도 있다. 물론 인간이 삶의 불확정적 성격 때문에 실존적인 불안과 두려움에 사로잡히는 것도 사실이다. 하지만 불안과 두려움에도 불구하고 인간이 삶에 다양한 의미와 가치를 부여할 수 있는 것도 바로 그런 삶의 불확정적 성격 덕분이다. 그러므로 올바른 구분 짓기는 인간의 삶을 그 자체로 긍정하는 태도에서 출발해야 한다.

삶을 긍정하는 태도란 삶이 모호하며 불확실하다는 사실을 거역하지 못할 운명처럼 어쩔 수 없이 수용하는 소극적 태도가 아니다. 삶의 의미와 가치는 소극적 태도에서 저절로 나타나는 것이 아니라, 항상 변화하는 삶 속에서 매 순간 적극적으로 경계를 설정할 때 비로소 드러난다. 우리는 각자 경험을 바탕으로 자신의 삶에 적합한 다양한 경계를 스스로 능동적으로 설정하는 동시에, 그렇게 설정된 경계가 유동적인 삶의 흐름 속에서 언제든 수정될 수 있음을 인정해야 한다. 구분 짓기란 바로 이렇게 능동적으로 삶의 경계를 설정하고 수정하는 태도나 자세 혹은 능력을 가리킨다.

자신의 삶 속에서 경계를 설정하기 위해서는 경험을 바탕으로 자기 삶을 '개념화'할 수 있어야 한다. 개념화한다는 것은 무언가를 추상적으로 단순화시켜 파악한다는 것을 의미한다. 자신의 삶에 대해 개념화가 제대로 이루어져 있지 않을 때 인간은 모호하고 불확실한 삶의 흐름 속에서 불안과 두려움을 겪는다. 그래서 인간은 의식적으로건 무의식적으로건 각자 자신의 삶을 이런저런 개념을 통해 추상적으로 단순화시켜 파악할 수밖에 없고, 삶 속에서 직면하는 다양한 경계는 바로 이러한 개념화의 결과물이다. 그런데 불안과 두려움에서 벗어나기 위해 삶을 개념화할 때, 복잡하고 생생한 삶의 구체적 순간이나 상황은 도외시되기 마련이다. 따라서 우리 각자가 삶의 경계를 설정할 때 지표로 삼는 개념들을 구체적 순간이나 상황에 따라 적절하게 수정하지 않을 경우, 자기 자신이 설정한 경계에 의해 자기 삶의 생동성을 억누르고 자기 삶을 고정된 틀 속에 가두게 될 수 있다. 개념화와 경계 설정은 삶의 불안과 두려움을 억누르기 위한 필수적인 수단이지만, 삶이 본질적으로 모호하고 불확실한 한 그러한 불안과 두려움은 완전히 근절될 수 없다. 매 순간 상황마다 삶이 변화함에도 불구하고 안정을 위해 기존의 개념과 경계를 고수하는 것은 독단에 불과하다. 자기 자신과 주변 세계의 변화에 감응하며 합리적인 반성을 통해 자기 자신이 설정한 경계를 스스로 점검하고 수정하는 것이야말로 구분 짓기의 근본적인 목표다.

대학생 인성교육의 관점에서 볼 때 '구분 짓기'는 다양한 역량과 연관되어 있다. 구분 짓기는 경계 설정을 위한 인지 능력으로서 개념화 능력 외에도 무엇보다 '자율성'의 함양을 필요로 한다. 우리는 많은 개념을 공교육이나 사교육 혹은 온 · 오프라인의 인간관계를 통해 반성 없이 수용하곤 한다. 그러나 무반성적으로 수용된 개념은 삶의 불안과 두려움을 이겨내기 위한 경계 설정의 든든한 지표로 기능하기 어렵다. 타율적으로 설정된 경계는 오히려 삶의 불안과 두려움을 가중시킬 뿐이다. 자율적으로 삶의 다양한 경계를 설정하기 위해서는 자신이 수용하거나 형성한 개념들이 과연 타당한지 반성적으로 점검할 필요가 있다. 이를 위해 요구되는 역량이 '합리성'이다. 합리성이란 근거나 이유를 묻고 따지는 능력을 말한다. 수용한 개념 혹은 설정한 경계가 과연 타당한 근거나 이유에 기초를 두고 있는지 묻고 따짐으로써 우리는 스스로 납득할 수 있도록 경계를 설정하거나 수정할 수 있다. 또한 생동적으로 변화하는 삶 속에서 올바로 경계를 새롭게 설정하거나 수정하기 위해서는 자기 자신과 주변 환경에 대해 적절히 감응하는 감수성 역시 필수다. 주위 세계의 변화, 나아가 자기 자신의 변화를 민감하게 수용하지 못한 채 설정되는 경계는 독단과 아집에 불과할 뿐이다.

올바른 구분 짓기를 위해 요구되는 역량은 이외에도 다양하다. 이제 '구분 짓기'라는 과제를 통해 대학생들이 어떤 역량을 성장시킬 수 있는지 구체적인 상황 속에서 검토해보고자 한다. 우리는 경계에 대한 분별과 통찰이 요구되는 상황을 특징짓기 위한 6쌍의 키워드를 선정하고, 각 쌍의 키워드를 중심으로 '구분 짓기'라는 과제를 구체적으로 기술할 것이다. 이를 통해 '구분 짓기'라는 과제가 무엇을 의미하는지 더 효과적으로 드러날 수 있으리라 기대한다.

다름-틀림

일상어에서 '다르다'라는 말과 '틀리다'라는 말은 자주 혼용된다. '틀리다'라는 말이 좀 더 분명하고 강하게 들리기 때문에 '다르다'라는 말을 임의로 강조할 때 사용하는 경우가 많다. '같지 않다'라는 말을 할 때 '완전히 틀려!'라는 말을 사용하기도 하는 것이다.[3] 하지만 둘의 의미는 다르다. '다르다'라는 말은 서로 구분된다는 점에서 '사실'에 대한 표현이며, '틀리다'라는 말은 '맞지 않다'뿐 아니라 그래서 '옳지 않다'까지 포함하는 '가치'와 관련된 표현이다. 사실과 가치는 혼용될 수 없는 범주이기에 그 둘을 분명하게 구분할 필요가 있다. 그런데 이러한 혼용의 문제는 단지 언어의 문제만은 아닌 것 같다. 인간이 세계를 개념적으로 이해하고 표현하는 과정에서 언어를 사용한다는 것은 잘 알려진 사실이다. 이는 우리가 사용하는 언어가 단지 세계를 이해하는 수단일 뿐 아니라, 나와 세계를 연결하는 결정적인 매개체가 될 수 있다는 것을 뜻한다. "의미란 언어를 통하지 않고는 가능하지 않다."[4] 언어의 혼용은 생각의 혼용, 다시 말해 판단에 어려움을 가져올 수 있다.

물론 우리가 경험하는 일들이 온전히 사실이나 가치 둘 중 어느 하나에만 해당할 수는 없다. 그렇기 때문에 '다르다'라는 말과 '틀리다'라는 말을 명확히 구분해서 사용하기 어려운 경우가 많다. 그러나 이러한 사실은 오히려 '다름'과 '틀림'을 더욱 구분해야 할 필요성을 제기하는 것으로 볼 수 있다. 왜냐하면 어떤 사안의 이질적인 특징을 의도적으로 '다름' 또는 '틀림'으로 구분함으로써 사회적인 의미를 조정하거나 형성해 갈 수도 있기 때문이다. 이를테면 문화적인 차이를 존중한다는 의미에서 '다름'으로 수용하는 것, 비윤리적인 가치관의 해악을 명확히 한다는 점

---

3) 참고로 '틀리다'가 형용사처럼 쓰이는 경우 그 기능이 '다르다'와 겹치는 현상이 나타나기도 한다. 정희창, 〈'다르다'와 '틀리다'의 두 가지 관점〉, 《국제어문》78, 국제어문학회, 2018 참조.

4) 이른바 '언어적 전회(linguistic turning)'는 현대철학 전반을 특징짓는 주요 특징이다. 신승환, 《해석학》, 아카넷, 2016, 31-37쪽.

에서 '틀림'으로 규정하는 것 등이 이에 해당할 수 있다. 다름과 틀림은 사실과 가치에 대한 이야기이며, 이들이 서로 혼용될 수 없다는 견해는 이른바 '자연주의적 오류(naturalistic fallacy)'라는 개념과 연결될 수 있다.[5] 이 개념은 사실에 대한 판단으로부터 가치에 대한 판단을 도출하는 것이 명백한 오류라는 점을 지적하기 위함이다. 하지만 복합적인 사안의 경우 이러한 논리적 규칙을 그대로 적용하는 것은 어려워 보인다. 이를테면 일상 속에서 사실에 대한 판단은 자연스럽게 어떤 일의 방향과 목적으로 기능할 수 있기 때문이다.

그러한 필요성에도 불구하고 어떤 사안을 다름으로 이해할지, 틀림으로 이해할지 구분하는 일은 쉽지 않다. 우리는 사안의 복합적인 측면을 모두 고려할 수 없기 때문이다. 특히 그러한 구분이 개인적인 판단의 차원에서 일어나는 경우 다름과 틀림의 구분 기준은 얼마든지 임의적일 수도 있다. 따라서 다름과 틀림의 구분은 개인적인 차원보다는 사회적인 차원에서 더 큰 의미를 갖는 것처럼 보인다. 왜냐하면 사회적인 차원에서는 어떤 공통사안에 대해 그것을 다른 것으로 보아야 할지, 틀린 것으로 보아야 할지에 대한 객관적인 기준과 방향이 신속히 요구되기 때문이다. 정치적으로 어떤 정당을 지지하는가의 문제는 '틀림'의 문제가 아니라 '다름'의 문제라는 것, 아동을 상대로 한 범죄는 범죄자가 가지고 있는 생각의 차이를 인정하는 '다름'의 문제가 아닌 '틀림'의 관점에서 접근해야 한다는 것 등이 이에 해당한다.[6]

---

5) 루이스 포이만, 제임스 피저, 《윤리학: 옳고 그름의 발견》, 류지한 외 옮김, 울력, 2019. ('13. 사실-가치의 문제')

6) 이러한 주제를 '문화적 차이와 다양성'이라는 관점에서 접근할 수도 있을 것이다. 허영식, 〈문화적 차이 · 다양성에 관한 담론과 함의〉, 《한독사회과학논총》 25(3), 한독사회과학회, 2015 참조.

다름과 틀림의 구분은 어떤 것을 선택적으로 바라보는 '두 관점'이라기보다는 어떤 것을 종합적으로 이해하는 '두 층위'라는 말이 적절해 보인다. 따라서 그 둘을 구분한다는 것은 오히려 어떤 사안의 '사실' 측면과 '가치' 측면을 모두 헤아린다는 복합적인 의미를 가질 필요가 있다. 그렇다면 이러한 구분을 하기 위해서는 어떤 훈련이 필요할까?

다름과 틀림은 각각 사실과 가치의 영역에 있는 것이기에 우선 두 개념의 차이를 분명히 이해할 필요가 있다. 구체적인 사례들을 중심으로 그것을 '다름' 측면에서 이해할 때와 '틀림' 측면에서 이해할 때, 각각의 경우에 발생할 수 있는 다양한 이해의 문제를 발견할 필요가 있다. 또한 다름의 관점에서 접근할지, 틀림의 관점에서 접근할지 불분명한 상황을 찾아내어 서로의 의견을 물어보는 것도 좋은 훈련이 될 수 있다. 이러한 훈련은 우선 개인적인 과제라는 형태로 수행될 수 있겠지만, 이후 개인들은 함께 모여 서로의 의견을 비교하거나 대조할 필요가 있다. 다름과 틀림을 구분하는 연습이지만, 무리해서 하나의 기준을 합의할 필요는 없다. 오히려 각자 그 기준을 스스로 찾고 수정하고 개선하는 과정 자체가 중요하기 때문이다. 다만 같은 일을 다름이 아닌 틀림의 관점에서 접근할 필요가 있다는 의견이 나올 때는 유의해야 한다. '틀림'이라는 규정은 가치판단이 개입될 수밖에 없기 때문에 그 근거가 얼마나 객관적이고 설득력이 있는지 정확히 살펴야 하기 때문이다. 이러한 훈련은 하나의 사안을 선별적으로 '다름' 또는 '틀림'으로 접근하는 연습이 아니라, 하나의 사안에 담긴 두 층위를 가려내는 것을 목표로 해야 할 것이다.

지하철에서 노약자에게 자리를 양보하는 문제를 생각해보자. 이 경우 사람들의 반응은 다양하다. 어떤 사람들은 자리를 양보할 것이며, 어떤 사람들은 양보하지 않을 수 있다. 물론 명백히 거동이 불편해 보이는 노약자에게는 모두 자리를 양보할 것이다. 하지만 그렇지 않은 경우, 우리는 어떤 사람이 노약자로 보이는 사람에게 자리를 양보하지 않았다고 해서 그를 쉽게 비난할 수만은 없을 것 같다. 왜냐하면 건강해 보이는 청년이라 하더라도 그날 갑자기 컨디션이 좋지 않을 수 있고, 무척 피곤하다든가, 급히 자리에 앉아서 무언가를 해야 하는 경우가 있을 수 있기 때문이다. 그렇다면 노약자에게 자리를 양보하지 않은 청년의 태도는 다름의 측면에서 용인될 수 있는 것처럼 보인다. 즉 우리는 특별한 이유 때문에 노약자에게 자리를 양보하지 않은 청년의 판단을 잘못된 생각이라는 의미에서 '틀린 것'으로 규정할 필요는 없으며, '사정이 있어서 그런 것이겠지'라고 생각하며 나와 생각이 '다른' 것 정도로 이해할 수 있을 것이다. 그렇다면 '노약자에게 자리를 양보해야 한다'라는 사회적 가치는 어떻게 되는 것일까? 우리는 결코 이러한 사회적 가치가 훼손되는 것을 원하지 않는다. 그럼에도 앞서 살펴본 것처럼 그러한 가치를 따르지 않았다고 해서 무조건 비난할 수만은 없다는 것 역시 분명하다. 이러한 딜레마를 해결하기 위해 '다름과 틀림을 두 층위로 구분'할 필요가 있다.

청년이 노약자에게 자리를 양보하지 않는다고 해도 우리는 그것을 틀린 행동이라고 무조건적으로 비난할 수는 없을 것이다. 하지만 다음과 같은 경우에는 그 청년의 행동을 잘못된 것으로, 즉 '틀린' 것으로 비난할 수 있다. 이를테면 그 청년이 노약자에게 자리를 양보하지 않은 상황에서 '왜 노약자에게 자리를 양보해야 하지? 내가 먼저 앉았으니 내 자리이고, 이를 처벌할 법도 없잖아!'라고 생각하는 경우다. 노약자에 대한 자리 양보를 법으로 규정하고 처벌하는 국가는 거의 없다. 왜냐하면 그것은 법이 적용될 수 있는 영역이 아니기 때문이다. 만일 이러한 것까지 법으로 적용해 처벌한다면, 그로 인해 법은 인간의 자율성을 파괴할 수 있기 때문이다.[7] 그러나 자율성은 어떤 의미에서 법보다 중요한 의미를 가질 수 있다. 특히 그것이 사회적인 사안인 경우, 즉 사회적으로 통용되는 가치를 훼손하는 경우가 그렇다. 건장한 청년이라도 몸이 좋지 않은 경우라면 그가 노약자에게 자리를 양보하지 않더라도 상황에 따른 '다른' 생각으로 이해할 수 있다. 그러나 만일 그가 '내가 건강하다 해도 왜 양보해야 하지?'라고 생각하며 사회적 가치를 훼손한다면, 이는 충분히 '틀린' 생각으로서 비난받을 수 있을 것이다. 물론 이러한 판단은 개인적인 사안이라는 한계를 가진다. 그러나 바로 그 이유 때문에, 즉 이러한 판단이 각 개인의 차원에서 이루어질 수밖에 없기 때문에 우리는 각자가 스스로 그러한 구분을 할 수 있도록 교육을 통해 훈련할 필요가 있다.

의무-배려

의무와 배려는 쉽게 구분되는 것처럼 보인다. 의무이기에 어떤 행동을 한다는 것은 상대방이나 자기 자신 또는 그 둘이 모두 속해 있는 상황 등과 상관없이 절대적인 원리나 원칙에 따라 행동한다는 것을 뜻한다. 반면 배려하는 마음으로 어떤 행동을 한다는 것은 당사자의 구체적인 상황 등을 고려하여 원칙과 상관없이 그때그때 필요하거나 적절한 방법을 찾아 행동한다는 것을 뜻한다. 흔한 예로는 '거짓말'이 있다.[8] 의무의 관점에서 보자면, 어떤 경우에도 거짓말을 하지 않는 것이 좋다. 배

7) 폴 테일러, 《윤리학의 기본원리》, 김영진 옮김, 서광사, 1997. ('6장 도덕적 책임과 자유의지')
8) 김종식, 〈칸트 윤리학에 있어서 거짓말 문제〉, 《대동철학》 15, 대동철학회, 2001 참조.

려의 관점에서 보자면, 설사 진실이 아니라고 하더라도 상대방의 상황을 고려해 필요에 따라 거짓말을 할 수도 있다. 이 점에서 의무와 배려는 서로 구분될 뿐 아니라, 서로 충돌하는 개념처럼 보이기도 한다. 하지만 그 둘이 목적으로 하는 것이 무엇인지 생각해보면 이러한 통상적인 구분이 충분하지 않음을 알게 된다. 우리는 의무와 배려를 다시 구분할 필요가 있다.

타인에 대한 나의 선행은 의무일 수도 있고, 배려일 수도 있다. 그런데 그 둘은 하나의 공통점을 갖는다. 그것은 바로 타인에 대한 '인격적인 대우'라는 것이다. '의무의 윤리학(ethics of duty)'이 원칙을 강조하는 이유는 그것이 타인을 인격체로 대우하는 최선의 방법이라고 생각하기 때문이다. 사람의 인격은 무조건적이기에 그에 따른 행동에는 일관적인 원칙이 적용되어야 한다. 설사 상황에 따라 다른 결과를 만들어낸다 하더라도 원칙이 흔들려서는 안 된다. 그런데 배려 역시 인간을 인격체로 대우하기 위한 태도라는 점에 주목할 필요가 있다. '배려의 윤리학(ethics of care)'이 말하고자 하는 것은 지금 내 앞에 있는 이 사람의 인격은 기존의 어떤 원리나 원칙보다 선행한다는 점이다.[9] 다시 말해 상황에 따른 배려 속에서 일관된 원칙을 찾아내기는 어렵겠지만, 당사자가 실제로 원하는 것을 존중하는 배려 역시 상대방을 인격적으로 대우하기 위한 또 하나의 원리가 될 수 있다는 것이다. 그렇다면 여기에서 우리는 의무와 배려가 그렇게 쉽게 구분되지 않는다는 점을 알아낼 수 있다. 단어에 얽매이지 않고 사태에 집중하면, 의무와 배려 모두 상대방을 인격적으로 대우한다는

---

9) 참고로 배려-윤리의 출발점으로 길리건의 다음과 같은 책을 지목할 수 있다. C. Gilligan, *In a Different Voice: Psychological Theory and Women's Development*, Cambridge, MA, Harvard University Press, 1982. 또한 김완순, 〈배려윤리의 이론적 배경〉, 《윤리문화연구》 4, 윤리문화학회, 2008 참조.

점에서 공통분모를 가진다. 의무와 배려를 구분한다는 것은 이러한 공통 지반을 확인한 후 의무와 배려의 의미를 재정의한다는 것을 뜻한다.

우리는 어떤 일을 의무에 따라 행동할 필요가 있고, 배려하는 마음으로 처신해야 할 필요도 있다. 그런데 만일 의무와 배려가 모두 상대방을 인격적으로 대우하기 위한 것이라면, 의무에 따른 행동이라 하더라도 배려하는 마음으로, 또는 배려하는 마음이라 하더라도 의무감을 가지고 행동할 수 있을 것이다. 따라서 의무는 '배려하는 의무'라는 의미에서, 배려는 '의무감을 가진 배려'라는 의미에서 재정의하고, 그 둘을 다시 세심하게 구분할 필요가 있다. 부연하자면 의무는 상대방의 상황을 고려하는 현실적인 면에서, 배려는 원리와 원칙을 훼손하지 않는 선에서 이루어져야 한다는 점에서 한편으로는 경계를 마주하지만, 다른 한편으로는 그래서 더욱 구분되어야 할 개념이라고 할 수 있다.

의무와 배려를 단순히 구분하는 것은 큰 의미가 없다. 군인이 의무감에 나라를 지키고, 자식이 부모를 배려하는 일을 굳이 다시 구분할 필요는 없기 때문이다. 중요한 것은 그 둘을 구분할 필요가 있음에도 삶 속에서 우리가 경험하는 구체적인 일들은 그렇게 단순하지 않다는 점을 직시하고 새롭게 정의 및 적용하는 일이다. 따라서 우리는 오직 의무감을 가지고 어떤 일을 할 때와 오직 그 사람을 배려하는 마음으로 어떤 일을 할 때 발생할 수 있는 문제점들에 대해 논의할 필요가 있을 것이다. 이를 통해 양자의 단순한 구분이 거친 구분, 비현실적인 구분이 될 수 있음을 확인할 필요가 있다. 이러한 훈련은 이제 '그렇다면 의무와 배려를 다시 어떻게 구분해야 하는가?'라는 문제를 야기한다. 이때 우리는 의무에 따라 행동해야 한다고 생각했던 기존의 사례와 배려하는 마음으로 행동해야 한다고 생각했던 기존의 사례를 다시 상기할 필요가 있다. 그리고 각각의 경우 어떻게 행동하는 것이 상대방을 의무의 관점에서, 또는 배려의 관점에서 더욱 인격적으로 대우할 수 있는지 생각하는 훈련을 해야 한다. 이와 같은 방식으로 구체적인 사례들을 들어 '개선된 의미의 의무와 배려를 재정의 및 재구분'하는 훈련은 우리가 일상 속에서 상황별 · 상대별로 더욱 적절히 행동하는 데 도움을 줄 수 있을 것이다.

대중교통을 이용하다 보면 이동에 어려움을 겪는 장애인을 보게 되는 경우가 있다. 휠체어를 타고 가는 장애인이 가파른 오르막길 때문에 어려움을 겪고 있다고 가정해보자. 그 뒤에서 이 상황을 보고 있던 나는 장애인을 도와야 한다는 '의무'감에 곧장 달려가 휠체어 손잡이를 뒤에서 잡고 장애인이 신속히 길을 올라갈 수 있도록 밀어주었다. 아무런 조건 없이 한 일이지만, 나는 약간의 고마움을 기대하며 그분에게 헤어지기 전에 인사를 건넸다. 그런데 예상치 못한 상황이 연출된다. 휠체어에 타고 있던 사람은 고맙다는 말을 하기는 했지만, 어딘가 불쾌해 보이는 표정을 감추지 않은 것이다. 나로서는 이해할 수 없는 반응이다.[10] 장애인이 어려움을 겪고 있는 상황이었고, 나 역시 나름 바쁜 상황이었음에도 시간을 내어 도와주었는데, 상대방은 내 생각만큼 그렇게 고마워하지 않았기 때문이다. 내가 무얼 잘못한 것일까 생각해보지만 그 이유를 찾을 수 없다. 무엇이 문제일까?

어려움을 겪고 있는 장애인을 의무감에 돕고자 했던 나의 마음은 문제가 되지 않는다. 하지만 오직 의무감에 돕고자 했다면, 이는 문제가 될 수 있다. 의무감에 휩싸여 상대방의 상황을 전혀 고려하지 못한 것일 수도 있기 때문이다. 이를테면 휠체어를 타고 길을 오르고 있던 장애인

---

10) 김미숙 · 김성희, 〈장애인에 대한 국민의식과 개선방안〉, 《보건복지포럼》 37, 한국보건사회연구원, 1999 참조.

은 상당히 어려운 일임에도 불구하고 자신의 힘으로 상황을 헤쳐나가려고 노력하고 있던 중이었을 수 있다. 새로 찾은 직장에 출근하기 위해서는 이 길을 매일같이 지나야 하고, 그래서 그 장애인은 어떻게든 자신의 힘으로 이 길을 지나고자 애를 쓰던 중이었다. 이 경우 예상하지도 못했고 동의하지 않은 도움을 갑자기 받게 되면 장애인의 입장에서는 다소 불쾌할 수 있다. 따라서 의무감에 남을 돕고자 했던 나는 한 가지를 더 생각했어야 한다. 그것은 휠체어를 밀기 전에 다음과 같은 질문을 먼저 던지고 대답을 기다리는 시간이었다. "제가 도와드릴까요?" 장애인을 돕고자 하는 의무감은 자칫 장애인이 겪고 있는 문제 상황만 제거하려는 방향으로 흐를 수 있다. 그러나 그 사람을 위한 순수한 의무감이라면 단지 문제를 해결하기 위한 의무감이 아니라, 장애를 가졌지만 나와 똑같은 인격체로서 존중받아야 할 그 사람을 위한 의무감이어야 한다. 타인을 돕고자 했던 나의 순수한 의무감은 이렇듯 현실 속에서는 그 의미를 더욱 분명히 할 필요가 있다.

비판-공감

인간에게 두 능력, 즉 이성적으로 판단하는 능력과 마음으로 함께 느끼는 능력이 있다는 것은 분명하다.[11)] 하지만 '감정에 휩쓸리다'라는 말이 여전히 부정적인 뉘앙스로 통용되는 것처럼 전통적으로 이성적인

11) 공감 개념에 대한 최근의 이론적 접근은 한상연, 《공감의 존재론》, 세창출판사, 2018 참조. 저자는 이 책에서 공감의 문제를 슐라이어마허, 사르트르, 하이데거와 관련해 다루고 있다.

판단 능력은 공감하는 능력에 비해 언제나 우위를 점하고 있었다.[12] 공감에 대한 비판의 우위는 어떤 사안에 대해 그것을 우선 비판해야 하는지, 아니면 공감해야 하는지 구분하기 어렵게 하기도 한다. 왜냐하면 모든 사안에 대해 합리적으로 비판하는 것이 가장 좋은 것이라는 편견에 사로잡혀 공감을 통한 감정적 이해의 가능성을 놓치는 경우가 많기 때문이다.[13] 공감으로부터 비판을 구분하고 오로지 냉정하게 비판한다는 것은 겉으로는 비판과 공감을 구분해내고 있는 것처럼 보이지만, 사실은 공감을 '비이성적'인 것으로 제한함으로써 그 둘을 단지 종적인 위계질서 안에 가두는 것일 뿐이다. 비판과 공감은 어느 한쪽으로 환원되지 않는 인간의 근본적인 두 능력이며, 따라서 그 둘을 대등한 위치에서 개념적으로 구분할 필요가 있다. 물론 이러한 구분은 어떤 사안을 선택적으로 비판하거나 공감하기 위한 것이 아니다. 비판과 공감은 인간의 서로 다른 능력이지만, 언제나 함께 기능하기 때문이다. 따라서 비판과 공감을 구분한다는 것은 어떤 하나의 사안에 대해 비판적인 시각과 공감하는 태도를 적절히 적용해 분별 있게 판단한다는 것을 뜻한다.

비판의 발견은 '근대'라는 시대의 사고방식을 디자인한 데카르트까지 거슬러 올라간다. 그는 인간의 이성이 참과 거짓을 '명석하고 판명하게' 규정할 수 있다고 생각했으며, 이렇게 판단된 사안은 그 자체로 보편적인 것이라 주장했다.[14] 이때 공감 같은 감정은 전혀 기능하지 못한

12) D. 흄의 공감이론은 이러한 전통에 대한 재해석을 시도하고 있다. 김은미, 〈흄 공감 이론의 비판적 고찰〉, 《동서철학연구》 94, 한국동서철학회, 2019 참조.

13) 공감에 대한 비판의 우위는 근본적으로 플라톤의 '로고스 중심주의'까지 거슬러 올라간다. 이에 대한 데리다의 창조적 독해는 특별한 의미를 갖는다. 다음 책의 '제3장 로고스와 파르마콘' 참조. 김형효, 《데리다의 해체철학》, 민음사, 1993, 89-121쪽.

14) 이러한 데카르트적 비판개념은 과학적 인식에 토대를 두고 있다. 서양근대철학회, 《서양근대철학》, 창비, 2001, 95-102쪽 참조.

다. 근대적 인간은 이성적인 비판으로 무장하고 타인과 세계를 상대한다. 그 토대 위에 칸트의 계몽주의적 기획은 이성을 원리로 한 비판을 학문 및 사회의 원리로 확립한다.[15] 하지만 동정심 같은 공감 능력이 도덕과 윤리의 기초가 될 수 없다는 그의 주장은 여전히 논란이 되고 있다.[16] 다른 사람에게 해를 끼치지 않을까 걱정하는 마음, 타인에 대한 존중, 관심, 위로, 사랑은 비판에 앞서는 공감 능력을 전제하지 않고는 설명하기 어렵기 때문이다. 공감 능력은 어떤 것에 대한 관심, 문제 해결을 위한 의지, 목표를 향한 진력에 기여함으로써 이성적인 비판과 함께 적극적인 기능을 할 수 있다.

비판과 공감을 구분한다는 것은 단순히 어떤 일은 비판하고 어떤 일에 대해서는 공감해야 한다는 것을 뜻하지 않는다. 앞서 말했듯이 비판과 공감은 인간이 어떤 것을 이해할 때 동시에 작용하는 두 방식이기에 하나의 사안에 대해 비판과 공감이 기여할 수 있는 각각의 역할을 적극적으로 활용할 필요가 있다. 물론 사안에 따라 비판이나 공감 둘 중 하나에 강조점을 둘 수 있겠으나, 이 경우에도 언제나 그 둘이 각각의 고유한 기능을 해야 한다는 데는 변함이 없다. 공감을 폄하하고 어떤 일을 비판적으로만 바라보는 것도, 반대로 어떤 것을 객관적으로 바라보지 못하고 감정적으로만 대하는 것도 그 둘을 온전히 구분해 이해하는 방법이라고 보기 어렵다.

비판은 비난과 다르다. 비난이 어떤 것의 부정적인 면을 드러내는

---

15) 다음 책의 '1. 계몽이란 무엇인가에 대한 답변' 참조. 임마누엘 칸트, 《칸트의 역사철학》, 이한구 편역, 서광사, 1997, 13-22쪽.

16) 칸트 윤리학의 형식주의에 대한 헤겔의 비판은 유명하다. 김석현, 〈칸트 윤리학의 형식주의에 대한 헤겔의 비판과 그 정당성의 문제〉, 《철학논총》 12, 새한철학회, 1996 참조.

것이라면, 비판은 그것의 한계를 드러내는 것이다. 한계를 드러낸다는 것은 그것을 더 잘 이해한다는 일이고, 나아가 그러한 한계를 극복하는 일과 연결된다. 이러한 비판이 사람에게 향할 때도 유사한 의미가 적용된다. 어떤 사람의 태도를 비판한다는 것은 그 사람의 태도에서 나타난 부적절한 한계를 드러냄으로써 그 사람 스스로 자신의 한계를 인지하고, 개선할 수 있도록 돕는다는 의미가 된다. 누군가에 대한 비판은 그 사람을 위한 적극적인 행동이 될 수 있다.

비슷하게 우리는 공감과 동감에 대해서도 생각해볼 수 있다. 공감은 어떤 사람의 감정을 함께 느낀다는 것이다. 그 사람의 감정을 똑같이 느끼는 '동감'과 달리 공감은 상대방의 감정에 빠져들지 않고 어느 정도의 거리를 두며 마음으로 함께하는 것이다. 공감은 그 사람과 다른 처지에 있지만 함께하고자 한다는 마음의 표현이며, 이로 인해 공감은 상대방을 위로하거나 그 사람과의 연대감을 형성할 수 있다. 비판과 공감을 위한 훈련은 이렇듯 각 태도의 차이를 드러내면서도 둘 모두 상대방을 위한 진정한 행위임을 깨닫게 하는 데 그 목적이 있다. 상대방을 비판하면서도 공감한다는 것은 모순이 아니라 인격체를 대하는 온전한 태도다.

친한 친구와 대화할 때 자주 거친 표현을 쓰는 사람이 있다고 가정해보자. 말만 들어보면 욕설에 가깝지만, 그 친구는 아무렇지 않게 그러한 표현을 사용한다. 심지어는 즐거움을 표현할 때도 욕설이 섞인 말을 아무렇지 않게 내뱉는다. 나는 그와 친한 친구이고, 평소 거친 표현을 좋아하지 않는 내 입장에서는 항상 그 친구의 거친 말들이 불편하다. 그러나 거친 표현만 빼면 항상 남을 존중하고 배려하는 성격을 지닌 좋은 친구이기에 그런 말들이 그저 의미 없는 습관이라 생각하고 내색하지 않는다. 이미 오래전부터 알아왔던 그의 말투를 갑자기 "듣기 싫으니 고쳐 달라"라고 말하는 것도 쉽지 않기 때문이다. 그러나 나는 그 친구와의 관계가 점점 어색해지기 시작한다. 이러한 경우 어떻게 해야 할까? 거친 말을 쓰는 친구에게 불편함을 전달하지 못한 것은 '비판'과 '공감'에 대한 불분명한 구분에서 기인하는 것으로 볼 수 있다. 다시 말해 그 친구의 거친 말을 비판하고 싶지만, 그것이 친구의 감정을 상하게 할지도 모른다는 생각 때문에 말하지 못한 것이다. 이를 해결하기 위해서는 우선 내 안에서 그 둘이 명확히 구분되어야 한다. 그리고 다음과 같은 사실을 분명히 할 필요가 있다. 즉 내가 불편해하는 것은 단지 그 친구의 어떤 말투이며, 그 점이 친구와 나의 관계에 부정적인 영향을 끼치고 있음에도 그 친구가 이러한 사실을 모르고 있는 것 같다면 이를 표현하고 문제를 해결해야 한다. 이 경우 말투에 대한 갑작스러운 지적은 그 친구의 감정을 상하게 할 수도 있다. 그렇기 때문에 이러한 말을 하기에 앞서 그 친구의 습관적인 말투에 대한 공감과 이에 대한 표현이 선행되어야 한다. 이 둘이 불분명하게 섞인다면, 자칫 그 친구는 대수롭지 않게 생각하고 흘려들을 수 있다. 그래서 그 둘을 명확히 구분하고 표현하는 것이 중요하다. 다만 순서상 공감이 선행되어야 한다. 이를테면 "네가 내 친구여서 좋다"라든가, "네가 나를 편하게 생각해주어 나도 편하다"라는 표현을 통해 서로 간의 공감대가 형성되어야 한다. 그러고 나서 친구의 평소 말투에 대한 자신의 불편함을 표현할 필요가 있다. 그런데 여기에서는 더 이상 공감이 아닌 비판이 기능해야 한다. 진지하고 분명하게 나의 생각을 표현해야 한다. 아마도 상대방은 이러한 나의 태도에 다소 놀랄 수도 있겠지만, 이미 친한 친구로서의 공감대가 형성되었기 때문에 그것이 자신에 대한 비난이 아닌 비판임을 알게 될 것이다. 다시 말해 자신의 말투가 가지고 있는 문제점을 진지하게 받아들일 것이다.

선택-포기

"살 것이냐 아니면 죽을 것이냐, 그것이 문제로다." 이 대사는 셰익스피어(William Shakespeare, 1564~1616)의 희곡 《햄릿》의 3막 1장에서 햄릿이 읊조린 독백이다. 햄릿이 삶과 죽음 중 어느 한쪽을 선택하지 못하고 갈등하는 이유는 "어느 것이 더 숭고한 정신"인지 판단하기 어렵기 때문이다. 더욱이 죽음을 선택한다고 해도 "그 죽음의 잠 속에서 어떤 꿈이 찾아올"지 불확실하다는 이유로 햄릿은 어떤 결정도 내리지 못한다.[17] 이 점에서 햄릿은 선택의 갈림길에서 끊임없이 번민하고 상충할 수밖에 없는, '갈등하는 인간'의 대명사로 여겨져왔다. 햄릿의 내면에 견주어보면, '불확실성의 시대'를 살아가는 현대인에게는 죽음보다 삶이 더 불투명하게 여겨진다고 할 수 있다. 이 때문에 현대인은 삶과 죽음 사이에서 어떤 것을 선택해야 할지 몰라 갈등했던 햄릿처럼 여러 선택지 사이에서 쉽게 결정을 내리지 못한다. 그리고 결정을 뒤로 미루거나 타인에게 맡겨버리는 선택 장애 혹은 결정 장애인 '햄릿 증후군(Hamlet Syndrome)'에 빠져버리기도 한다.[18]

그러나 선택은 본래 쉬운 것이 아니다. '선택'의 어려움은 단어의 의미 자체에도 내재되어 있다. 선택은 여럿 가운데서 자신에게 가장 필요한 한 가지를 고른다는 것이고,[19] 이는 결국 다른 나머지를 '포기'함을 뜻한다. 그런데 어떤 선택으로 인해 포기된 기회의 가치, 즉 기회비

---

17) 윌리엄 셰익스피어, 《햄릿》, 이경식 옮김, 문학동네, 2016, 100쪽.

18) 임하나, 〈[Opinion] '결정 장애(햄릿 증후군)'를 앓고 있는 우리들[사람]〉, 《아트인사이트》, 2019.04.22. https://www.artinsight.co.kr/news/view.php?no=41267(검색일: 2020.05.19)

19) 국립국어원, 《표준국어대사전》, https://stdict.korean.go.kr/search/searchResult.do(검색일: 2020.05.20)

용(opportunity cost)이 선택에 따른 가치와 엇비슷하다면 우리의 선택은 더욱 신중해질 수밖에 없을 것이다. 이에 따라 우리는 매 순간 다양한 선택과 포기의 경계 위에서 최선의 것을 고르기 위해 노력한다. 특히 인생의 전환기에 직면한 대학생들은 '선택'의 문제를 더욱 과중한 것으로 받아들인다. 직업, 결혼 등 자기 삶의 향방을 결정할 여러 선택이 눈앞에 산재해 있기 때문이다. 이들은 한정된 자원과 시간 속에서 최대의 성과를 내야 한다는 압박감 때문에 '선택' 자체를 어려운 것으로 인식한다. 한 연구에 의하면 진로를 결정하지 못한 학생들의 고민 대부분은 진로 목표가 부재하거나 전공이 자신의 적성에 맞지 않는다는 내용이었다.[20] 이 중 전자의 문제가 더욱 심각하다고 할 수 있는데, 이는 학생들이 자신이 원하는 바가 무엇인지를 모른다는, 즉 자신에 대한 무지에 의해 진로를 결정하지 못했음을 보여주기 때문이다. 어떤 것을 선택한다는 것은 주체적으로 본인이 원하는 것이 무엇인지를 이해하고, 이에 따른 여러 가능성을 구분하며, 그 각각의 기회가 지닌 가치를 따져 자신에게 최선이 무엇인지를 판단하는 종합적인 과정이다. 이러한 의미에서 목표가 없다는 것은 내 삶의 목적이 되는 욕구 자체가 부재함을 뜻한다고 할 수 있다.

버나드 윌리엄스(Bernard Williams, 1929~2003)에 의하면, 인간에게는 정언적 욕구(categorical desire) 혹은 무조건적 욕구(unconditional desire)가 있다. 이는 그 자체로 주체에 의해 무조건적으로 긍정되는 욕구로서 우리 삶의 목적이 된다. 우리가 살아야 하는 이유이자 삶의 의미가 되어주는 욕구인 것이다. 이러한 정언적 욕구가 없다면 삶을 지속할 이유가 사라진다

20) 선혜연 · 이제경 · 김선경, 〈진로미결정 학생의 진로고민 내용 및 원인과 결과: 합의적 질적 분석을 중심으로〉, 《아시아교육연구》 13(2), 서울대학교 교육연구소, 2012, 11쪽.

는 점에서 절대적 욕구이기도 하다.[21] 윌리엄스는 정언적 욕구가 그 사람을 그 사람이게끔 하는 본질적인 것으로 자기동일성의 기준이 된다고 말한다. 이때 정언적 욕구는 그가 속해 있는 삶의 제도들 속에서 형성될 뿐만 아니라 충분히 달라질 수 있는 것이기 때문에 윌리엄스가 상정하는 자아는 경험적 자아인 동시에 끊임없이 변화하는 자아라고 할 수 있다.[22] 이를 고려한다면 우리는 정언적 욕구에 의해 삶의 기로에서 하나의 진로를 선택하겠지만, 그러한 결단이 반드시 절대적인 것은 아님을 인식할 필요가 있다. 즉 어떤 선택으로 인해 우리 삶의 방향이 완전히 결정되는 것은 아니며, 언제든지 또 다른 선택과 포기의 경계 앞에 서 있을 수도 있음을 이해해야 한다.

그렇다면 우리는 올바른 선택과 포기를 위해 어떻게 해야 할까? 가장 우선적으로 주체성을 가져야 한다. 장 폴 사르트르(Jean Paul Sartre, 1905~1980)는 "실존이 본질에 앞선다"라고 말한 바 있다. 이 말은 인간이 먼저 세계 속에 실존하고, 인간의 본질이란 존재하지 않으며, 인간은 스스로를 만들어갈 뿐이라는 것을 의미한다. 사르트르는 이것이 바로 실존주의의 제1원칙인 '주체성'이라고 강조한다. 이러한 주체성은 우리 각자가 스스로를 선택한다는 것을 뜻할 뿐 아니라 자기 자신을 선택함으로써 모든 인간을 선택한다는 의미까지 내포하고 있다. 나의 선택은 반드시 타인과 연루되어 있다. 이러한 사실은 인간에게 불안을 느끼게 한다.

---

21) Bernard Williams, "The Markropulos case: reflections on the tedium of immorality," in *Problems of the Self*, Cambridge: Cambridge University Press, 1973, p. 86(김선희, 《철학상담》, 아카넷, 2015, 105-106쪽에서 재인용).

22) Bernard Williams, "Persons, Character and Morality," in *Moral Luck*, Cambridge: Cambridge University Press, 1981, pp. 1-19(허라금, 《원칙의 윤리에서 여성주의 윤리로: 자기 성실성의 철학》, 철학과현실사, 2004, 144-147쪽에서 재인용).

자신을 선택함과 동시에 인류 전체를 선택한다는 사실이 인간에게 깊은 책임감을 부여하는 것이다.[23] 선택에 대한 부담감 때문에 인간은 어떤 것을 선택하는 대신에 포기할 수도 있을 것이다. 그러나 사르트르는 이러한 포기 역시 일종의 선택이라는 점을 강조한다. 선택은 한 방향으로만 가능하므로 애당초 선택하지 않는 것이 불가능하다고 말이다. 설령 내가 선택하지 않았더라도 이 경우에 나는 여전히 (선택하지 않기로) 선택했다고 할 수 있다.[24] 선택과 포기를 구분 짓는 것은 무엇보다 이러한 주체성을 바탕으로 이루어져야 한다.

좀 더 구체적인 차원에서 말해보자면, 올바른 선택과 포기를 위해 첫째, 스스로의 원칙과 기준을 정할 필요가 있다. 선택이 어려운 이유는 자기만의 원칙과 기준이 없기 때문이다. 그런 경우, 친구나 부모의 결정에 의존하여 잘못된 선택을 하거나 포기해서는 안 될 것을 포기해버릴 수 있다. 이러한 우를 범하지 않으려면 자기 자신에게 어떤 것이 가장 중요한 가치인지를 물어야 한다. 이때 중요한 것은 자신에게 중요한 가치를 판단하되, 가치의 우열을 매기려 해서는 안 된다는 점이다. 가치에 대한 우열을 따지기 시작하면, 자기만의 원칙과 기준에 비추어 다른 사람이 중시하는 가치를 존중하지 않게 될 수도 있다. 둘째, 적극적으로 '경험'하는 것을 두려워하지 말아야 한다. 선택의 순간에 망설이게 되는 것은 삶의 '불확실성' 때문이다. 그러나 이러한 불확실성을 제거하기 위해서라도 다양한 선택과 포기의 경험을 시도할 필요가 있다. 우리가 선택하고 포기한 것이 적절한 판단이었는지 확인하기 위해서라도 경험해야 하는 것이다. 셋째, 적절한 순간에 포기할 줄도 알아야 한다. 선택이 현

23) 장 폴 사르트르, 《실존주의는 휴머니즘이다》, 박정태 옮김, 이학사, 2008, 33-38쪽.

24) 위의 책, 71쪽.

실이라는 구체적인 시공간 속에서 이루어지는 것임을 명심할 필요가 있다. 선택은 현실에서 실현될 가능성이 있을 때 비로소 의미와 가치를 지니게 된다. 선택에 따른 기회비용이 크거나 막대한 시간과 자원을 투자했음에도 불구하고 현실적으로 이루어질 가능성이 거의 없다면, 우리는 또다시 선택과 포기의 경계에 다다른 것이라고 할 수 있다. 그런데도 스스로 그 경계 앞에 서 있음을 부정하고 결정을 미룬다면, 이는 자신의 인생을 스스로 만들어나갈 자유와 책임을 기만하는 행위라고 할 수 있다. 따라서 적당한 순간에 포기할 줄 아는 자세도 지녀야 한다.

대학생들은 진로를 결정할 때 좋아하는 일과 잘하는 일 중에 어떤 것을 택할지 고민하는 경우가 있다. 가령 나는 인터넷에서 개인 방송 콘텐츠를 보는 것을 좋아하며, 언젠가 자신만의 콘텐츠를 제작하고, 이를 SNS에 공유하여 영향력을 행사하는 인플루언서(influencer)가 되고 싶다는 꿈이 있다. 그러나 동시에 나는 대학에서 컴퓨터공학을 전공하고 있으며, 성적도 좋은 편으로 컴퓨터 관련 산업체, 연구소, 정보통신 서비스 회사 등에 취업이 잘될 가능성이 높은 상황이다. 부모님께서도 내가 잘하는 일을 하면서 안정적으로 살아가기를 원하신다. 인플루언서를 선뜻 택하기에는 기회비용이 매우 큰 것이다. 이때 나는 선택과 포기의 경계에 직면하게 된다. 앞서 이야기했던 것들을 적용해보면, 나는 진로에 대해 주체적으로 판단하고 결정해야 한다. 부모님의 의견을 참고할 수는 있겠지만, 진로에 대한 선택과 그에 따른 삶은 전적으로 나만의 것임을 의식해야 한다. 누구도 내 삶에 대한 결정을 대신해줄 수 없다는 사실을 받아들이고 오로지 나의 주체성에 근거한 판단을 해야 한다. 이때 자기만의 원칙과 기준이 세워져 있다면 선택은 한결 수월해질 것이다. 그런데 간혹 좋아하는 일을 직업으로 삼으면, 그 일을 싫어하게 될지도 모른다고 미루어 짐작하며 잘하는 일을 선택하는 경우도 있다. 하지만 이러한 결론은 적절하지 않다고 할 수 있다. 왜냐하면 좋아하는 일을 제대로 경험해보지도 않고 내린 결정이기 때문이다. 물론 한정된 시간과 자원 속에서 인터넷 개인 방송을 위한 콘텐츠를 제작해보는 것은 현실적으로 어려울 수도 있다. 그러나 작게는 스마트폰으로 자신의 일상을 촬영해서 개인 SNS에 공유하는 것으로도 좋아하는 일을 경험해볼 수 있다. 이러한 경험은 성공할 수도 있고 실패할 수도 있지만, 우리가 적절한 순간에 선택하고 포기하는 데 있어 매우 강력한 근거가 되어줄 것이다.

구분 짓기의 관점에서 보았을 때 가장 중요한 것은 바로 선택할 수 있는 영역과 선택할 수 없는 영역을 구분하는 일이다. 선택할 수 없는 것들을 구분한다고 해서 그것이 곧바로 '포기'를 뜻하는 것은 아니다. 자신의 의지로 선택할 수 없는 것들은 우리에게 인간의 유한성을 깨닫게 하고, 좀 더 겸허한 자세로 우리의 삶을 수용할 수 있도록 해준다. 영화 〈레이디 버드(Lady Bird)〉(2018)는 자신의 삶을 주체적으로 선택해나가는 인물을 주인공으로 삼고 있다. 주인공 크리스틴은 자신의 뜻대로 뉴욕의 한 대학에 입학해 어떤 남학생과 대화를 나누면서 혹시 신을 믿느냐고 묻는다. 남학생이 믿지 않는다고 대답하자, 크리스틴은 부모가 지어준 이름으로 서로를 부르면서 어떻게 신을 믿지 않느냐고 말한다. 이 영화에서 '이름'은 주인공의 주체적인 선택을 잘 드러내는 장치로, 크리스틴은 영화 내내 스스로를 '레이디 버드'라는 이름으로 부른다. 그러나 마지막 장면에서 크리스틴은 비로소 '크리스틴'이라는 본래의 이름을 인정하게 된다. 이는 크리스틴이 스스로 선택할 수 없는 부분이 있다는 것을 받아들였다는 점을 시사한다. 이를테면 우리는 애초에 이름을 자의로 얻을 수 없듯이 어떤 부모에게서 태어날지를 선택할 수 없다는 말이다. 우리는 이렇듯 인간이 선택할 수 없는 영역을 깨달음으로써 삶에 있어 인간의 의지를 넘어서는 부분이 있음을 이해하게 된다. 그리고 이는 우리가 선택과 포기의 경계에 서 있을 때마다 어떤 결정이든 스스로 내릴 수 있다는 사실 자체를 좀 더 겸손하고 감사한 마음으로 받아들일 수 있도록 도와준다. 선택과 포기의 경계를 만들어나가는 힘은 전적으로 우리 자신에게 있다.

다가서기-거리 두기

2019년 10월 '대학내일20대연구소'는 흥미로운 설문조사 결과를 발표했다. 1980년생을 주축으로 한 99학번과 2000년생을 주축으로 한 19학번 대학생들 사이에서 대학생활을 바라보는 관점이 어떻게 변화했는지 가늠할 수 있는 결과였다.[25] 그중 특히 관심을 끈 것은 대학 신입생에게 가장 중요한 것이 무엇인가에 대한 인식상의 변화였는데, 99학번 대학생의 66.7%가 '인간관계'를 가장 중요하다고 꼽은 것과 달리 19학번 대학생의 80%는 '학업(학점)'을 가장 중요한 것으로 꼽았다고 한다. 물론 19학번 대학생의 49.3%가 여전히 인간관계를 가장 중요한 것으로 꼽았지만, 그럼에도 대학생활에서 인간관계의 중요성에 대한 대학생의 인식이 지난 20년 동안 크게 변화했음을 짐작할 수 있다.

요즘 유행하는 '관태기'라는 용어는 이러한 인식상의 변화를 이해

25) 대학내일20대연구소(2019.10.16), "2000년 대학생활 탐구 보고서". https://www.20slab.org/Archives/36052(검색일: 2020.05.15)

하는 데 도움이 된다. '관태기'란 인간관계의 피로감이나 긴장감에 지쳐 인간관계를 맺는 것에 회의하게 되는 상태를 가리키는 신조어로, 인간관계에 대한 젊은 세대의 새로운 시각을 반영하고 있다. 실제로 성인남녀 915명을 대상으로 한 설문조사에 따르면,[26] 전체 응답자 중 83.5%가 관태기를 겪은 경험이 있다고 답했다. 더욱 흥미로운 사실은 관태기를 경험했다는 답변이 직장인(80.6%)그룹보다 대학생(85.0%)그룹에서 더 높았다는 점이다.

대학생이 인간관계에서 큰 의미를 찾지 못하고 피로와 싫증을 느끼며 혼자 생활하는 이른바 '혼족' 문화를 택하게 되는 경향이 증가하는 이유는 크게 두 가지로 생각해볼 수 있다. 첫째로 외적인 측면에서 취업 준비에 힘을 쏟아야 한다는 사회적 요구와 압력에서 이유를 찾을 수 있다. 2000년대 이후 대학진학률이 거의 90%에 다다른 데 반해 취업문의 체감 넓이는 갈수록 좁아지고 있다. 취업을 못해 어려움을 겪고 있는 대졸 실업자들을 주위에서 어렵지 않게 찾아볼 수 있게 되면서 대학생에게 취업에 대한 부담은 크게 증가하고 있다. 이는 대학생들에게 학업과 취업용 스펙 쌓기에 몰두할 것을 요구하고 취업에 직간접적으로 도움이 되지 않는 부가적인 인간관계에 대해서는 은연중에 기회비용을 따지도록 만든다. 수지 타산이 맞지 않는 인간관계는 피로감을 증가시킬 뿐이므로 피하는 것이 합리적이라는 것이다. 둘째로 내적인 측면에서 인간관계의 서투름을 원인으로 꼽을 수 있다. 실제로 대학생 2,706명을 대상으로 한 설문조사에 따르면 전체 응답자 중 54.9%가 '자신을 나홀로족이

---

26) 잡코리아(2019.10.21), "직장인, 대학생 83% '관태기' 겪어". http://www.jobkorea.co.kr/GoodJob/Tip/View?News_No=16032&schCtgr=120001&schTxt=%EA%B4%80%ED%83%9C%EA%B8%B0&Page=1(검색일: 2020.05.15)

라고 여긴다'라고 응답했으며, 이 중 인간관계에 서툴다고 생각하는 대학생의 비중이 훨씬 더 높았다고 한다.[27] 인간관계의 서투름은 그 자체로 인간관계의 형성과 유지를 회피하도록 이끌 뿐만 아니라 인간관계의 기회비용 산출에서도 부정적 영향을 미친다. 인간관계에 서툴수록 인간관계의 형성과 유지에 드는 비용이 상대적으로 증가할 수밖에 없기 때문이다.

'경계'의 관점에서 우리나라 대학생의 인성교육을 고려할 때 위의 두 가지 이유 중 우선적으로 고려해야 할 것은 인간관계의 서투름에 대한 문제다. 특히 인성교육은 인간관계의 서투름 배후에 있는 자기정체성의 경계에 대한 문제에 관심을 가질 필요가 있다. 인간관계란 나의 정체성과 타인의 정체성 그리고 나의 영역과 타인의 영역이 서로 적절하게 조우하고 융합하는 일, 다시 말해 각자 자기 영역을 의식하고 있는 인간 사이에서 이루어지는 '다가서기'와 '거리 두기'의 상호작용이라고 볼 수 있다. 이를 염두에 둘 때, 인간관계를 올바로 형성하고 유지하기 위해 필수적으로 요구되는 것은 나의 정체성과 타인의 정체성, 나의 영역과 타인의 영역 사이의 올바른 '구분 짓기'다. 나의 영역과 타인의 영역 사이의 경계를 올바로 구분 지을 수 있을 때 비로소 우리는 서로의 영역에 얼마나 다가서고 얼마나 거리를 두어야 하는지 판단하고 결정하며 행동할 수 있기 때문이다.

'구분 짓기'의 관점에서 인간관계를 다가서기와 거리 두기의 상호작용으로 이해하고자 할 때, 발달심리학자인 에릭 에릭슨(Erik Erikson, 1902~1994)은 중요한 심리사회적(psychosocial) 통찰을 제시한다. 에릭슨은

---

27) 잡코리아(2019.04.09.), "대학생 54% 나홀로족". http://www.jobkorea.co.kr/goodjob/tip/View?News_No=15514&schCtgr=120002&Page=6(검색일: 2020.05.15)

한 인간의 자아(ego)와 관련하여 발달 단계를 8개로 구별하고, 그중 청년기에 해당하는 6단계에서 한 인간이 경험하는 심리사회적 위기를 '친밀(intimacy)'과 '고립(isolation)' 사이의 갈등으로 규정한다. 한편으로는 프로이트의 정신분석학을 수용하면서도 다른 한편으로는 한 개인이 놓인 사회-문화적 맥락을 강조한 에릭슨은 청소년기 이후 성인기의 자아 발달도 한 개인의 사회-문화적 상호작용의 질에 따라 단계적으로 이해될 수 있다고 주장한다.

성인기 중에서도 청년기는 자신의 정체성에 몰두하는 단계인 청소년기에서 벗어나 "자신의 정체성을 타인의 정체성과 융합하기를 열망하고 의욕하는" 단계로, 한 인간이 올바른 인간관계를 형성하고 그에 어울리는 자아를 발전시키는 데 중요한 역할을 담당한다. 에릭슨에 따르면 이런 열망과 의욕에 따라 청년기의 인간은 타인과의 친밀한 관계를 지향한다. 따라서 청년기 인간의 과제는 이런 친밀한 관계를 형성할 수 있는 능력을 갖추는 것, 즉 구체적인 소속 관계나 동반 관계에 헌신하고 그로 인해 희생이나 위험에 처한다 해도 자신이 헌신하는 관계에 대해 윤리적으로 책임질 수 있는 능력을 갖추는 것이다. 그러나 타인의 정체성과의 융합을 지향하는 친밀한 관계는 자연스럽게 자기정체성 상실에 대한 두려움을 동반하게 된다. 이런 "자아 상실의 두려움"을 극복할 경우에 인간은 타인과 친밀한 관계를 형성할 수 있게 되지만, 그렇지 못할 경우 "고립"을 선택하고 "자기 자신에게 몰두"하게 된다.[28] 에릭슨은 청년기에 친밀한 관계 형성을 회피하고 사회적 고립을 선택하는 사람은 정신병리적 관점에서 심리적 장애를 경험할 수 있고, 그에 따라 "성격의 문

28) Erik H. Erikson, *Childhood and Society*, London: Paladin Grafton Books, 1977 (originally published 1951), p. 237.

제"를 겪을 수 있다고 지적한다.[29)]

에릭슨의 발달 이론은 프로이트의 이론과 마찬가지로 실험을 통해 정량적으로 검증하기 어려운 사변적인 이론이라는 비판을 받아왔지만,[30)] 성인기 자기정체성 발달을 연구하는 현대 학자들에게 꾸준한 이론적 통찰과 동기를 제공하고 있다. 하지만 에릭슨의 이론이 단지 학문적 연구에서만 현재적 의의를 갖는 것은 아니다. 앞서 살펴본 것처럼 청년기 자아 발달의 위기 상황을 '친밀'과 '고립' 사이의 갈등 상황으로 규정한 에릭슨의 통찰은 현재 우리나라의 청년들이 겪는 인간관계의 문제 상황을 이해하는 데도 여전히 유효하다.

에릭슨에 따르면 자아 상실에 대한 두려움으로 친밀한 인간관계를 회피하고 고립을 선택하는 사람은 자기정체성을 올바로 확립하지 못하고 자기정체성에 확신을 갖지 못하는 사람이다. 이런 사람은 자기 자신과의 관계 혹은 자신이 이미 확보한 좁은 인간관계에서의 친밀함에 안주하려 하기 때문에 친밀한 인간관계를 더 확장하지 못하고 낯선 타인과 정형화된 비인격적 관계를 맺는 것으로 만족한다.[31)] 하지만 자기정체성을 위해 고립을 선택한 것이 오히려 자기정체성을 더욱 위험에 빠뜨릴 수 있다. 자기정체성이 발달하기 위해서는 다양한 인간관계 속에서 타인에게 인격적 존재로 인정받는 경험 역시 필요하기 때문이다.

여기서 유의할 점은 '친밀'과 갈등을 야기하는 '고립'을 선택하는 것이 그 자체로 극복되고 부정되어야 할 것은 아니라는 사실이다. 에릭슨

---

29) Ibid., p. 239.

30) Margie E. Lachman and Rosanna M. Bertrand, "Personality and the Self in Midlife," in *Handbook of Midlife Development*, ed. by Margie E. Lachman, New York: Willey, 2001, p. 288.

31) Erik H. Erikson, *Identity: Youth and Crisis*, New York: W. W. Norton & Company, 1968, pp. 135-136.

이 성격 문제를 일으킬 수 있는 요인으로 지적한 것은 자아 상실의 두려움에 의한 고립의 선택, 즉 자기정체성의 불안정함에 의한 고립일 뿐 고립 자체는 아니다. 청년기의 인간은 '친밀'과 '고립' 혹은 '다가서기'와 '거리 두기'[32] 사이에서 갈등하며 자기정체성을 발달시켜야 하는 존재이지만, 이때 두 항은 서로 배타적으로 대립하지 않는다. '다가서기'를 배제한 전적인 '거리 두기'가 정형화된 비인격적 인간관계 속에서 오히려 자기정체성의 위기를 초래한다면, '거리 두기'를 배제한 전적인 '다가서기'는 자기정체성의 포기를 초래한다. '거리 두기'는 '고립'을 통해 자기정체성을 확인하고 지키려는 노력 자체를 가리키기 때문이다. 친밀한 인간관계를 통해 타인의 정체성과의 융합을 지향하는 '다가서기'와 고립된 인간관계를 통해 자기정체성의 보존을 추구하는 '거리 두기'는 매 순간 직면하는 구체적 인간관계에서 서로 갈등을 일으키지만, 그럼에도 근본적 차원에서 둘은 서로 배타적이 아니라 상보적으로 작용한다.

인간관계가 다가서기와 거리 두기의 상호작용이라는 관점에서 이해된다면, 요즘 대학생에게 흔히 관찰되는 '혼족' 문화 자체는 문제라고 할 수 없다. 각각의 인간은 자기 스스로의 능동적 판단에 따라 다양한 상황에 어울리도록 다가서기와 거리 두기를 조율하며 인간관계를 맺을 수 있고, 혼족 문화는 그런 능동적 조율에 따른 선택의 결과로 생각될 수 있기 때문이다. 문제가 되는 것은 혼족 문화를 선택한 자체가 아니라, 자기정체성 상실의 두려움 때문에 인간관계를 회피하고 어쩔 수 없이 수동적으로 혼족 문화를 선택하는 경우다. 수동적이라는 점에서 본다면 반대의 경우, 즉 친밀한 인간관계에 빠져서 타인에게 휘둘리며 자기정체성을

32) 에릭슨은 인간관계에서 '친밀의 선택'과 대조되는 '고립의 선택'을 "거리 두기(distantiation)"라고 명명한다. Ibid., p. 136; Erikson, *Childhood and Society*, p. 237.

돌보지 못하는 경우 역시 문제라고 할 수 있다.

요컨대 다가서기와 거리 두기의 상호작용을 통해 올바른 인간관계를 맺기 위해 필요한 기본적 조건은 나의 정체성에 대한 올바른 확립이다. 나의 정체성이 올바로 확립되어 있다면 인간관계를 회피하지 않고 자율적 판단에 따라 다가서기와 거리 두기를 조율할 수 있으며, 자신과 인격적 관계를 맺는 타인의 정체성 역시 존중할 수 있다. 문화인류학자 에드워드 홀은 다가서기와 거리 두기의 관점에서 우리에게 필요한 역량이 무엇인지 더 구체적으로 제시한다. 홀에 따르면 인간은 자신의 "인격성을 확장"시켜 인간관계에 따라 자기 주변에 여러 영역을 설정한다. 따라서 인간관계에서는 자신의 인격성이 확장된 "다양한 영역과 각 영역에 관련된 활동, 관계, 감정" 등을 올바로 인식하고 분별하는 능력이 대단히 중요하다.[33] 이 능력은 다가서기와 거리 두기의 상호작용으로 이해되는 인간관계에서 반드시 갖추어야 할 역량이다. 구분 짓기의 훈련을 통해 우리는 자신의 정체성 영역을 올바로 인식하는 데 그치지 않고, 나와 관련된 타인의 정체성 영역을 분별하며, 상황에 따라 자율적으로 인격적 관계를 맺을 수 있도록 나와 타인의 활동이나 감정 등을 파악하는 능력을 성장시켜야 한다.

---

33) Edward T. Hall, *The Hidden Dimension*, New York: Anchor Books, 1990 (originally published 1966), pp. 128-129.

소유-나눔

소유하려는 마음은 인간의 자연스러운 본성이다. 인간은 무엇인가를 바라고, 노력을 통해 그것을 소유하면서 행복을 느끼는 존재이기 때문이다. 그런데 이러한 사실은 소유가 무엇인가를 위한 수단이라는 본래의 의미에 머물러 있을 때 가능한 일이다. 이 점에서 소유가 그 자체로 목적이 될 수 없다는 것은 분명해 보인다. 무엇인가를 갖는 것이 삶의 목표가 된다면, 우리는 아마도 그 이유 때문에 삶의 의미를 잃고 방황하게 될 것이다.[34] 그것을 왜 소유해야 하는지 앞서 생각하지 않는다면, 무엇을 소유해야 하는지를 스스로 생각하기 어려울 테고, 결국은 다른 사람들이 말하는 것을 소유하려고만 할 것이기 때문이다. 소유가 그 자체로 목적이 될 때 삶은 끝없이 소유를 추구하는 맹목적인 모습을 보여줄 것이 분명하다. 삶은 목적을 향해 나아가기 마련인데, 소유 그 자체가 목적이 된 이상 삶은 단지 '더 많이, 더 많이'만을 반복하게 될 것이다.[35] 소유 중심의 삶에 빠지지 않는 방법은 소유하지 않거나, 적게 소유하는 것이라고 말하는 사람들이 있다. 하지만 이것은 소극적인 방법이다. 소유 중심의 삶에 빠지지 않는 적극적인 방법은 소유의 일부를 나누는 것이다. 이것은 단지 소유물을 대가 없이 준다는 의미가 아니다. 나눔의 의미를 되새겨 '소유의 나눔'에 머물지 않고 '나눔 그 자체'로 나아갈 필요가 있다. 나눔의 의미를 좁은 의미의 소유로부터 '구분'하는 것이 진정한 나눔의 시작이다.

---

34) 에리히 프롬, 《소유냐 존재냐》, 차경아 옮김, 까치, 2007, 31-47쪽.

35) "소비는 이중적 특성을 지니고 있다. 써버린 것은 빼앗길 염려가 없으므로 일단 불안을 감소시켜준다. 그런 한편, 점점 더 많은 소비를 조장한다." 위의 책, 47쪽.

삶에서 소유가 수단이 아닌 목적으로 변하게 된 것은 일반적으로 18세기 산업화에 의해 야기된 것으로 보인다.[36] 유럽 인구의 대다수가 짧은 기간 동안 농업종사자에서 산업(공업)종사자로 급격히 변하면서(영국의 경우 인구의 90%), 사람들의 의식 역시 급격한 변화를 겪게 되었기 때문이다. 특히 당시 유럽의 산업화된 도시들은 국제무역을 주도하면서 새로운 물건들의 각축장이 되었고, 도시 안에서 생활수준의 향상을 이루어 가고 있던 사람들은 점차 소비를 통해 행복을 느끼는 새로운 삶을 맛보기 시작했다. '소비자'로서 도시인이 탄생한 것이다. 《소유와 존재》의 저자 E. 프롬에 따르면 바로 이 시기에 사람들은 '많은 것을 소유할수록 자신의 존재가 그만큼 커진다'라는 산업사회의 요구를 인간의 자연스러운 본성인 것처럼 착각하기 시작했다고 한다.[37] 소유가 소비로 이해되면서, 소유를 나눈다는 생각은 비합리적인 이야기가 되고 만다. 왜냐하면 내가 돈을 지불하고 획득한 '완전한 나의 것'을 남에게 대가 없이 준다는 것은 손해이기 때문이다. 나눔이 손해로 간주되는 왜곡이 발생한 것인데, 이러한 왜곡의 뿌리는 소유가 소비라는 제한적인 의미로 이해되었다는 점, 즉 소유가 소비한 물건 정도로 인식되었다는 점에 있다. 그러나 인간은 소비와 상관없이 이미 많은 것을 조건 없이 소유하고 있다. 아니 우리 삶 자체가 이미 누군가로부터 나누어 가진 것이라고 할 수 있다.

소유가 곧 존재, 즉 삶이 되면서 이제 다음과 같은 문제들이 발생한다. 우선 모든 것을 무제한적으로 소유하려는 마음이 생겨난다. 이때 모든 것이란 단지 다양한 물건만을 뜻하지 않는다. 소유는 물건뿐 아니라

36) 이영석, 〈근대성으로서의 행복: 역사적 접근〉, 《호남문화연구》 45, 전남대학교 호남학연구원, 2009 참조.

37) 에리히 프롬, 앞의 책, 11-21쪽.

자기 자신과 타인 그리고 인간이 세계와 맺는 관계 역시 소유의 대상으로 규정하기에 이른다. 다음으로는 개인주의적인 경향이 강해진다. 소유한다는 것은 내가 그것을 가진다는 것이며, 이를 통해 느끼는 만족감은 '나만'이 그것을 가졌을 때 더 커지게 된다. 게다가 나의 소유로부터 느끼는 만족감은 다른 사람들이 나보다 먼저, 그리고 나보다 많이 소유하는 것에 반비례한다. 그래서 남보다 먼저, 많은 것을 소유하는 일에 몰두하게 된다. 개인이 소유의 구심점으로 변모한다. 이러한 문제점들은 더욱 근본적으로 '보편적이고 추상적인 것'에 대한 무관심과 몰이해를 야기할 수 있다. 소유가 감각적인 것을 소비하는 것 정도로 퇴화되면서 이제 보이지 않는 것, 만져지지 않는 추상적인 것들은 소비할 수 없다는 측면에서 쉽게 무의미한 것이 되고 만다. 소유가 삶의 패러다임이 되어버린 상황에서 적게 소유한다거나, 소유하지 않는다는 것은 개인이 감당하기 어려운 요구일 뿐이다. 문제를 근본적으로 해결하고자 한다면, 우선 소유를 소비로부터 구분해 그 의미를 되찾고, 내가 소유하고 있는 것 중에 많은 것이 나만의 힘으로 획득한 것이 아니라는 사실, 즉 나는 누군가가 나에게 나누어준 것들을 소유하며 살아가고 있었다는 사실을 이해해야 한다. 나눔의 의미가 좁은 의미의 소유로부터 완전히 구분되어야 한다.

일반적으로 나눔에 대해 '나중에 조금 더 여유가 생기면 할 수 있는 것'이라는 생각이 만연해 있다. 이는 소유의 의미가 소비를 위한 돈으로 심각하게 왜곡되어 있다는 사실의 방증이다. 소유의 의미가 협소해지면서 나눔의 의미 역시 왜곡된 것이다. 따라서 소유와 나눔을 구분하는 첫 단계는 소유를 '대가를 지불한 물건의 획득'이라는 좁은 의미로부터 자유롭게 만드는 것이다. 인간은 돈을 주고 무엇인가를 획득하지 않아도 이미 많은 것을 소유하고 있다. 건강, 지식, 경험뿐 아니라 나에 대한 가족들의 사랑, 친구들과의 우정 등을 이미 소유하고 있다. 소유의 의미가 이렇게 확장되고 깊어지면서 나눔 역시 본래의 의미를 찾게 된다. 다시 말해 나는 나눔의 주체가 아닌, 나눔의 객체임을 깨닫게 되는 것이다. 왜냐하면 앞서 말한 것들은 온전히 나의 힘으로 획득한 것이 아니라, 알 수 없는 많은 사람의 도움으로 나에게 주어진 것이기 때문이다. 소유의 의미가 확대되고 나눔의 의미가 깊어지면서 이제 무엇인가를 함께 나눈다는 것 역시 새로운 의미를 찾게 된다. 왜냐하면 나눈다는 것은 더 이상 내가 가지고 있는 물건을 남에게 준다는 단순한 의미로 제한되지 않기 때문이다. 이제 나눔은 남을 위한 약간의 배려, 기다림, 불편함의 감수 등과 같은 형태로도 얼마든지 일상 속에서 실천할 수 있는 것임을 알게 된다.

길을 걷다 보면 이따금 구호단체에서 기부 참여를 유도하는 모습을 보게 된다. 이런 장면을 당당히 지나치는 사람은 많지 않은데, 왜냐하면 평소 나눔을 실천하지 않는 자신의 모습을 되돌아보게 되기 때문이다. 그렇다고 선뜻 정기후원 계약을 맺는 것도 부담스럽다. 현재 자신의 경제상황도 좋지 않기 때문이다. 그러면서 아마도 이런 말들을 속으로 되뇌어본 경험이 있을 것이다. '나중에 여유가 생기면 그때 기부하자.' 이러한 생각에 머물게 되는 것은 우리가 아직 소유와 나눔의 의미를 온전히 구분해서 이해하지 못하기 때문이다. 나눔을 '내가 가지고 있는 돈과 물건을 남에게 주는 것'으로 이해한다면, 아직 나눔을 소유의 측면에서 이해하는 것이다. 다시 말해 그 둘을 구분하지 못하고 있는 것이다. 나눔이 반드시 물건의 나눔일 필요는 없다. 다른 형태의 나눔을 얼마든지 실천할 수 있다. 이를테면 구호단체에 도움을 주기 위한 하나의 방법으로서

구호단체에 더 관심을 갖기 위해 노력할 수 있다. 시간을 내어 구호단체가 하는 일을 알아보고, 우리가 처해 있는 현실에 대해 관심을 갖는다면, 나의 시간을 나누고 있는 것이다. 어쩌면 형식적인 정기후원보다 구호단체에 대한 지속적인 관심이 값진 나눔일 수도 있을 것이다.

참고문헌

김미숙 · 김성희, 〈장애인에 대한 국민의식과 개선방안〉, 《보건복지포럼》 37, 한국보건사회연구원, 1999.

김석현, 〈칸트 윤리학의 형식주의에 대한 헤겔의 비판과 그 정당성의 문제〉, 《철학논총》 12, 새한철학회, 1996.

김선희, 《철학상담》, 아카넷, 2015.

김완순, 〈배려윤리의 이론적 배경〉, 《윤리문화연구》 4, 윤리문화학회, 2008.

김은미, 〈흄 공감 이론의 비판적 고찰〉, 《동서철학연구》 94, 한국동서철학회, 2019.

김종식, 〈칸트 윤리학에 있어서 거짓말 문제〉, 《대동철학》 15, 대동철학회, 2001.

김형효, 《데리다의 해체철학》, 민음사, 1993.

루이스 포이만, 제임스 피저, 《윤리학: 옳고 그름의 발견》, 류지한 외 옮김, 울력, 2019.

서양근대철학회, 《서양근대철학》, 창비, 2001.

선혜연 · 이제경 · 김선경, 〈진로미결정 학생의 진로고민 내용 및 원인과 결과: 합의적 질적 분석을 중심으로〉, 《아시아교육연구》 13(2), 서울대학교 교육연구소, 2012.

신승환, 《해석학》, 아카넷, 2016.

에리히 프롬, 《소유냐 존재냐》, 차경아 옮김, 까치, 2007.

윌리엄 셰익스피어, 《햄릿》, 이경식 옮김, 문학동네, 2016.

이영석, 〈근대성으로서의 행복: 역사적 접근〉, 《호남문화연구》 45, 전남대학교 호남학연구원, 2009.

임마누엘 칸트, 《순수이성비판 2》, 백종현 옮김, 아카넷, 2006.

______, 《칸트의 역사철학》, 이한구 편역, 서광사, 1997.

장 폴 사르트르, 《실존주의는 휴머니즘이다》, 박정태 옮김, 이학사.

폴 테일러, 《윤리학의 기본원리》, 김영진 옮김, 서광사, 1997.

한상연, 《공감의 존재론》, 세창출판사, 2018.

허라금, 《원칙의 윤리에서 여성주의 윤리로: 자기 성실성의 철학》, 철학과현실사, 2004.

허영식, 〈문화적 차이 · 다양성에 관한 담론과 함의〉, 《한독사회과학논총》 25(3), 한독사회과학회, 2015.

Erikson, Erik H., *Childhood and Society*, London: Paladin Grafton Books, 1977.

———, *Identity: Youth and Crisis*, New York: W. W. Norton & Company, 1968.

Gilligan, C., *In a Different Voice: Psychological Theory and Women's Developmen*, Cambridge, MA: Harvard University Press, 1982.

Hall, Edward T., *The Hidden Dimension*, New York: Anchor Books, 1990.

Lachman, Margie E. and Bertrand Rosanna M., "Personality and the Self in Midlife," in *Handbook of Midlife Development*, ed. by Margie E. Lachman, New York: Willey, 2001.

3장
넘어가기

—

김진아, 정은기, 최복희

경계-모듈형 인성교육과정 중 '넘어가기' 범주는 자신과 자신의 삶의 태도를 성찰함으로써 주체적 삶을 찾아가도록 돕는 것이다. 경계 양쪽의 개념을 명확히 구분지어 대처하는 '구분 짓기'나 양쪽의 조화를 모색하는 '넘나들기'와 달리, '넘어가기' 범주는 한쪽에서 다른 쪽으로 나아가 성숙한 자신을 이루는 것을 목표로 한다. '넘어가기' 범주는 주체성의 확립, 도약을 통한 주체성의 함양, 성숙한 관계로의 확장이라는 3개의 범주하에 다시 '손님-주인', '익명-실명', '의존-독립', '아마추어-프로페셔널', '무관심-참여', '혐오-관용'이라는 6개의 세부 범주로 구성되며, '극복', '도전', '도약', '지향', '성장'이라는 5개의 키워드를 통해 설명된다. 내용은 다음과 같다.

주체성의 확립으로 한 걸음 넘어가는 경계의 첫 번째 세부 범주는

'손님에서 주인으로 넘어가기'다. 진정한 나를 알아가며 내 삶의 주인공으로 성장하는 단계다. '손님에서 주인으로 넘어가기'의 범주를 선택한 이유는 '나'와 관련된 주제이며, 청소년기를 벗어나 성인의 첫 단계로 입문한 대학생들에게 가장 중요한 주제로 여겨지기 때문이다. 주체성 확립을 위한 두 번째 세부 범주는 '익명에서 실명으로 넘어가기'다. 인터넷과 스마트폰의 편리함 속에서 익명 중심의 생활에 익숙해진 대학생들에게 자신의 이름을 당당하게 걸고 건강한 자아정체성을 지니는 것의 중요성을 인식하도록 돕는다. 이 범주를 선택한 이유는 온라인 시대를 살아가는 현대인에게 필요한 덕목 중의 하나로 여겨지기 때문이다.

'손님에서 주인으로 넘어가기'와 '익명에서 실명으로 넘어가기'를 통해 주체성의 확립을 꾀하고 난 뒤, 한 단계 도약하기 위한 첫 번째 경계로 '의존에서 독립으로 넘어가기'가 있다. 대학생들은 성인이 되었지만 여전히 의존적인 경향성에 머물러 있다. 타인 의존도가 높다는 것은 진정한 주체로서 성장하는 데 걸림돌이 되기 마련이다. 따라서 중대한 사항을 결정하고 나의 실존적 상황을 숙고하고 결단하는 데 있어 타인이 아닌 나 스스로의 선택을 할 수 있다면 진정한 독립체로 살아갈 수 있을 것이다. 이 세부 범주를 선택한 이유는 내외부적 '독립'이라는 주제가 대학생들이 직면한 실존적 상황이자 중요한 관심사이기 때문이다.

도약의 두 번째 세부 범주는 '아마추어에서 프로페셔널로 넘어가기'다. 대학생이 된다는 것은 입시지옥에서 벗어난 상태만을 의미하지 않는다. 대학에 와서 전공분야를 공부하는 것은 졸업 후 해당 분야의 전문가로서 예비지식을 습득하고 직무를 위한 훈련에 본격적으로 돌입하는 것을 의미한다. 따라서 대학생은 각자의 전공을 대하는 태도의 전환이 필요하고, 이러한 태도는 전공 공부에 동기를 부여하며, 나아가 전공에 대한 사명감 혹은 책임감을 가질 수 있도록 돕는다. 이 범주를 선택한 이유는 대학생들에게 전공 공부의 중요성과 의미를 되새기며, 수동적인 학생이 아니라 예비 '전문가'로서 자부심을 가지고 활력 있게 대학생활을 해나갈 수 있도록 하기 위함이다.

관계성을 지향하며 더욱 성숙한 단계로 넘어가는 세부 범주에는 '무관심에서 참여로 넘어가기'가 있다. 주체성을 확립하고 도약을 통해 내면적으로 한 걸음씩 성장해나가면서, 다른 한편으로 사회인으로서 성숙한 시민의식을 함양하도록 돕고자 하는 관계성의 범주다. 개인주의가 만연해 있는 현대사회에서 대학생들에게 공동체의 소중함을 알고, 정치적 참여의 중요성을 일깨울 필요가 있다. '혐오에서 관용으로 넘어가기'의 세부 범주에서는 일부 세태에서 목도할 수 있듯 개별자들을 타자화시켜 나와는 전혀 상관없는 '분리체'로 간주하는 것이 아니라 함께 사는 공동체로서 모두가 연결되어 있다는 점을 일깨우도록 한다. 관계성의 범주들을 선택한 이유는 대학생들이 개인적 차원뿐만 아니라 공동체의 일원으로서 지성을 갖춘 당당한 사회인으로 성장할 수 있도록 돕고자 함이다.

경계 '넘어가기'의 첫 번째 키워드는 '극복'이다. 극복이란 "기존의 고정관념이나 편견, 비주체적인 삶의 태도를 과감하게 버리고, 생각과 실천에 있어서 진정한 주체로 서는 것"이다. 사회인으로서의 역량을 갖추기 위해 자신에 대한 통렬한 성찰이라는 성장통의 경계에 용기 있게 맞서는 것은 인성 함양의 첫걸음이다.

두 번째 키워드는 '도전'이다. 도전이란 "인생의 새로운 국면을 자신의 것으로 만들고 주도하는 것"이다. 학생들은 대부분 자신의 주체성과 개성을 갖출 것을 요구받으면서도 그것을 어떻게 이루어갈지는 모르는 경우가 많다. 하지만 이제 대학생으로서 학생들은 지금까지 자신을 보호하고 있던 울타리에서 벗어나 자신의 삶을 스스로 개척하고 사회로, 세계로 나아가기 위해 새로운 도전을 해야 한다.

세 번째 키워드는 '도약'이다. 도약이란 "스스로의 힘으로 기존의 단계에서 새로운 단계로 진입하여 적응하는 것"이다. 수동적인 입시생활을 강요받아온 대학생들은 기존 질서에 순응하는 것에 익숙해 있다. 특히 이론적인 학습에는 익숙하지만 주체적인 실천에는 미숙하기 마련인 대학생들에게 자기 주도적 실천역량을 훈련하는 것은 매우 중요하다. 미성년이 아닌 성년으로서, 주변의 요구에 따르는 것이 아니라 인생에 대한 주인의식을 가지고 주체적인 성인의 단계로 뛰어올라 적응하는 것이 넘어가기의 중요한 목표다.

네 번째 키워드는 '지향'이다. 지향이란 "좀 더 성숙한 인성을 함양하기 위해 어떤 태도를 갖추고 어떤 가치를 추구해야 하는가를 성찰하고 실천하는 것"이다. 대학을 의미 있는 사회적 훈련의 장으로 삼아 자신에 대한 진지한 성찰을 기반으로 타인과 진정한 만남을 이루고 공동체의 건강한 일원이 될 수 있도록 한다. 그럼으로써 개인적 삶의 가치와 공동체의 보편 가치를 일관하는 안목과 비전을 갖추어 더 훌륭한 미래를 지향하는 것이 넘어가기 인성교육의 전망이다.

다섯 번째 키워드는 '성장'이다. 성장이란 "과거와 현재의 자신에 대한 평가와 반성을 통해 더 나은 미래의 자신에 대한 비전을 갖는 것"이다. 미성년이었던 자신과 성년인 자신에 대해 분명히 인지하고, 극복과 도전과 도약으로 변화한 자신을 재성찰하고 자신이 지향하는 비전을 실천할 수 있을 때, '넘어가기'가 단지 예전의 자신에 대한 부정이 아니라 성장이 될 수 있을 것이다.

손님에서 주인으로 넘어가기

이 '넘어가기 경계'는 내가 진정으로 원하는 삶을 살아갈 수 있도록, 즉 내 삶의 주인으로 넘어가기 위한 경계다. 삶에 있어서 우리는 손님이 될 수도 있고 주인이 될 수도 있다. 내 삶의 주인공은 타인이 아닌 '나'다. 적어도 '내 삶'에서는 손님이 아닌 주인으로 넘어가도록 돕는 것이 넘어가기 경계의 목표다. 내외부적으로 수동적인 입시생의 생활을 강요받아 온 대학생들은 기존 질서에 순응할 것과 자유롭게 창의성을 발휘할 것을 동시에 요구받으며 자신의 주체성과 개성에 대한 딜레마를 겪고 있다. 내 삶에 주인이 된다는 것은 "나의 삶은 나의 것이며 무엇보다 가치 있다는 삶의 태도를 갖는 것"이다. 이는 삶의 주체로서 주인의식을 가지고, 나의 문제를 회피하지 않고 마주하며, 주체적이고 책임감 있게 직면하는 것을 의미한다. 진정한 관계성 또한 주체성이 선행되어야 가능할 것이다. 그러므로 내 삶의 주변이 아닌 내 삶의 중심에서, 즉 내 삶의 주인공으로서 진정한 나를 성찰해본다.

'넘어가기 경계'는 대학생들로 하여금 주인의식과 주체성에 대해 성찰하도록 돕는다. 이 경계를 보여주는 사례로 '학생회' 활동이 있다. 학생회 활동은 고등학생 때 체험했던 '동아리' 활동과 다르다. 학생회는 공동체의 일원으로서, 즉 학교의 주인으로서 학생들의 권리를 보장받는 활동을 수행한다. 학교의 주인은 교수도 아니고 교직원도 아니고 학생이다. 내가 속한 공동체에서 주인의식을 지니고 주체적으로 사고하고 행동함으로써 경계를 넘어서고자 한다.

고등학교를 갓 졸업한 대학교 신입생들은 청소년 시기에 수동적으로 생활했던 오래된 습관으로부터 좀처럼 벗어나기 어려운 경향이 있다.

스스로 결정할 수 있는 일임에도 불구하고 사소한 일 하나부터 타인에게 의존하여 결정을 내리는 모습은 수동적인 습관을 반영한다. 수동성의 태도를 넘어 자신의 삶에 주체적이고 능동적인 태도로 전환하고자 돕는 경계가 '손님에서 주인으로 넘어가기' 경계다.

철학자 플라톤은 동굴의 비유를 통해 교육(paideia)이란 "결박된 죄수의 상태를 벗어나 자유를 향해 걸어가는 과정"이라 생각했다. 경계 넘어가기의 '주체성'과 관련하여 플라톤의 비유가 의미심장한 것은 진정한 의미의 교육이란 나를 '이끌어'내는 것, 즉 내가 좋아하고 싫어하는 것이 무엇인지 자각할 수 있도록 도와주는 과정이기 때문이다. 입시 위주의 교육환경에서 주입식 교육을 받아온 한국 학생들에게 '주체성' 개념은 중요한 포인트가 된다.

손님에서 주인으로의 전환을 지향하는 주체성과 관련된 다른 철학자의 개념을 살펴보자.

> *하이데거가 말하는 실존 혹은 탈존(Ek-sistenz)은 지금 내 눈앞에서 존재하는 것 밖으로 나가는 것이다. 그에 따르면 지금 주어져 있는 것 밖으로 나가 존재하는 것을 다시 바라보고 메타(meta)적으로 사유하고 느낄 수 있는 존재가 바로 현존재로서의 인간이다. 하이데거의 이러한 인간 이해의 틀에서 볼 때 인공지능 시대에 필요한 인성교육은 인간을 단지 주어진 데이터를 처리하는 기계적인 능력의 향상도 아니고, 이성적으로 사유하고 공감하는 능력도 아니며, 자신에게 주어진 상황을 벗어나 자신의 현실을 역사적 · 사회적 안목에서 바라볼*

수 있는 '능력'을 자각하는 데 있다고 할 수 있다.[1)]

서동은(2019)은 인성교육에서 주체 형성의 문제를 하이데거의 철학 개념을 통해 설명한다. 그는 그동안의 인성교육은 몰아세움(Ge-stell)이었다고 비판하며, 하이데거가 주목한 플라톤의 동굴 비유를 들어 존재론적 차이를 알게 하는 교육이야말로 인성교육의 과정이 된다고 말한다. 존재론적 차이의 인식 과정에서 '주체 형성'이 중요한데, 그것은 위에서 살펴본 바와 같이 주어진 상황을 넘어 '나의 현재'를 올바르게 자각하는 능력과 관계한다. 저자는 자신과 주위세계, 자신과 타인의 관계를 역동적으로 살필 수 있는 자유의 행사 혹은 초월이야말로 사회적 존재로서의 인간의 양심, 죄책감의 기초이며, 도덕적 가치의 토대로서 공감에 의한 책임과 연대는 이러한 자아의 역동성 가운데서만 가능하다고 주장한다.[2)]

'넘어가기 경계'는 감상자에서 창작자로의 전환과도 연결된다. 다량의 정보를 소비하고 활용할 줄 아는 현대인은 많다. 쏟아져나오는 지식을 내 것으로 소화하고 흡수하는, 다시 말해 나에게 필요한 것들을 솎아내고 자신의 지식으로 만드는 것은 쉬운 작업이 아니다. 예비 지성인으로서 대학생이 된다는 것은 그동안 수동적으로 학습하고 관찰했던 것에서 벗어나 다음 단계로 도약할 수 있는 것을 의미한다. 즉 내가 관심있고, 지속적으로 향유할 수 있는 지식을 자신의 리듬에 맞게 새롭게 구성하고 자유롭게 창출할 수 있어야 한다.

이 '넘어가기 경계'는 주변에서 중심으로의 전환이기도 하다. 우리

---

1) 서동은, 〈하이데거의 교육개념과 인성교육의 존재론〉, 《인성교육, 인문융합을 만나다》, 연경문화사, 2019, 77쪽.

2) 위의 책.

는 늘 주변을 배회하며 살아간다. 인간은 혼자 살 수 없는 사회적 존재이며, 타인과의 관계가 중요하기 때문이다. 그러나 대학생이 되었을 때, 특히 신입생의 경우에는 오롯이 혼자 지내볼 필요가 있다. 대학에 입학하면 폭넓고 다양한 인간관계를 경험하게 된다. 동아리와 학회 등 새로운 공동체에 입문하기도 한다. 관계성도 중요하지만 우선적으로 주체성이 관건이며, 진정한 관계성은 주체성이 선행되어야 가능하다. 진정한 나를 알아가고, 주변인이 아닌 내 삶의 중심에서 나를 성찰해보도록 돕는 넘어가기 경계다.

익명에서 실명으로 넘어가기

인터넷과 스마트폰의 보편화로 우리는 실명보다는 익명 중심의 생활에 더 익숙하다. 불특정 다수와 많은 양의 정보를 주고받는 데 익숙한 현대인은 익명성에 가려져 책임을 회피하거나 관찰자 또는 관객의 입장을 취하기 마련이다. 사이버 공간에서 무분별한 댓글을 달거나, 혐오 가득한 무책임한 언어사용을 하는 경우도 다분히 발생한다. 익명을 통한 책임회피의 태도를 벗어나 당당한 지성인으로 성장하기 위해서는 자신의 이름을 걸고, 자신의 생각과 자신의 이야기를 할 수 있어야 한다. 나의 생각과 행동에 대해 무게감을 가지며, 건강한 소통의 장을 만들고, 절제 있는 대화가 가능하도록 돕는 것이 이 '넘어가기 경계'의 목표다. 현대사회의 두드러진 특징인 익명성은 우리의 자유를 증진시키는 한편, 그 유용성에 가려진 이면이 바람직하고 성숙한 행동인지 성찰할 것을 요구한다. 대학생들이 다양한 사회적 편견을 극복하고 익명의 방패 뒤에 숨지 않는 성숙하고 당당한 삶을 영위할 수 있도록 돕고자 한다.

또한 '넘어가기 경계'는 문화의 소비자에서 생산자의 입장이 되어 보는 것과 관련된다. 우리는 글을 쓰지 않으며, 논변 혹은 논쟁을 하지 않는다. 다만 우리는 끊임없이 주어지는 것들을 소비하고 사용할 뿐이다. 스마트폰의 보급화로 이는 더욱 가속화되고 있다. 글을 쓰고, 의미 있는 주장을 하고, 내 생각을 다른 사람과 이야기할 수 있는 것. 이러한 활동들을 산뜻하고 명랑하게 할 수 있다면 건강한 지식인으로서 익명에서 실명으로 넘어가는 경계에 있다고 할 수 있다.

조나 힐 감독의 영화 〈미드 90〉(2018)의 주인공은 어른과 아이의 경계에서 끊임없이 방황한다. 가정폭력으로 인한 좌절과 분노를 겪은 주인공은 가족을 벗어나 세상 밖으로 나와서 새로운 '세계'에 진입하게 된다. 스케이트보드와 친구들을 통해 공감 및 우정을 경험하고, 술과 담배를 경험해보면서 어른의 '세계'를 맛본다. 친구들과 어울리다가 상처가 나도 집으로 돌아오면 여전히 '어린아이'가 된다. 가족들에게는 말썽 피우는 어린아이에 불과하지만, 주인공은 친구들의 세계에서 당당한 '동료'이자 일원으로 인정받는다. 영화는 '경계인'으로서 성장의 시작을 보여주고 있다.

김선영(2019)은 '군대'라는 특수상황을 통해 성장을 경험한 복학생들의 사례를 연구했다.[3] 이 연구는 군 복학생의 삶을 주제로 '어떠한' 군 경험이 학생들의 내재적 삶의 전환 및 대학생활의 몰입을 이끌었는가에 주목한다. 그는 군 생활이 학생들에게 자아 성장에 긍정적 영향을 주

3) 김선영, 〈군 복학생들의 내재적 삶의 전환 경험〉, 《교양교육연구》 13호 1권, 한국교양교육학회, 2019, 227-253쪽.

었음을 고려하며, 심층적 연구가 필요하다고 주장한다. 선택하라면 결코 다시 선택하지 않을 것이지만, '군대' 같은 특정한 상황에서의 경험을 통해 삶의 전환 및 성장을 체험할 수 있다. 때로 경험하게 되는 악몽과도 같은 특수한 상황들, 다시 말해 인생의 상황들은 군대와 크게 다르지 않다. 인생은 '작은 군대 버전'이다. 군대 생활은 다른 세상과의 만남이다. 군대는 선택이 아니라 놓인 상황이며, 다른 차원의 문화적 상황에 놓여 있는 집단이기도 하다. 군 복학생은 삶의 전환을 체험한 '경계인'이며, 극복과 성장을 통한 경계 넘어가기의 사례가 될 수 있다.

고대철학자 아낙시만드로스는 만물의 근원으로서 아르케를 '아페이론(apeiron)'이라고 말했다. 아페이론은 시작도 끝도 없는 모든 것의 근원을 의미한다. 그는 만물의 근원이 불, 공기, 물 등 어떤 하나의 원소라면 그것은 진정한 제일의 궁극적인 원리일 수 없다고 생각했다. 그 하나의 원소가 다른 원소들을 압도함으로써 결국 세상의 다양한 사물의 존재를 설명할 수 없게 되기 때문이다.[4] 고대철학자의 이러한 생각처럼 '제한 없음', '경계 없음', '한계 없음'을 시도한 작가가 있어 소개하고자 한다. 미국인이면서 이탈리어로 책을 쓴 작가 줌파 라히리다. 그는《이 작은 책은 언제나 나보다 크다》라는 책을 통해 언어의 경계를 넘어 견고한 벽으로 한계 지워져 보이는 삶의 존재방식을 무한한 영역으로 넘어서고자 한다.

> *전반적인 변신은 나의 경우 불가능하다. 이탈리아어로 글을 쓸 수 있지만, 이탈리아 작가가 될 수는 없다. 내가 이탈리아어로 이 글을*

---

4) 손윤락, 〈밀레토스 학파〉,《서양고대철학 1》, 길, 2013, 59쪽.

쓰지만, 영어로 글을 쓰던 내 일부는 남아 있다. 자신을 네 가지 형태로 창조했던 페르난두 페소아가 생각난다. 그는 자신의 경계를 넘을 수 있었던 덕분에 네 명의 개성 있는 다른 작가를 만들었다. 내가 이탈리아어를 통해 지금 하고 있는 것은 페소아의 전략과 비슷한 것일지 모른다. 세 번째의 또 다른 작가가 되는 것은 불가능하지만, 두 명의 작가가 될 수는 있을 것 같다. 흥미롭게도 난 이탈리아어로 글을 쓸 때 더 보호받는 느낌이다. 훨씬 더 노출되어 있는데도 말이다. 사실 새로운 언어가 날 덮고 있지만, 다프네와 달리 난 피부가 거의 없고 언어가 내게 스며들게 내버려두며 그렇게 나 자신을 지킨다. 비록 두꺼운 나무껍질이 없지만 나는 다시 뿌리를 튼튼하게 내리고 이전과 달리 성장하는 강인한 이탈리아어 작가다.[5)]

'넘어가기 경계'를 통해 우리는 삶의 주인으로서, 주체성을 지니고 각자의 삶에서 도약함으로써 자유롭게 성장해나갈 수 있는 무한한 가능성을 지닌 존재임을 알 수 있다.

의존에서 독립으로 넘어가기

'의존'에서 '독립'으로의 '경계 넘어가기'는 인간관계에서 타인에 대한 의존을 극복하고 독립적 사회인으로서의 사회관계를 구축하는 것이

5) 줌파 라히리, 《이 작은 책은 언제나 나보다 크다》, 이승수 옮김, 마음산책, 2015, 136-137쪽.

다. 대학생 시기에는 정서적으로 불안함을 겪거나 인간관계에 어려움을 느끼는 경우가 많다. 그 주요한 이유는 여전히 가족이나 또래 친구의 결정을 의뢰하고 심리적으로 의존하는 상태에 머물러 있기 때문이다. 그런 경우 자신의 위치에 적합한 사회적 관계를 이해하지 못하거나 변화된 환경에 적응하지 못하게 된다.

그러므로 대학생은 부모나 교사, 또래 친구들에게 정서적 · 지성적으로 의존하는 미성년의 상태에서 벗어나 한 명의 성인으로서 자신의 사회적 관계에 대한 인식과 사회적 태도에 대한 반성을 통해 환경적응력을 향상시키고, 독립적인 인간관계의 주체로 '넘어가야' 한다. 독립적 사회인으로서 타인과의 관계에서 주체성을 지향하는 것이 세부 범주의 목표다.

특히 대학에 갓 들어온 신입생들은 오랜 입시 준비 생활로 인해 정해진 규범을 지키거나 타인의 결정에 따르는 것에 익숙한 경향이 있다. 자신이 속한 공동체의 보편규범에 적응하고 질서에 혼란을 주지 않는 것은 사회인으로서 올바른 태도이지만, 그러한 순응에만 안주하여 자신의 의사결정을 타인에게 의존하거나, 스스로의 판단에 대한 확신을 갖지 못해 권위에 기대어 정당성을 얻으려고 한다면 사회의 주체로 서기 위한 준비를 수행할 수 없다.

독립적 주체로 서기 위해서는 우선 나 자신의 문제를 회피하지 않고 마주하며, 주체적이고 책임감 있게 직면해야 한다. 삶의 주인공으로서 나를 알아가고, 내 삶의 주변이 아닌 내 삶의 중심에서 나를 성찰하는 것이 독립을 위한 첫 번째 과제다.

헤르만 헤세의 소설 《데미안》은 주인공 싱클레어가 자기 자신에게로 이르는 길을 찾아 나서는 치열한 과정을 그리고 있다. 그 길은 고통스럽고 두렵지만 자신이 소중한 존재임을 깨닫게 해주는 우리 모두의 삶의 여정이다. 싱클레어는 진정한 자신을 찾기 위해서는 우선 기존의 세계와 아픈 결별을 해야 함을 깨닫는다. 그 세계는 '아버지의 집'이다.

> *"이 세계는 비좁아서 그곳에는 오직 부모님만이 살고 있었다. 내게 너무도 익숙한 어머니와 아버지라는 이름의 세계는 사랑과 엄격함, 모범과 학교라는 이름의 세계이기도 했다. 이 세계에 속하는 것은 부드러운 광채, 청명함과 깨끗함이었다. 여기에는 부드럽고 친절한 이야기들, 깨끗이 씻은 손, 깔끔한 옷, 좋은 예의범절이 깃들어 있었다."*[6)]

줄곧 나를 지켜주었던 가장 익숙하고 편한 세계와 결별하는 것은 '알을 깨는' 고통을 겪어야 하는 일이다. 알을 깨는 성장통을 통해 독립된 주체로서의 자아를 이루어가는 것이다.

> *"새는 알에서 나오려고 투쟁한다. 알은 세계다. 태어나려고 하는 자는 한 세계를 깨뜨리지 않으면 안 된다."*[7)]

누구나 싱클레어 같은 통과의례를 확연히 치르지는 않는다. 하지만 누구도 피해갈 수 없는 것은 정신적 성장을 위한 독립, 즉 나를 양육하고 보호해준 가족이나 친구들과의 용감한 결별이다. 그것은 타인의 요구나 외부의 자극으로부터 이루어져서는 안 되며, 한 주체로서 사회에 나서야

---

6) 헤르만 헤세, 《데미안》, 이순학 옮김, 미르북컴퍼니, 2017, 11-12쪽.

7) 헤르만 헤세, 위의 책, 137쪽.

한다는 '자각'으로부터 실행되어야 한다. 그렇기 때문에 그것은 진정한 의미의 자유의 실천이다.

진정한 자유란 고치에 갇힌 애벌레처럼 자신에 대한 고정관념이나 주변의 구속에서 벗어나려는, 혹은 타인이나 환경에 의해 자유를 얻으려는 미성년의 자유가 아니다. 스스로 갈 곳을 정하고 날갯짓을 하는 나비처럼 스스로 기획한 미래를 지향하고 목표를 이루고자 '독립'하는 적극적 자유다. 이는 단지 자기 마음대로 살 수 있는 특권을 누리는 것이 아니라, 삶의 목표에 대한 자율적 태도다. 전체를 보는 거시적이고 장기적인 관점과 세계에 대한 융통성 있는 안목과 대응력이 있어야 가능한 성인으로서의 태도라고 할 수 있다.

이렇게 적극적이고 자유로운 선택으로 자기를 수용함으로써 자신의 삶을 스스로 기획하는 것이 진정한 '독립'이다. 그러한 독립적인 자기실현과 자기완성을 위해서는 꾸준한 '내면화' 과정과 '실천'이 필요하다. 왜냐하면 타인에게 의존하지 않는 독립을 실천함에 있어서 자칫 자유의 한계를 초과하여 반항이나 지나친 방종으로 드러내기 쉽기 때문이다.

특히 대학 신입생들은 대학에 진학하면서 느끼는 기존과 다른 자유감을 주체적으로 누리는 데 미숙한 경우가 많다. 그래서 달콤한 방종의 해방감에 빠지곤 한다. 하지만 그것이 거듭되면 내면의 자아에 더 많은 혼란만 남기기 쉽다. 무엇이 독립적 자유이고 무엇이 지나친 방종인가? 안타깝게도 그 경계를 하루아침에 쉽게 알게 되지 않는다. 아주 오랜 고민의 열매가 자기만의 열쇠를 쥐어줄 것이다. 독립의 의미에 대한 비판적 사고와 자신과 자신의 삶에 대한 오랜 고민이 반드시 필요하다. 그것이 바로 꾸준한 자기성찰의 내면화다.

독립에 이르는 자기성찰의 내면화란 어떻게 이루어질까? 싱클레어의 마음속 자아인 데미안이 기존의 가치관에 대해 의문을 품고 비판적 사고를 하도록 하는 역할을 했던 것처럼 자아에 대한 끊임없는 질문들과 삶의 목표에 대한 추궁, 미래에 대한 두려움 섞인 열망이 청년기의 학생들 마음에 일어날 것이다. 그 질문들을 외면하지도 말고 다른 사람의 답을 그대로 답습하려 하지도 말고 자기만의 해답을 찾으려는 번뇌를 포기하지 않을 때, 독립에 이르는 진정한 자유가 주어질 것이다. 타인의 의견이나 결정을 내면화하는 것이 아니라 자신의 목소리를 찾는 것이다. 어떤 사람에게는 물음표만 쌓이는 갑갑한 길이 될 것이다. 그러나 그 갑갑한 시간이 길수록 내 날개 밑에는 바람이 많이 쌓일 것이고 그 바람을 타고 더 높이 날아오를 것이다.

"물이 고인 곳이 깊지 않으면 큰 배를 띄울 만한 힘이 없다. 한 잔의 물을 마루의 파인 곳에 엎지르면 작은 풀잎은 떠서 배가 되지만, 잔을 놓으면 바닥에 닿는다. 그처럼 바람이 두텁게 쌓이지 않으면 큰 날개를 띄울 만한 힘이 없다. 그러므로 9만 리 상공에 올라가야 날개 밑에 충분한 바람이 쌓인다. 그런 뒤에 비로소 대붕은 바람을 타고 푸른 하늘을 등에 진 채 아무런 장애도 없이 남쪽을 향해 날아간다."[8)]

장자(莊子)가 말한 대붕(大鵬)처럼 비상하기 위해서는 내면의 두터운 바람을 성실하게 쌓는 시간이 필요하다. 물론 내면화가 외부세계와의 통로를 차단하고 자기 생각에만 갇혀버리는 것을 말하는 것이 아니다. 인간 보편에 대한 깊은 관심으로 타인과의 관계에서의 자신의 능동적 역

8) 장자

할을 확인했을 때, 비로소 자기만의 관념의 유희에도, 타인에 대한 의존의 늪에도 빠지지 않을 수 있다. 외부세계에의 능동적 참여를 어떻게 실현하는가? 그 답은 '실천'에서 나올 것이다. 사소한 일상에서부터 삶의 기획에 이르기까지 자신의 결단을 실행하는 것이다. 실패나 비난에 대한 두려움을 안고 끊임없이 반성하고 재도전하는 것이다.

이렇듯 자기 내면과의 싸움, 그리고 외부세계에 대응하는 용감한 실천을 통해 타인에 대한 의존도를 줄이고 자기주도력을 갖추어야 타인에 대한 '의존'에서 벗어나 '독립'적 주체가 될 수 있다. 아울러 그것은 자율적이고 독립적인 삶을 추구함과 동시에 진정한 사회인으로서의 자격을 갖추는 길이다. 진정한 사회성과 관계성은 주체성이 선행되어야 가능하기 때문이다. 이 시대 이 사회에 사는 한 사람으로서 해야 할 일을 혼자 함으로써 내 손으로 사회의 문을 여는 것이다. 처음으로 혼자 한다는 것, 그 가슴 뛰는 시간을 가장 생생하게 맞이할 수 있는 때는 오직 청년의 시기다.

아마추어에서 프로페셔널로 넘어가기

"멈춰버린 동네에서 내가 움직인다. 전에는 나만 멈춘 것 같았는데 지금은 나만 움직인다. 느낄 수 있다. 나는 지금 스텝 바이 스텝 중이다."[9]

---

9) 영화 〈완득이〉 중에서.

영화 〈완득이〉의 주인공 소년이 자신의 꿈을 발견한 후 말했던 가슴 뛰는 대사다. 아버지와 어머니가 만들어준 가정을 굴레로만 느끼고 고민에 빠져 방황하던 한 소년은 자신이 하고 싶은 것을 스스로 선택하면서 희망의 설렘을 느끼게 된다. 권투 시합에서 입술이 터지고 쓰러져서도 첫발을 내딛는 희열에 얼굴 가득 웃음이 터져 나온다.

'지옥'이라고 불릴 정도로 가혹하고 답답한 입시의 터널을 지나온 대학 신입생들에게 전공학과는 인생에서 첫 선택의 시험장이다. 자의였든 타의였든 처음으로 여러 갈래 중 하나를 선택하여 접어든 길이다. 그리고 그 길의 끝에는 '전문가'라는 묵직한 타이틀이 있는 '고등' 교육을 받을 기회다. 그 길의 목표를 이루든, 혹은 결국 포기하고 다른 길을 찾게 되든 모두 나의 선택이고 나의 책임이 될 길에 들어선 것이다.

'대학(大學)'은 대인(大人), 즉 성인(成人)의 학문이다. 성인의 학문은 자기를 완성하는 배움이므로 다들 알만한 상식을 배우는 것이 아니라 자기만의 노하우를 익히는 것이다. 대학생들은 과연 그 무거운 긴장감을 실감하고 입학할까? "이제는 실전이다"라는 것을 언제 어떻게 알게 될까? 대학생은 이전과는 다른 학생임을, 이제는 자기만의 것을 가져야 한다는 것을 깨달아야 한다. 프로페셔널로 도약하지 않는다면, 그래서 여전히 교육을 '받고만' 있다면, 진정한 대학생활이 아직 시작된 것이 아니다. 자신의 일에 대한 관심과 애정을 갖고 있지만 책임을 질 의무는 없는 아마추어가 아니라 일의 가치를 책임지는 프로페셔널로의 길에 들어섰기 때문이다.

'아마추어'에서 '프로페셔널'로의 '경계 넘어가기'는 자신의 삶과 공부 모두에 대한 성숙하고 전문가적인 태도를 훈련하는 것이다. 학생들은 대학에 진학할 때 자신이 가장 관심을 두는 전공을 선택한다. 대부분 자신의 성향에 적합하거나, 좋은 성과를 거둘 자신이 있거나, 취향에 맞거나, 청소년기에 관심을 가져서 일정 정도의 지식을 갖고 있다는 이유로 한 선택이다. 선택의 동기가 다양한 만큼 전공에 대한 열의와 자신감, 혹은 기본지식도 천차만별일 것이다. 더 좋은 전공이 없어서, 혹은 상대적으로 성적이 좋은 교과목과 관련된 전공을 골랐기 때문에 전공에 대한 열의가 적은 학생도 있을 것이다. 대학 진학만을 위해 성적에 맞추어 정했거나 타의에 의해 정해졌기 때문에 전공에 대한 관심이 없는 학생도 있을 것이다. 생소한 분야라 전공에 대한 기본지식도 부족하고 자신감이 없는 학생도 있을 것이다.

그러한 학생들에게 "프로페셔널이 되라!"라고 하는 것은 엘리트주의적 요구가 아니다. 스펙을 많이 쌓고 지식의 양을 늘려서 좋은 회사나 전문직에 취업해야 한다는 것이 아니다. 실패에 대한 두려움보다 더 경계해야 할 것은 '무의미한' 대학 4년이 되어서는 안 된다는 것이다. 결국 그 전공을 100% 활용하여 전문직을 갖게 되지 않더라도 4년의 대학생활을 의미 있게 결론짓는 것은 하나의 분야를 '전공(專攻)'한 자기 자신이다. 그 경력의 열매는 향후 어떤 직업을 갖게 되더라도 소중한 자양분이 된다.

그러므로 대학 입학은 자신의 선택에 대한 책임감을 갖고 용감하게 자신을 프로페셔널 시험장에 내보낼 때다. 이제는 고등학교에서 배운 '과목들'이 아니라 나의 '전공'을 다루어야 하는 때다. 대학생은 자신의 전공 분야에서 전문적인 지식을 습득하고 사회 진출을 준비하는 사람이다. 그러므로 이제는 자신의 전공에 대해 이전과는 다른 태도로 임해야 한다. 단순한 관심이나 취향이 아닌 전문가적 마인드를 갖추고, 전공 분야에서만큼은 누구보다 월등한 지식과 숙련성을 갖추고자 하는 진취적 접근으로 넘어가야 한다. 자신의 삶에서 전공의 의미를 재정립한 후 프로페셔널한 태도로 전환하는 것이 '경계 넘어가기'의 목표다.

그렇다면 자신이 선택한 전공의 의미를 재정립하고 전공에 주도적으로 적응하기 위해서는 어떻게 해야 할까? 이 질문의 답을 찾기 위해서는 학생들이 직면하는 학업 스트레스의 현실을 고려하지 않을 수 없다. 사실 수동적인 입시생으로서의 학업 습관에 익숙한 대학 신입생으로서는 자신이 원해서 선택한 전공이라고 할지라도 어려운 일일 수 있다. 전공이 자신의 삶에서 어떤 의미인지, 다른 전공과 달리 자신의 전공이 어떤 의미와 장점을 가지는지, 어떻게 주도적으로 전공에 임할지에 대해 성찰하기에 앞서 새로운 학습 환경으로 심한 긴장감에 휩싸일 것이다.

그러한 학업 스트레스에 대한 인지와 대응, 해결을 어떻게 하느냐에 따라 학생들의 전공 만족도와 전공 적응력이 결정된다. 실제로 대학 입학 후 첫 1년 동안 학생이 애초에 가졌던 전공에 대한 기대와 열정이 그대로 만족스럽게 유지되는 경우는 드물다고 한다. 새로운 학업 환경에 대한 긴장과 더불어 그것을 자율적으로 대응해야 한다는 압박이 더해지기 때문이다.

그것을 극복하기 위해 가장 필요한 것은 학생 스스로 자기효능감을 지니고 학업에 임하는 것이다. 자기효능감이란 "자신에게 주어진 과제를 잘해낼 수 있다는 자기신뢰와 자신이 직면한 문제를 해결할 수 있다는 자신감"을 말한다. 자기효능감이 높은 사람은 어려움에 직면했을 때 쉽게 포기하지 않고 그것을 해결하려는 도전의식을 가지며, 스스로 목표를 설정하고 그것을 달성할 수 있다는 확신을 가진다. 학생이 자기효능감을 지닐 때 학업 스트레스에 대한 해결역량이 발휘될 수 있으며, 그에 따라 전공에 주도적으로 적응하고 전공에 대한 자기만의 의미를 찾을 수 있다.

자기효능감을 어떻게 높일 수 있는가? 우선 전공에 대해 명확하게 인지하고 있어야 한다. 내가 선택한 전공이 어떤 내용을 가지고 있는지 인지해야 하며, 그에 대해 긍정적인 목표를 설정하는 것이 필요하다. 그리고 자기가 이해한 전공의 내용과 설정한 목표가 사회적 지지를 받을 수 있도록 적극적으로 공유하는 것도 좋은 방법이다. 단지 수동적으로 애정과 격려를 받는 것이 아니라 자신의 생각을 객관화하고 검증하는 주도적 공유를 말한다. 처음에는 단순한 내용과 국소적인 목표로 시작하겠지만, 검증의 축적은 자신을 신뢰할 수 있도록 도와줄 것이고 더욱 숙련되고 유효한 학업 방식을 체득하게 될 것이다.

아마추어가 아닌 프로페셔널이란 어떤 사람인가? 바로 자신이 하는 일에 대한 지식을 지속적으로 축적하고, 그 지식을 활용하는 데 있어서 자신의 역량을 객관적으로 평가할 수 있으며, 그 일 가운데에서 자신에게 적합한 역할을 모색하며, 그 일이 수행되는 과정의 각 단계에서의 목표를 설정하고자 하며, 그 일을 내 삶의 기획과 동떨어진 것으로 보지 않는 사람이다. 그 숙련도나 깊이는 신입생, 2학년생, 3학년생, 취업준비생 등 모두 다르겠지만, 그 태도는 분명히 아마추어같이 수동적이고 타율적이고 무성의한 것은 아니어야 한다. 대학생은 숙제를 받아 적고 질문에 대답하는 아마추어 학생이 아니라 스스로에게 과제를 부여하고 새로운 답을 모색하는 프로페셔널이며, 자신의 전공(專攻)을 대변하는 프로페셔널이다.

무관심에서 참여로 넘어가기

'무관심'을 넘어 '참여'를 지향하는 경계 넘어가기의 이번 단계는 '나'라는 개인이 이미 공동체 내에 거주하고 있는 구성적 주체임을 인식하고, '나'를 구성하는 많은 타자와의 관계에 적극적으로 참여할 때, 진정한 '나'를 구축할 수 있음을 설명하는 단계다.

공동체를 구성하고 있는 개인에 대한 인식은 역사의 전개 과정에서 형성된 구성물이라고 이해하는 것이 일반적이다. 특정한 역사적 조건과 상황이 갖추어졌을 때, 개인성에 대한 자각은 시작되었고 사생활의 영역이 중요하게 부각되었다. 많은 인권 선언문들을 통해 공표되고 있는 것처럼 균질한 개인이 전제될 때, 인류 보편의 가치인 민주주의는 가능해진다. 자유와 평등은 이러한 균질한 개인이 공동체 내에서 인간적 삶을 영위하기 위해 뒷받침되는 필수적인 가치들이다. 자기만의 고유한 차이를 지니는 개별적 주체, 개인이 인류 보편의 가치를 지향하며 연대할 때, 공동체의 질서를 창출하는 것이 가능하기 때문이다.

한편 공동체 내의 무수한 개인은 정확하게 자기의 '몸'이 점유하고 있는 공간에 걸쳐 있는 만큼만 '나'로 이해하며, 딱 거기까지가 '나'를 인지하는 자기동일성의 범주로 한정된다. 이렇게 되면 '나'의 범주에 들어오지 못하는 무수한 타자는 '너'라는 이름으로 '나'의 밖에 존재하게 된다. 그들은 가끔 또는 필요에 따라 친구가 되거나, 나의 가치를 평가하기 위한 기준으로서 경쟁의 대상이 되거나, 때에 따라서는 적으로 돌아선다. 나는 우선적으로 나에게 몰두하여 나에게만 관심을 두며, 우리 공동체에서는 이를 가리켜 '공정함'이라 평가하기도 한다. '나' 아닌 것에 대한 관심은 경제적으로 비효율적 · 비합리적이며, 법적으로는 타인의 권리 침해라는 오해의 소지도 가지고 있다.

다시 말해 개인을 단독자로 이해하거나 의사결정의 가장 기본적인 단위로 이해하는 것은 민주주의를 위한 전제에 해당한다는 점에서 당위적이지만, 이러한 인식은 자칫 개인의 개인성 강화를 미덕으로 여겨 무한경쟁을 긍정하는 결과로 이어지기도 한다. 결국 개인에게 정의, 공정성 같은 가치는 경쟁을 긍정하는 구도 속에서만 가능해진다.

즉, 이러한 인식하에서는 개인의 삶의 맥락에 대한 고려 없이 '내가 지불한 것만큼 받아야 하는' 기계적 교환을 정의로 이해하기 쉽다. '약자에 대한 우선적인 배려'는 나의 손해이며, 가치중립적이지 않은 정치는 선동이라 이해된다. 또한 공동체의 공통감각을 구성하는 슬픔, 기쁨, 인간의 존엄에 대한 냉소에도 익숙해진다. 더 나아가 냉소를 공동체의 구성원이 가지는 가치중립적인 태도로 이해하게 된다.

그런데 '나' 또는 '나의 삶'이 육안으로 관찰되는 나의 '몸'과 같이 그 경계를 '나'와 '나 아닌 것'으로 명확하게 나눌 수 있는 대상일까? '나의 범주는 언제나 손과 발끝에서 끝나는 것일까?' '교정의 나무들은 나일 수 없는 것일까?' 이미 '나' 또는 '나의 삶'이 무수히 많은 다른 존재들과의 연관 속에서 구성된다는 사실을 이해한다면 삶을 대하는 우리의 태도가 조금은 달라지지 않을까?

따라서 '무관심'을 넘어 '참여'를 지향하는 경계 넘어가기 단계에서는 독립적 주체로서 첫발을 내딛는 대학생들이 '나'를 이해하고 주체를 정립하는 과정에서 나의 삶이 이미 많은 타자의 참여로 구성되어 있으며, 우리가 이미 삶을 나누어 함께 공유하고 있음을 이해하는 것이 무엇보다 중요한 목표가 된다. 특히 타인에 대한 관심이 공동체의 구성원으로서 내가 서 있는 자리를 명확하게 이해하는 계기가 되고 있음을 알고,

그것이 공동체 구성원으로서의 책임임을 아는 것이 중요하다.

우리 공동체 내에서 무관심의 다양한 양상은 그것이 '나'의 삶과 연관이 없는 다른 사람의 일이라는 오해에서 비롯된다. 또는 나의 삶과 아무런 관련이 없다는 전제하에 성립한다. 그리고 이러한 무관심은 공동체의 '자유', '평등'과 같이 인류 보편의 가치에 의해 정당한 것으로 뒷받침된다. 한때 우리 공동체의 핵심 의제로 떠올라 많은 논쟁을 촉발했던 '무상급식' 같은 논의나 최근 코로나 사태에 따른 자가격리 물품 무상 지원에 대한 비판적 의견들은 모두 공정성, 사회 정의에 위배된다는 근거에 의해 논쟁이 지속될 수 있었다.

우리가 살고 있는 공동체는 내가 낸 것, 지불한 만큼 돌려받아야 하는 것이 정의로 간주되며, 이곳에서는 심지어 우리의 노력이나 열정도 정량적으로 평가될 수 있기를 희망한다. 그러면서도 내가 낸 것, 지불한 것보다 더 가져가는 것은 효율을 근거로 미덕이 되며, 다른 사람이 자신이 낸 것, 지불한 것보다 더 가져가는 것에 대해서는 공정한 것이 아니라고 이야기한다. 또 아무것도 지불하지 않거나, 나보다 적게 지불한 사람에게 무엇인가 주어지는 것에 대해서는 산술적 정의를 근거로 문제를 제기하는 것이 상식이 되어버렸다. 균질한 개인들의 무한경쟁, 기계적 가치중립을 공정한 삶의 한 방편으로 내면화하며 살아온 구성원들에게 약자에 대한 우선적 배려는 또 다른 차별의 축으로 여겨지는 것이 당연해 보인다.

물론 이러한 무한경쟁은 우리 공동체가 지니고 있는 역동성의 중요한 원인이 되고 있음을 부인할 수 없다. 그러나 경쟁에서 낙오하여 살아남지 못한 책임을 개인의 역량에 한정시켜 개인을 단죄하는 현재의 방식을 과연 정당하다고 할 수 있을까? 무한경쟁에서 낙오한 자들은 스스로의 무능함을 탓하고, 자기 자신에게 채찍을 가하여 담금질하며 기약 없이 다음 기회를 기다린다. 이는 매우 공정하고 정의로운 방법이며, 외부로부터 가해지는 강제가 아닌 '자발성'이라는 이름으로 우리 공동체를 움직이게 한다. 그리고 이는 매우 효율적이며, 합리적으로 인정되는 규율체계로 기능한다.

그러나 이러한 공동체가 지속 가능할 수 있을까? 공동체의 구성원들이 이미 삶을 나누어 함께 공유하고 있다는 전제를 이해한다면, 우리는 이미 서로의 삶에 함께 참여하고 있음을 알게 된다. 나는 '나' 혼자만으로 구축되는 것이 아니라, '나' 아닌 다른 많은 구성원의 참여로 구성된다. '나'라는 인칭대명사 속에서 '너'의 자리를 마련한(나-너) 마틴 부버의 논의는 그래서 더욱 의미 있다고 할 수 있지 않을까.

정치에 대한 무관심 또한 같은 맥락에서 이해하는 것이 가능하다. 제도적으로 민주주의가 정착되었음에도 투표권 행사라는 절차상의 권한 행사 이외에 개개의 민의가 온전하게 대의 되어 반영되는 일은 거의 불가능하다. 정치의 영역과 현실에서의 삶은 명확하게 분리되어 있으며, 자유로운 소통이 불가능할 것처럼 보이기도 한다. 자신의 정치적 견해를 이야기하는 것은 그것이 헌법에 명시된 국민의 권리임에도 쉽게 인정되지 않는다. 개개인의 정치적 욕망과 정치 영역에서 개인의 욕망이 대비되는 정도에는 필연적으로 괴리가 발생할 수밖에 없다.

이러한 상황 조건들은 우리의 삶을 공동체로부터 분리된 것으로 여기게 하기에 충분하다. 또 정치에 대한 무관심은 이러한 상황을 점점 고착화하는 경향이 있다. 냉소가 개인의 자유를 표현하는 하나의 방법으로 이해되어 '나'의 위상을 강화한다는 측면에서는 삶의 '쿨'한 형태로 여겨지기도 하지만, 공동체와 단절될 수밖에 없는 차원에서 한계를 지닐 수밖에 없다.

혐오에서 관용으로 넘어가기[10)]

'혐오'를 극복하고 '관용'을 지향하는 경계 넘어가기의 이번 단계는 사물화된 관계를 넘어 인격적 관계를 지향하는 단계다. 이는 개별적 주체의 고유한 차이에 대해 공동체의 구성원들이 어떻게 관계를 맺을 것인가에 대해 새로운 이해를 모색하는 단계이기도 하다. 이를 위해 먼저 우리가 살고 있는 '지금 · 여기'가 어떠한 곳인지 이해하고, '지금 · 여기'에서 타자에 대한 윤리로서 저마다의 고유한 차이에 대해 어떻게 반응해야 하는지 이해하는 것이 필요하다.

개인에 대한 근대적 인식은 개인에게 독립된 주체로서의 막강한 권한을 부여하고 자유를 그 핵심가치로 인정하게 하는 계기를 마련했다. 개인은 침해받을 수 없는 '나'라는 영역을 확보하고 '나' 이외의 구성원들과 관계를 형성하는, 분리 불가능한 기본 단위가 되었다. '나'를 기준으로, '나'라는 개인의 경험을 통해 구성되는 세계는 주체 중심의 자기동일성의 세계를 구축한다.

그러나 '지금 · 여기'에서의 개별적 차이의 다양성은 과거 국가와 시장에서 통용되었던 범주를 훨씬 초과하고 있다. 더욱이 일국체제의 국민이라는 단일한 개념에 비해 오늘날 시민이 가지고 있는 계층적 함의

---

10) 〈시민성 함양을 위한 의사소통 교육의 비판적 재구성〉[정은기, 《사고와 표현》 제11집 2호, 2018]의 일부 내용을 참조하여 부분적으로 재구성함.

는 더욱 다양하게 분화되고 있다. 이민자, 이주노동자, 난민, 소수자 등 다양한 구성원이 개별적 주체의 고유한 차이, 이질성의 형태로 공동체에 포괄되면서 민족국가의 자기동일적 논리를 벗어나고 있다. 다문화, 혼혈, 젠더, 난민 등에 대해 지금까지 논의가 없었던 것은 아니지만, 동일성을 지속시키기 위한 주체 중심의 '관용'만으로는 해결되지 않는 지점이 분명히 존재한다. 이제 국가와 시장은 개별적 주체가 가지고 있는 저마다의 고유한 '차이'를 있는 그대로 수용하지 못한다. 국가와 시장의 일반적 가치에 부합하지 않는다면 '비효율', '비정상'이라는 이름으로 대상화되기도 한다. 이러한 면모는 나 이외의 모든 타자와 관계를 형성하는 과정에서도 빈번하게 확인된다.

특히 오늘날 우리는 익명에 기대어 특정 집단에 대한 혐오의 감정을 표현하는 것에 거리낌이 없다. 한남충, 된장녀, 김치녀, 맘충 등 특정 집단을 타자화하는 명명이 사회적으로 문제가 되는 것도 같은 이유라 할 수 있다. 배제와 소외의 원리로 타인의 의미를 공동체의 맥락으로부터 제거하는 이러한 명명은 사물화된 관계의 극단적 예라 하겠다. 특히 각종 사건 · 사고 소식을 전하고 있는 포털사이트의 뉴스를 접할 때면, 뉴스의 내용보다 해당 기사에 달려 있는 댓글에 주목하게 되는 경우가 많다. 뉴스의 내용과 상관없이 대부분의 댓글에는 혐오와 증오의 수사들이 넘쳐흐른다. 사건 · 사고의 진위 여부를 논하고, 이를 통해 합리적인 의사소통을 수행하기 전에 타자를 차별하고 혐오하는 수사적 표현들로 자기 자신의 정당성을 구축한다. 타인을 비정상 · 불법이라 규정지으며 자기 자신을 정상 · 합법의 자리에 위치시킨다. 더욱이 세대, 계층, 지역, 성별 등 입장에 따라 다양한 의견으로 분화될 수밖에 없는 논의에서도 자기만은 언제나 단일한 논리로 옳음, 합리 등 정상에 대한 주도권을 선

점하고자 한다. 개별적 주체들 간의 연대 가능성이 사라지고, 고립된 개인의 역량 강화로 개인주의는 더욱 심화되었으며, 개별적 차이가 충돌하고 조정되는 과정을 다양성에 대한 인정 또는 관용이라고 이해한다.

그러나 우리가 살고 있는 세계의 문제들이 언제나 필연적인 인과의 법칙이나 단선적 이해만으로 해결되지 않는다. 매우 복잡한 입장이 다양하게 맞물려 있는 상황이어서 개별 주체들의 주관적 관점의 차이에 따라 갈등을 빚는 경우가 대부분이다. 자기 인식을 바탕으로 주어진 문제를 총체적으로 조망하지 못하면 해결할 수 없는 문제들이다. 사실 스스로 생각하고, 스스로를 계발하고, 스스로 결정하는 것으로 명확한 자기 생각을 표현하는 것은 매우 중요한 일이며, 남들과 다른 독창적 관점을 자기만의 논리로 표현하는 것은 무엇보다 중요하다. 개인의 자율성을 옹호하는 차원에서 개인의 개인성을 강화한다는 점은 민주주의 사회의 중요한 전제에 해당하기 때문이다. 그러나 이것이 자칫 개인주의로 흘러 타자에 대해 스스로를 고립시키고 닫힌 존재로서 폐쇄적인 '나'의 내부에만 머물게 된다면, 그리하여 고독한 주체로 고착화된다면 이것은 공동체와 분리된 개인으로서, 공동체의 구성원으로서의 맥락을 상실하게 된다.

나의 자기정체성이 타자와의 관계 속에서 형성된다고 전제할 때, 나는 타인과 일정 부분 삶을 나누어 공유하고 있다고 할 수 있다. 그럼에도 타자에 대한 이해 부족으로 '나'와 '너'를 엄격하게 경계 짓는 대칭적 타자 이해의 방식을 정의라고 정당화한다. 그러나 타인에 대한 공감이나 배려, 관용은 대칭적으로 삶을 나누고 공유하는 것만으로 달성되지 않는다. 오히려 비대칭적이며 상호적인 대화 구도 속에서 타인을 지향할 때 가능한 가치들이다. 이는 오늘날 대학생들이 겪고 있는 현실에서의 삶의 고민과 무관하지 않다. 인간관계의 단절, 목표의 상실, 경쟁을 통한 스펙 쌓기, 삶의 가치와 무관한 취업 등 '나'는 공동체와 분리되어 개인의 내부에 매몰된다. 타자와의 관계 속에서 나의 의견을 제시하기보다 타자를 배제한 채 나의 생각을 드러내는 것으로 자신의 가치를 확인하는 것이다.

'갑질' 또한 타인을 나의 삶으로부터 배타적으로 분리하여 도구화하거나 사물화하며 관계 맺을 때 발생한다. 그러나 '나는 누구인가?'라는 질문이 관계 속에서 구성되는 나에 대한 성찰임을 전제한다면, '나는 누구인가?'라는 질문은 결국 '나는 어떻게 살 것인가?' 또는 '나는 어떻게 관계 맺을 것인가?', '타자와 어떻게 만날 것인가?'의 문제로 귀결된다고 할 수 있다. 나를 나일 수 있게끔 해주는 타자에 대한 윤리로서, 차이를 지닌 타자와 인격적 관계로의 전환을 모색하는 것이 무엇보다 중요하다고 할 수 있다. 따라서 저마다 지닌 고유한 차이에 귀 기울이고 경청할 때, 그리하여 타인을 온전하게 이해하고 내 안으로 받아들일 때, 진정한 인격적 관계 형성이 가능해진다. 더욱이 공동체의 삶에 본격적 진입을 앞둔 대학생들은 자신만의 차이를 발견하고 수용하는 것도 중요하다. 그리고 그렇게 타자의 차이를 수용하는 방법을 습득하게 된다.

주체는 타자를 경유하여 파악되며, 나의 고유성은 타자와의 차이를 통해 사유된다. 우리의 공동체는 그러한 개별 주체들 간의 연대로 구성된다. 경쟁과 성과 지향적 평가의 방법은 타자와의 관계를 단절시키고 스스로를 자기 안에 고립시킨다. 그래서 나를 벗어나 타자와의 연결점을 찾으려는 노력이 중요하다. 사회적으로 공감 또는 경청이 중요한 주제로 부각된 것도 이러한 문제의식에 대한 대응이라 할 수 있다. 이것은 '듣기'를 통한 타자에 대한 이해와 공감의 가능성에 주목한 것이다.

듣기는 단순히 전달된 정보의 이해만을 의미하는 것이 아니다. '듣기'는 시각적으로 보고 판단하는 주체 중심적 논리를 벗어나 타자로부터의 메시지에 귀 기울이는 타자 지향적 행동이며, 공감을 위한 적극적 실천 행위다. '나'라는 주체 중심의 사고 구조 속에서 타자의 자리를 사유하고 적극적으로 공감할 때, 타자들과 더불어 존재와 삶을 나누는 것이 비로소 가능해진다. 공동체에서 우리의 문제가 '나'의 역량만으로 해결될 수 없을 것을 인지하고 타자를 지향해 적극적으로 대화 구조에 참여할 때 공동체의 가치를 지속시키는 것이 가능하다. 나를 벗어나 '너'의 차이에 귀 기울이고 공감할 때, 적극적으로 타자를 지향할 때, '혐오'를 넘어 '관용'의 자세로 타자와 함께 존재하는 것이 가능하지 않을까.

참고문헌

김선영, 〈군 복학생들의 내재적 삶의 전환 경험〉, 《교양교육연구》 13호 1권, 한국교양교육학회, 2019.

서동은, 〈하이데거의 교육개념과 인성교육의 존재론〉, 《인성교육, 인문융합을 만나다》, 연경문화사, 2019.

손윤락, 〈밀레토스 학파〉, 《서양고대철학 1》, 길, 2013.

정은기, 〈시민성 함양을 위한 의사소통 교육의 비판적 재구성〉, 《사고와 표현》 제11집 2호, 2018.

줌파 라히리, 《이 작은 책은 언제나 나보다 크다》, 이승수 옮김, 마음산책, 2015.

헤르만 헤세, 《데미안》, 이순학 옮김, 미르북컴퍼니, 2017.

4장
넘나들기

—

백민정, 윤인선, 이원봉

우리가 사는 사회에는 다양한 갈등이 존재한다. 종종 이러한 갈등 상황 속에서 하나의 입장을 분명하게 취하는 것이 미덕이라고 생각했던 시절도 있었다. 하지만 더불어 살아가는 삶을 지향하는 인성교육에서는 갈등 상황을 하나의 입장을 중심으로 통합하는 것보다는 각각의 입장이 조화롭게 공존할 가능성을 탐색하는 것이 필요할 것이다. 경계-모듈형 CUK 인성교육과정의 '넘나들기'에서 지향하는 지점도 마찬가지다. 우리 주변에 존재하는 다양한 갈등 상황을 이해하고, 이것들 사이의 공존과 조화, 더 나아가 화해를 이룰 가능성을 탐색한다.

특히 본 연구에서는 '나'를 중심으로 하는 내면적 갈등, 같은 공동체 속 '나와 타인'을 매개로 하는 관계성 속에서 경험하는 갈등, 끝으로 '서로 다른 공동체'를 매개로 나타나는 다양한 갈등 상황에 주목한다. 본 연구에서 주목하는 넘나들기의 항목과 양상은 아래와 같다.

내 속의 넘나들기: '내면적 갈등'	인싸와 아싸	원본과 모사
나와 너 넘나들기: '관계적 갈등'	사랑과 우정	구세대와 신세대
공동체 넘나들기: '집단적 갈등'	도시와 농촌	국민과 세계시민

개인이 마주하게 되는 내면적 갈등 상황에서 나타날 수 있는 넘나들기의 가능성에 대해 생각해본다. 이러한 유형 가운데 최근 사회적으로 이슈가 된 '인싸'와 '아싸'의 관계를 생각해볼 수 있다. 특정 집단의 문화에 잘 적응하여 집단 내 구성원과의 관계를 주도적으로 이끌어가며 적극적으로 참여하는 사람을 '인싸'라고 하고, 그렇지 않고 집단의 문화에 적응하지 못하고 고립되고 소외되는 사람을 '아싸'라고 한다. 대체로 인싸는 긍정적인 의미로, 아싸는 부정적인 의미로 사용되며, 대학생들은 자신이 아싸가 될지 모른다는 불안감을 느끼게 된다. 하지만 인싸는 자신의 정체성을 특정 집단에 대한 소속감에서 찾기 때문에 집단과 자신을 일치시켜 개인의 삶을 희생하거나 집단에 소속되기 어려워하는 사람에 대해 배타적인 태도를 취하기 쉽다. 반면에 집단과 거리를 두는 아싸는 집단의 문제를 객관적으로 성찰할 수 있고, 자신의 고유한 정체성을 형성할 수 있다는 점에서 긍정적이기도 하다. 따라서 집단에 소속하기 위해 노력하는 자세와 집단과의 적절한 거리를 두는 자세가 조화를 이루어야 한다.

인싸와 아싸뿐만 아니라, '원본'과 '모사' 문제 역시 우리 삶에서 개인이 마주하게 되는 내면적 갈등의 상황으로 생각해볼 수 있다. 이때 원본과 모사는 개인의 모습을 기준으로 진짜 나로서의 원본과 그것을 타인에게 재현하는 과정에서 나타나는 모사로서의 나 사이에 나타나는 갈등이다. 우리는 SNS에 올라온 한없이 행복해하는 사람들의 모습을 보면서 부러워하곤 한다. 하지만 여기에서 우리는 한 가지 질문을 던져볼 필요가 있다. "SNS에 올라오는 모습이 진짜 그들의 삶일까?" 이와 비슷한 질문은 자소서를 작성할 때도 가질 수 있다. 자소서에 적혀 있는 삶의 모습과 경험의 의미는 진짜 나의 모습일까? 원본과 모사에서는 나의 모습에 관해 진짜 원본으로서의 나와 진짜 나의 모사로서의 나, 이 둘 사이에서 나타나는 갈등에 주목한다. 자신의 모습을 본질적으로 존재하는 나의 모습과 오로지 타인에서 보이기 위해서만 존재하는 나의 모습으로 나누어서 생각하는 것은 불가능하다. 분명히 이 둘 사이에는 다양한 갈등이 존재하지만, 그럼에도 불구하고 조화가 필요하다. 다시 말해, 진짜 나의 모습과 다른 사람에게 비추어지는(비추어지기 원하는) 나의 모습 사이에 벌어지는 간격 혹은 갈등을 어떻게 조화롭게 화해할 수 있을지에 대한 고민이 필요하다.

인성교육에서 넘나들기의 가능성은 내면적 갈등을 넘어서 나와 너 사이에 나타나는 관계적 갈등으로도 확장하여 생각해볼 수 있다. 이러한 관계적 갈등은 개인의 만남과 확장된 개인으로서 세대 사이의 갈등을 통해 확인해볼 수 있다. 먼저 개인의 만남에 초점을 두는 관계적 갈등의 양상으로 '사랑'과 '우정'에 대해 생각해보자. 사랑과 우정은 학창시절 친구와의 우정을 경험하고 성년으로서 이성과의 연애를 추구하는 대학생들에게 무엇보다 중요한 삶의 경험이다. 최근 성(Sexuality, Gender) 인식과 남녀 성 역할의 변화, 결혼과 가족제도의 변화로 인해 연애와 사랑, 우정의 문제는 새로운 질문에 직면해 있다. 결혼이 아닌 개인주의에 기반한 비혼 문화가 확산되고, 연애가 아닌 싱글라이프가 대세가 되며, 남친 ·

여친이 아닌 남사친·여사친 관계가 부각되는 현상들은 사랑과 우정의 경계를 새롭게 조망하게 한다. 성과 욕망에 대한 인식이 다양해진 오늘날 우리는 사랑과 우정의 경계를 과거보다는 좀 더 유연하게 성찰할 수 있게 되었다. 친구와 연인이 어떻게 다른지 우리 시대에 맞게 다시 사유하고 성찰하는 시간이 필요하다. 나아가 사랑과 우정의 상대로서의 타자를 내 삶의 수단이 아닌, 나와는 다른 타인으로 인정하고 이해하려는 성찰적 자세와 결단이 요구된다.

다음으로 확장된 개인들 사이의 만남을 전제로 나타나는 관계적 갈등의 유형으로 '구세대'와 '신세대'를 들 수 있다. 성별 갈등과 더불어 가장 심각한 한국사회의 문제는 세대 갈등이다. 대표적으로 연령에 기반한 신구세대의 갈등이 있다. 노인혐오 문제는 이제 가족 내 부모자식 간 세대 갈등으로도 번지고 있다. 양육 및 부양책임을 회피하는가 하면 소통과 이해 부재로 인한 가족불화도 빈번하다. 흔히 '꼰대'로 비판받는 윗세대의 부정적 행동은 구세대만의 전유물은 아니어서 젊은 꼰대 현상도 나타난다. 대학에서는 교수와 학생 간의 세대 갈등, 혹은 선배와 후배, 복학생과 N수생이 겪는 후배와의 갈등을 생각할 수 있다. 단순히 정보와 지식 혹은 개인적 취향의 차이가 아니라 양자가 공유하고 표방하는 가치관과 삶의 양식, 윤리적 관점의 차이가 심각한 갈등과 대립을 초래한다. 상이한 세대 간의 소통과 이해는 누구도 필연적으로 구세대가 되는 것을 면할 수 없다는 점에서 나에게 닥친 문제라고 할 수 있다. 신구세대의 규정과 평가도 상호적이다. 구세대가 없으면 신세대의 새로움도 정립될 수 없다는 점에서 양자의 상관관계를 숙고할 필요가 있다.

인성교육에서 주목하는 넘나들기의 마지막 가능성으로 공동체 사이에서 나타나는 집단적 갈등에 대해 생각해볼 수 있다. 우리는 삶에서 다양한 공동체에 속하고, 공동체의 구성원으로서 살아간다. 이 과정에서 내가 속한 공동체와 다른 공동체의 만남은 종종 갈등을 유발한다. 특히 현대사회에서는 '도시'와 '농촌'이라는 서로 다른 공동체 안에서 나타나는 갈등을 찾아볼 수 있다. 문화와 문명을 향유할 수 있는 도시적 삶은 모든 사람의 이상이었기에 서울로, 도심으로서의 행렬은 수백 년 동안 끊이지 않았다. 그 결과 도시와 농촌은 문명의 중심지 혹은 문화적 삶의 결핍이라는 대립적 의미까지 담게 되었다. 하지만 이미 포화상태에 이른 도시적 삶에 대한 심각한 회의, 전원과 자연에 대한 동경, 과도한 경쟁의 시달림에서 벗어나 나만의 소확행을 만들고 싶어 하는 이들의 도전 등 도시와 지방의 경계를 넘나드는 새로운 삶을 실험하는 자들이 늘고 있다. 도시와 지방이 공존하지 못하면 안정적이며 지속 가능한 삶의 양식도 불가능할지 모른다. 모든 것을 희생하면서 겨우 버티는 도시 생존의 시대는 지방분권과 자치의 실현, 지방문화와 일자리 환경의 개선을 통해 완화될 수 있을 것이다. 지금이야말로 도시와 지방의 공존, 도시와 지방의 경계를 넘나드는 새로운 삶의 모색이 절실한 시대다.

도시와 농촌 사이의 집단적 갈등과 넘나들기가 한 국가의 차원에서 나타나는 것이었다면, 마지막으로 주목하는 '국민'과 '세계시민'은 그 폭을 더욱 확장한다. 다시 말해, 국민과 세계시민은 글로벌 시대에 마주하게 되는 집단적 갈등의 양상이라고 할 수 있다. 세계화로 인해 경제적·문화적으로 활발한 교류가 이루어지면서 다른 국가와 문화에 대한 개방적 태도와 더불어 폐쇄적 태도가 강화되고 있다. 세계 각국은 난민이나 외국인 혐오와 차별 문제로 고심하고 있고, 자국우월주의를 부추기는 극우 정당이 득세하고 있다. 한 국가의 국민으로서의 정체성은 국가 내의 다양한 갈등을 해소하고 국가적 통합을 이루는 데 필수이지만, 또한 지나친 자국우월주의는 세계의 평화와 인간의 보편적 권리를 위협한다. 한 집단에 대한 소속감과 정체성은 더 큰 집단에 대한 개방성과 조화를 이루어야 한다. 국민으로서의 삶과 세계시민으로서의 삶은 어느 한쪽이 다른 쪽을 배제하고 극복하는 관계가 아니라 넘나들면서 조화를 이루는 관계다.

본 연구에서는 이상의 개괄적인 전제를 바탕으로 나에게서 타인 그리고 공동체로 확장되어가는 갈등 상황에서 다양한 입장을 어떻게 이해하고 어떻게 조화롭게 넘나들 수 있는지에 대해 고민한다.

내 속의 넘나들기: '내면적 갈등'

인싸와 아싸

"대체 나는 왜 이렇게 이상하게 생겨먹어서 모든 사람과 충돌하는 것일까? 왜 선생님들과는 사이가 좋지 않고, 다른 소년들 사이에 있으면 왜 서먹서먹하게만 느껴지는 것일까? 저 선량한 학생들과 건전한 평범성을 갖춘 학생들을 좀 봐라! 그들은 선생님들을 우스꽝스럽다고 여기지도 않고, 시를 쓰지도 않으며, 누구나 그렇게 생각하고 큰소리로 말할 수 있는 것만을 생각한다. 그들은 자신들이 정말 정상적이라고 느낄 것이고, 모든 세상사, 모든 세상사람들과 진정으로 일체감을 느낄 것임에 틀림없어! 그건 정말 기분 좋은 느낌일 테지! 그러

나 나라는 인간은 어떻게 된 것이지? 이 모든 게 앞으로 어떻게 되어 갈 것인가?"[1)]

이것은 토마스 만의 자전적 소설《토니오 크뢰거》에서 전형적인 '아싸'의 삶을 사는 어린 크뢰거가 자기의 처지를 한탄하는 장면이다. 무리에 섞이지 못하는 자신을 비정상이라고 생각하는 크뢰거의 독백은 우리 시대 모든 '아싸'의 마음을 대신하고 있는 것 같다. 한편으로 집단에 소속되어 평범하고 사랑받는 사람이 되고 싶지만, 다른 한편으로 그들이 보여주는 어리석음과 평범함이 어쩔 수 없이 우스꽝스럽고 낯설게 느껴진다.

❙ 공동체의 인정과 개인의 가치 사이에서

'아싸'는 초 · 중등학교에서 사교성이 부족해서 학교생활에 잘 적응하지 못하는 아이들을 일컫는 우리 사회만의 독특한 용어였다. 특히 그런 아이는 '왕따' 같은 학교폭력의 피해자가 되기 쉽다는 점에서 사회적 관심과 배려의 대상으로 간주되었다. 다시 말해 '아싸'에는 소속 집단의 구성원과 융화하지 못하는 사회성이 부족한 아이라는 부정적인 뉘앙스가 강했다. 초 · 중등학교에서 시작된 '아싸'라는 용어는 이제 그 범위가 넓어져 대학생활에 소극적이어서 동아리나 학과 문화에 적응하지 못한 채 혼자 생활하는 대학생을 일컫는 데 쓰이기도 하고, 더 나아가 조직문화에 잘 적응하지 못하는 회사원을 지칭하기도 한다. 1990년대 후반부

---

1) 토마스 만,《토니오 크뢰거 / 트리스탄 / 베니스에서의 죽음》, 안삼환 옮김, 민음사, 1998, 13-14쪽.

터 널리 쓰이기 시작한 '아싸'라는 용어는 우리 사회가 겪고 있는 개인과 공동체의 갈등을 나타내고 있다. 과거에는 눈에 보이지 않았던, 무리에서 소외된 구성원이 관심을 받기 시작했다는 것은 긍정적인 측면이지만, 이런 소외된 구성원을 구별하여 범주화하고 배척하게 되었다는 것은 부정적인 측면이라고 할 수 있다.

'아싸'의 대척점에는 '인싸'가 있다. '인싸'는 집단 안에서 적극적으로 활동하면서 주위 사람의 인정을 받는 사람을 지칭한다. '인싸'는 주변 사람들이 부러워하는 속성을 두루 갖추고 있다. 말 그대로 인싸는 집단이나 조직 '안에서' 그 집단이나 조직의 일반적 가치와 문화를 체현하고 있는 사랑받는 사람이다. 학생이라면 쾌활하고 적극적인 성격에 친구들을 잘 챙기며 리더십을 갖추고 운동이나 공부도 잘하는 경우다. 《토니오 크뢰거》에서는 당시의 시민사회가 높이 평가한 품성을 갖춘 금발머리의 한스가 그런 학생이다. 한스는 크뢰거와 달리 급우들의 부러움의 대상이자 선생님으로부터 사랑받는 '인싸'다. 최근에는 인싸를 넘어 '핵인싸'라는 용어가 등장하고, 인싸가 사용하는 물건을 뜻하는 '인싸템'이라는 용어도 생겼는데, 이것은 집단에 소속되어 인정받고 싶어 하는 사람들의 마음을 잘 보여주고 있다. '인싸'와 '아싸' 사이에는 자신이 아싸가 될까 두려워하고, 인싸의 무리에 속하고 싶어 하는 경계에 선 많은 사람이 있다. 인싸가 공동체로부터 인정받는 가치를 표현한다면, 아싸는 자발적이든 어쩔 수 없어서든 공동체로부터 인정받지 못하는 개인의 가치를 보여준다고 할 수 있다.

▎비사교적 사교성과 아싸적 인싸

최근에는 개인의 가치를 고수한다는 '아싸'가 가진 의미를 강조하면서 '아싸'가 되는 것을 두려워하지 말고 긍정적으로 받아들여 자기 삶에 충실할 수 있는 계기로 삼아야 한다는 주장들이 힘을 얻고 있다. 그들은 '인싸'에 포함된 공동체 가치의 강요가 가져올 수 있는 소수에 대한 암묵적 폭력과 배제를 거부한다. 이렇게 공동체의 인정보다는 자기의 가치를 고집하여 스스로 '아싸'가 되는 사람을 '자발적 아싸'라고 부르는데, 이것은 주로 부정적 의미를 담고 있던 '아싸'에 주체적이고 당당하다는 긍정적 의미가 부여되는 현상을 보여준다. 굳이 남에게 인정받기 위해 자신의 가치를 희생하기보다는 자기 자신의 삶을 인정하고 즐기며 살겠다는 이러한 생각은 개인에게 공동체의 규범을 강압하는 문화가 퇴색되고, 개인의 가치에 간섭하지 않고 존중하는 개인주의 문화의 확산과 맞물려 있다. '아싸'의 어원이기도 한 콜린 윌슨의 《아웃사이더》가 제2차 세계대전 이후 유럽 사회에서 정신적 공동체가 붕괴되고 개인주의가 심화되어가던 1950년대 후반에 출판되어 큰 호응을 받았던 것은 우연이 아니다. "아웃사이더는 언뜻 보면 사회문제다. 그는 눈에 띄지 않는 존재다"[2)]라는 문장으로 시작하는 《아웃사이더》에서 윌슨은 아웃사이더를 생각 없이 맹목적으로 하나의 가치를 향해 달려가는 집단에 섞여 들지 않고, 그들을 차분한 시선으로 관찰하면서 삶의 진실을 찾으려고 하는 존재로 묘사하고 있다. 인류 역사의 많은 사상가, 예술가, 문학자들이 이러한 아웃사이더였다는 것이다. 이러한 윌슨의 주장은 전통적인 공동

---

2) 콜린 윌슨, 《아웃사이더》, 이성규 옮김, 범우사, 1997, 13쪽

체의 규범을 의심하고 그런 규범의 강요를 거부하는 당시의 '아싸'들에게 큰 힘이 되었을 것이다.

하지만 '아싸'에 대한 지나친 긍정은 인간의 본성 안에 있는 사회적 욕망, 소속과 인정의 욕망을 일부러 외면하는 것이 된다. 인간은 생각 속에서는 혼자일 수 있지만, 삶 속에서는 결코 혼자일 수 없다. 인간의 삶은 끊임없이 타인의 도움과 교제 속에서만 성립할 수 있으며, 개인의 고유한 삶이란 공동체 삶의 일부일 수밖에 없다. 다만 무의식적으로 본능에 따라 집단에 소속되는 개미나 꿀벌과 달리 인간은 '나'라는 의식을 통해 공동체의 삶에 자발적으로 참여하지 않으면 안 된다. 따라서 중요한 것은 인싸와 아싸의 삶 사이에서 일종의 긴장관계를 유지하면서 살아가는 것이다. 자기를 바라보는 상대의 시선에 자기 자신을 잃어버려서도 안 되지만, 그렇다고 자기 자신의 내면만 바라보고 있어도 안 된다. 인간은 완전히 혼자 있을 수도, 그렇다고 늘 다른 사람과 함께할 수도 없다는 인간의 조건을 독일의 철학자 칸트는 '비사교적 사교성'이라고 불렀는데,[3] 인간에게는 공동체를 형성하려는 본성과 자기를 고립시키는 본성이 모두 있다는 의미다. 인간의 사회생활은 서로 이웃으로서 잘 사귀려는 친목성을 지닌다. 이러한 친목성이 곧 사교성이다. 그러나 인간의 사회생활은 낭만적인 사교성으로만 이루어지는 것이 아니라 긴장감을 안고 신경을 곤두세우는 경쟁과 투쟁도 있다. 이것이 비사교적인 측면이다. 그리고 이런 인간의 모순된 본성이 인류문화 발전의 원동력이다. 그렇다면 우리의 삶에서도 인싸(사교성)나 아싸(비사교성)의 경계 어느 한쪽에 안주하는 것이 아니라 이 둘을 넘나들며 조화시키는 '아싸적 인싸'가 되

3) 임마누엘 칸트, 《칸트의 역사철학》, 이한구 편역, 서광사, 1992, 29쪽.

는 것이 필요할 것이다.

원본과 모사

우리는 SNS에 올라오는 한없이 행복해 보이는 사람들의 모습을 보면서 부러워하곤 한다. 현재의 나와 비교했을 때 SNS에서 보이는 그들의 삶은 항상 행복해 보인다. 그리고 우리는 종종 상대적 박탈감에 빠지기도 한다. 하지만 여기에서 우리는 한 가지 질문을 던져볼 필요가 있다. "SNS에서 올라오는 삶의 모습이 진짜 그들의 삶을 보여주는 것일까?" SNS에 올라오는 이미지들은 전체 삶의 특정한 부분이다. 다시 말해, 실제 삶을 원본이라고 한다면, SNS에 올리는 삶은 원본의 일부를 편집한 모사라고 할 수 있다.

앞서 살펴본 SNS의 문제는 비단 사이버 공간에서만 일어나는 일은 아니다. 현대사회를 살아가는 우리는 끊임없이 자신의 존재를 증명하기를 강요당하며 살고 있다. 입사나 대입 수시 모집에 응시하기 위해서는 '자소설'이라고 웃프게 이야기되는 자기소개서를 작성해야 하고, 대학에 신입생으로 입학하게 되면 적어도 열 번 이상은 다른 사람들 앞에서 자신을 소개해야 한다. 이때 원본이라고 할 수 있는 우리 삶을 얼마나 있는 그대로 소개할 수 있을까? 아마 100% 있는 그대로의 모습을 보여준다는 사람은 많지 않을 것이다. 다시 말해, 우리는 실제 자신의 모습과 타인에게 보여지는(타인을 의식하는) 자신의 모습 사이의 간격 혹은 갈등 속에서 살아가고 있다.

❙ 타인의 시선 속에서 살아가는 나, 찾아가는 나

'카푸어(car poor)'라는 말이 언론을 장식하던 때가 있었다. 주거지는 비록 열악한 곳에 살지만, 빚을 내서라도 고급차를 타는 사람들을 일컫던 말로, 어느 순간 자신의 현실을 간과하고 다른 사람들의 시선을 지나치게 의식하며 사는 사람들을 비꼬는 의미로 사용되었다. 이러한 카푸어 현상은 왜 나타나게 된 것일까? 아마 원본으로서 존재하는 현실의 나보다는 고급 외제차로 재현되는 다른 사람들에게 비추어지는 삶을 더 중요시했기 때문일 것이다. 그리고 대부분의 카푸어족은 타인의 시선을 지나치게 의식하는 과정에서 많은 빚과 어려움을 경험하곤 했다.

이처럼 타인의 시선을 의식해서 자신의 삶을 잃어가는 모습은 현재 대학생들의 삶에서도 어렵지 않게 찾아볼 수 있다. 대학 신입생과 대화를 나누다 보면 "저는 졸업하고 ○○○이 되고 싶습니다"라고 자신 있게 말하는 모습을 볼 수 있다. 그리고 그 꿈을 위해 공모전, 영어 점수, 인턴 같은 다양한 스펙을 준비한다. 하지만 아이러니하게도 이들에게 "그 꿈을 왜 가지게 되었는지"를 물으면 머뭇거리는 모습이 나타난다. 또한 많은 학생이 신입생 때 자신 있게 말하던 그 꿈을 학년이 올라가고, 자신에 대한 성찰과 고민이 깊어지면서 수정하는 경우도 나타난다. 어쩌면 우리는 어린 시절부터 주변 사람들에 의해 어떤 특정한 삶이 좋은 것이며, 그러한 삶을 살기 위해 다양한 준비를 해야 한다는 것을 암암리에 강요받았던 것은 아닐까? 이러한 모습은 어쩌면 원본인 자신의 삶에 대해 생각하고 바라보는 것보다는 다른 사람들의 시선에 비추어지는 삶을 추구하는 과정에서 나타난 것은 아닐까?

하지만 이러한 삶을 무조건적으로 비판할 수만은 없을 것이다. 타인에게 비추어지는 자신을 준비하는 과정에서 다른 사람들의 인정을 받고 행복하게 살아갈 수도 있기 때문이다. 더 나아가 타인의 시선 속에서 자신의 모습을 찾아갈 수도 있다. 흔히 자아정체성에 대해 이야기할 때, 관계적 자아의 개념에 따르면 나라는 존재는 타인과의 관계를 통해 형성된다. 예를 들어 내가 학생일 수 있는 이유는 교사와의 관계 속에서 형성된다. 이러한 맥락에서 우리는 살아가면서 마주하는 다양한 타인과의 관계, 시선 속에서 자신의 모습을 형성해나갈 수 있다.

또한 대학 신입생들이 말하는 "저는 졸업하고 ○○○이 되고 싶습니다"라는 목표와 그 꿈을 위해 공모전, 영어 점수, 인턴 같은 다양한 스펙의 준비가 타인의 시선 속에서 형성된 것이라고 할지라도 동시에 이러한 삶을 살아가는 과정에서 우리는 자기 삶을 돌아보고 성찰하며 타인의 시선에서 수정된 새로운 자신의 모습에 대해 고민하고 진정한 나를 찾아갈 수 있을 것이다.

▍보여지는 나와 실제 나 사이의 넘나들기

> *"밝고 웃는 모습을 많이 보여주면, 사람들이 그런 부분을 기대하고 보고 싶어 하는 것 같다. 하지만 하나의 성격만 가진 사람은 세상에 실제로 존재하지 않는다. 나도 다른 이들처럼 희로애락의 감정을 모두 느낀다. 내 안에 이 모든 감정이 담겨 있다. 웃는 것도, 슬픈 것도, 화내는 것도, 짜증 내는 것도, 그 어떤 것도 전부 다 나다."(2012년 11월 배우 송지효 인터뷰)*

타인의 시선을 가장 많이 신경 쓰며 살아가야 하는 직업 중 하나가 바로 연예인일 것이다. 위 인터뷰에서처럼 대부분의 연예인은 다른 사람들에게 보여지는 자신의 모습과 실제 자신의 모습 사이의 간극을 경험하곤 한다고 한다. 이러한 상황에서 우리는 쉽게 타인의 시선을 벗어나 진실한 자신의 모습을 마주하는 것이 중요하다고 말하곤 한다. 하지만 과연 그것만이 정답일까? 다시 말해, 타인의 시선에 비치는 자신의 모습을 벗어난 삶을 사는 것이 가능할까? 자크 필립은 《내면의 자유》에서 "스스로를 사랑하고 받아들이기 위해서는 다른 사람의 시선을 통한 중재가 필수다"라고 말한다. 어쩌면 다른 사람의 시선 속에서 살아가는 것은 사회적 존재로서 인간이 마주한 숙명이라고 할 수 있다. 그렇다면 우리는 다른 사람들의 시선에 비치는 나 혹은 다른 사람들의 기대가 형상화하는 나와 실제 나를 구분하는 것이 아니라 이 둘의 넘나들기, 상호작용 과정에서 현재의 나를 만들어갈 필요가 있는 것은 아닐까?

너와 나의 넘나들기: '관계적 갈등'

사랑과 우정

사랑과 우정은 세대를 불문하고 많은 사람에게 삶의 의미를 부여해주는 가치라고 할 수 있다. 특히 중 · 고등학교를 거치며 친구와의 우정을 경험하고 성년이 되었을 때 이성과의 연애를 추구하는 대학생들에게는 더욱 중요한 경험이라고 할 수 있다. 그런데 성(sexuality, gender)에 대한 인식, 남성과 여성의 역할, 남녀 간의 사랑과 결혼제도 등에 대한 인식은 오늘날 심각한 위기에 직면해 있다. '비연애, 비성관계, 비혼, 비출산'을 뜻하는 신조어 '4B(非)'가 유행한 지 오래다.[4] 경제적 불안감, 육아 부담, 경력 단절, 데이트 폭력, 성인지 감수성 부족 등 사회구조적 문제로 인해 신세대들은 연애 · 섹스 · 결혼 · 출산 등의 사회적 관계를 기피한다. 인간관계에 극심한 피로감을 느끼는 '관태기' 현상마저 등장하는 요즘, 대학생들의 사랑과 우정을 논하는 것은 어렵고 힘든 일이다. 결혼이 아니라 개인주의에 기반한 비혼 문화가 확산되고, 연애가 아닌 싱글라이프가 대세이며, 남친 · 여친이 아닌 남사친 · 여사친 관계가 부각되는 현상들은 성에 대한 변화된 인식을 반영한다. 변화된 성 관념은 남녀 간의 사랑 혹은 우정의 문제를 새롭게 조망하도록 한다. 다양한 성 인식이 가능하면 사랑과 우정 사이의 전통적인 경계선도 무의미할지 모른다. 사회적 인간관계 자체가 의문에 부쳐진 오늘날 사랑과 우정의 의미를 되묻는 것은 더욱 긴요한 일이 되었다.

▍사랑과 우정보다 학업·취업이 우선인 시대

올해로 20학번 새내기 대학생들이 대학에 진학했다. 신입생이라면 친구들과 전공수업을 듣고 동아리 활동에서 선배들을 만나 인간관계를 맺으며, 취미와 특기를 계발하면서 20대만의 다양한 추억을 쌓기 마련이다. 하지만 요즘 신입생들의 풍속도는 과거와 현격히 달라졌다. 대

4) 연합뉴스(2020.01.26). "연애 · 성관계 · 결혼 · 출산 모두 거부"…'4B'를 아시나요. https://n.news.naver.com/article/001/0011357244

학 관련 잡지사가 99학번과 09학번, 19학번 대학생을 대상으로 동일한 설문조사를 실시했는데, 결과가 주목할 만하다. 19학번 대학생 10명 중 8명이 '학업과 학점이 대학에서 가장 중요하다'라고 응답한 반면, 99학번 대학생 10명 중 6명 이상은 '동기 및 선배와의 인간관계가 중요하다'라고 답했다는 것이다.[5] 세계적인 금융위기와 취업난을 겪으면서 대학생들의 삶의 우선순위가 달라진 것을 알 수 있다. 미래의 불확실성 때문에 인간과 삶에 대한 이해, 스스로 생각할 수 있는 사유능력, 배려하고 공존하는 방법을 배워야 할 학창시절에 대학생들은 생존을 위한 경쟁에 내몰린다. 경제 상황과 취업난이 연애와 사랑, 인간관계를 회의하게 만들면서 오히려 '연애하지 않을 권리'가 각광받는다.[6] 다양한 사회적 지표가 이성 간 연애와 사랑에 관심이 낮아짐을 보여주지만, 역설적이게도 다른 한편 연애와 사랑에 서툴러서 고민하는 대학생을 위한 '연애 배우기 프로그램'이 대학가마다 인기다. "연애도 과외시대"[7]라는 제목처럼 자신만의 연애 스타일, 마음에 드는 상대 고르기, 연애에서 손해보지 않기 등 연애에 필요한 기술과 노하우를 전해주는 연애 수업들이 주목받고 있다. 취업난에 떠밀려 사랑과 우정에 무관심해 보였던 신세대들의 이 같은 관심과 인기를 어떻게 설명할 수 있을까? 사랑과 우정의 새로운 모델이 만들어지고 있는 것일까?

---

5) 연합뉴스(2019.12.17). '인간관계보단 취업 · 학점'… 20년 새 달라진 캠퍼스. https://www.yonhapnewstv.co.kr/news/MYH20191217006100038?did=1825m

6) 경향신문(2016.05.20). "연애할 자유가 있다면, 연애 거부할 자유도 있죠". http://news.khan.co.kr/kh_news/201605200033005&code=10010

7) 경향신문(2009.05.16). "연애도 과외시대". https://n.news.naver.com/article/032/0002940439

▌자기애 또는 나르시시즘이 아닌 타인과의 공존 필요

자본주의 경쟁사회는 타인과의 보편적 유대보다는 자신의 생존에 몰입하도록 사회구성원을 내몰고 있다. 한병철은 《에로스의 종말》에서 오늘날 우리는 '성공신화'로 인한 우울증, 성공을 위해 자신을 착취하는 자기착취와 규율의 시대를 살고 있다고 말한다.[8] 나와는 다른 이질적 타인과의 유대가 아닌 자신의 성공과 건강을 계율처럼 신성시한다는 것이다. 그는 오늘날 사랑의 종말이 '자아의 나르시시스트화 경향' 때문이라고 말한다.[9] 에로스는 나의 지배 영역에 포섭되지 않는 타자를 향한 것인데, 모든 것을 소비 대상으로 삼아 이질성을 제거하는 자본주의로 인해 나의 자아 동일성에 포착되지 않는 타자가 소멸되었다는 것이다. 그런 점에서 나와 타자의 사랑과 유대도 불가능한 일이 되었다고 진단한다. 누구나 직감하고 있듯이 오늘날 신세대는 자의든 타의든 나홀로족의 삶을 살고 있다. 잡코리아가 대학생 2,706명을 대상으로 진행한 설문조사에 따르면, 대학생 2명 중 1명은 스스로 '나홀로족'이라고 생각한다.[10] 특히 대학생 10명 중 9명은 '혼자인 편이 차라리 더 낫겠다'라고 생각하며, 가장 혼자이고 싶은 순간은 '사람들의 감정이나 기분을 맞춰주는 것이 피곤하다고 느끼는 때'라고 답했다. 경력개발과 사회적 성취를 위해 자신에게 시간과 애정을 쏟는 오늘날 주체들은 타인과의 관계를 힘들어하고 혼자 사는 삶이 낫다고 느끼는 한편 우울감, 소외감, 불안과 스트레

---

8) 한병철, 《에로스의 종말》, 문학과지성사, 2015.

9) 한병철, 위의 책, 18-20쪽 참조.

10) 메트로신문(2019.04.07). 대학생 2명 중 1명 "나는 나홀로족". https://www.metroseoul.co.kr/article/2019040700071

스를 완화하기 위해 소셜네트워크서비스(SNS) 사용에 몰입하는 경향이 있다.[11] 개인의 성공을 위해 내달리면서도 타인과의 직접적 관계가 결여된 신세대는 자신의 자유와 성공 혹은 타인과의 유대(사랑과 우정) 사이에서 여전히 고민하고 있다.

▌사랑 혹은 우정의 재발견

오늘날 사랑과 우정이 어려운 과제가 된 것은 자아 동일성과 자기애의 회로에 빠져 있기 때문일 수 있다. 타인과의 사랑과 우정도 내가 원하는 것을 상대에게 요구하고 나의 성취와 성공에 피해가 된다면 배제하고 싶은 인간관계의 유형으로 간주되고 있다. 친구와의 우정보다 더 복잡미묘한 감정을 동반하는 사랑의 관계조차 내 삶의 정해진 계획과 일정에 맞추어 조율해야 할 것으로 간주된다면, 우리는 결국 타인과의 사랑이라는 경험을 직접 대면하지 못할 수 있다. 각종 연애 배우기 프로그램의 인기는 내 마음에 드는 스타일을 자유롭게 선택하고 내 인생 플랜에 상대방을 꿰맞추기 위한 인간관계의 전략일지 모르지만, 나와 다른 타자를 만나기 위한 삶의 모험으로서의 사랑일 수는 없을 것이다. 친구와 연인 사이의 관계, 사랑과 우정의 경계선도 더욱 모호해지고 있다. 친구와 연인이 무엇이며 어떻게 다른지 우리 시대에 걸맞게 다시 사유하고 성찰하는 시간이 필요하다. 과거처럼 강박적으로 친구와 연인의 관계를 명확하게 구분할 필요가 없을지도 모른다. 성 인식과 육체적 욕망에 대한 감각이 달라진 오늘날 우리는 정신적 · 신체적 관계맺음의 양상을

---

11) 뉴시스(2019.05.24). 대학생들, 불안 · 우울 완화 위해 SNS 몰입 → 중독 악순환. https://newsis.com/view/?id=NISX20190523_0000659977&cID=10201&pID=10200

과거와는 다른 방식으로 사유할 수 있기 때문이다. 사랑과 우정의 경계를 유연하게 하는 것보다 더욱 중요한 것은 사랑과 우정의 상대로서의 타자를 내 삶의 수단이 아닌, 나와는 다른 타인으로 인정하고 이해하려는 성찰적 자세와 결단이라고 할 수 있다.

구세대와 신세대

'X세대', '386세대', '산소학번'을 비롯하여 우리는 주변에서 특정한 세대를 지칭하는 용어를 어렵지 않게 접할 수 있다. 이는 해당 세대의 특징을 상징적이고 위트 있는 어휘를 통해 표현하면서 그 특성을 한눈에 파악할 수 있게 한다. 하지만 특정한 개념을 활용하여 세대를 구분하는 순간, 우리는 세대에 속한 개별적 주체로서의 모습을 망각하고 개인을 전체로서 생각하게 되는 오류를 범할 수 있다. 또한 세대를 지칭하는 이러한 용어의 이면에는 암암리에 그 세대와 다른 세대를 구분하는 시선이 존재한다는 점 역시 간과할 수 없다. 다시 말해, 특정 세대를 구분하는 과정에서 개체로서의 인격은 사라지고, 자연스럽게 다른 세대들과의 차이가 강조된다. 이 과정에서 나와 그들은 다르다는 인식을 형성하게 된다. 그리고 세대 간의 구별은 서로에 대한 소통 거부, 이해 불가의 장벽을 형성하며 혐오와 갈등으로 확산될 수 있다.

한국 사회에서 세대 갈등은 대표적인 분쟁으로 자리 잡은 지 오래다. 대표적으로 연령에 기반한 신구세대의 갈등이 있다. '틀딱이'라는 용어로 대표되는 노인혐오 문제는 이제 가족 내 부모자식 간 세대 갈등으로도 번지고 있다. 양육 및 부양 책임을 회피하는가 하면 소통과 이해 부재로 인한 가족불화도 빈번하게 나타난다. 대학 내에서는 교수와 학생 사이의 세대 갈등뿐만 아니라 선배와 후배, 복학생과 N수생이 겪는 후배와의 갈등 역시 나타나고 있다. 이러한 세대 갈등은 단순히 정보와 지식 혹은 개인적 취향의 차이에 바탕을 둔 구분 짓기가 아니라 양자가 공유하고 표방하는 가치관과 삶의 양식, 윤리적 관점의 차이로 이어져 심각한 갈등과 대립을 초래한다. 상이한 세대 간의 소통과 이해는 누구도 필연적으로 구세대가 되는 것을 피할 수 없다는 점에서 우리 모두가 마주한 문제라고 할 수 있다. 신구세대의 규정과 평가도 상호적이며, 구세대가 없으면 신세대의 새로움 역시 성립할 수 없다는 점에서 양자의 상관관계를 숙고해볼 필요가 있다. 이를 위해 현재의 대학생들이 경험하게 되는 대학 안에서의 세대 갈등과 앞으로 경험하게 될 사회에서 나타나는 세대 갈등에 대해 생각해볼 필요가 있다.

▎사회에서 나타나는 세대 갈등

2020년 4월 대한상공회의소의 발표에 따르면, 직장인의 63.9%가 '세대 차이로 인해 갈등을 느낀다'라고 응답했다. 그리고 이러한 갈등은 '업무'를 바라보는 관점의 차이에서 기인한다. 가령 정시퇴근을 놓고 구세대(기성세대)는 일에 대한 책임감이 부족하기 때문에 나타나는 것이라고 이해한다. 이에 반해 신세대(신입사원)는 야근을 당연시하는 것은 부적절한 인식이며 업무는 정해진 시간에만 진행해야 한다고 응답했다. 이러한 맥락에서 신세대는 '성실히', '열심히'를 강조하는 구세대를 비합리적이라고 인식했으며, 반대로 구세대는 신세대를 조직원으로서 책임감이 부족하다고 평가했다.

이러한 갈등은 업무뿐만 아니라, '회식'을 바라보는 시선에서도 나타난다. 구세대와 신세대 모두 팀 빌딩 활동의 필요성에 대해서는 공감했다. 하지만 구세대는 회식을 소통의 자리로 생각하며 "직원들이 부담스러워하고 나도 별로지만 억지로라도 이렇게 자리를 만들어야 뭉치지 않겠나?"라고 말한다. 반면 신세대는 회식은 결국 '의전의 연속'이라며 소통과 팀 빌딩 활동 역시 근무시간에 이루어져야 한다고 말한다.

사회 안에서 나타나는 세대 갈등은 현재 대학생들이 앞으로 경험하게 될 상황이라는 점에서 주목해볼 만한 현상이다. 사회생활 중 나타나는 세대 갈등은 주어진 업무를 충실하게 수행해야 한다는 점에 대해서는 공통적으로 인식하지만, 어떻게 수행할 것인가에 대한 차이를 좁히지 못하여 나타나는 것이라고 할 수 있다. 다시 말해, 공동의 목표를 보고 함께 걸어 나가는 과정에서 상대가 나와 다른 가치관과 삶의 양식을 지니고 있다는 점을 인식하지 못하는 데서 나타나는 갈등이라고 할 수 있다.

▍대학 안에서 나타나는 세대 갈등

앞서 살펴본 사회에서 나타나는 세대 갈등이 공동의 목표를 향해 나아가는 과정에서 상대가 나와 다른 가치관과 삶의 양식을 지니고 있다는 점을 인식하지 못하여 나타나는 것이라면, 대학 안에서 나타나는 세대 갈등은 나와 비슷한 삶의 양식을 공유하고 있더라도 차이에 대한 막연한 거부감과 불편함에 기인한다.

한때 인터넷에서 '눈치 없이 MT를 따라간 복학생의 최후'라는 제목으로 떠돌던 사진이 있었다. 이 사진에서는 같은 학번의 친구들이 모두 모여서 식사를 하는데, 나이가 조금 많은 복학생만 누구와도 어울리지 못하고 혼자 떨어져 있는 모습을 보인다. 사실 복학생과 재학생의 나이 차이는 아무리 많이 잡아도 다섯 살 내외다. 어떻게 생각하면 문화나 삶의 양식의 차이로 인한 갈등이 크게 나타나지는 않을 상황이다. 하지만 대학 안에서는 재학생과 복학생의 구분, 더 나아가 같은 학번 안에서도 'N수생'이라는 말을 두어 세대를 구분 짓고 있다. 이러한 현상은 타인의 시선보다는 나를 중심으로 최대한 자유로워야 하는 대학 생활에서 나와 조금이라도 다른 세대들과 함께하면 막연히 불편할 것이라는 생각, 더 나아가 그들의 눈치를 봐야 한다는 생각으로 인한 거부감이 발현된 것이라고 할 수 있다. 다시 말해, 대학 안에서 나타나는 세대 갈등은 자신의 자유가 침해받을 것이라는 막연한 거부감에 바탕을 두고 나타나는 것이라고 할 수 있다.

❙ 세대 간의 갈등 넘나들기, 다름의 공동체

우리는 흔히 '공동체'라고 하면 동질성을 공유하는 사람들의 모임으로 생각한다. 하지만 다름의 공동체 역시 존재할 수 있다. '다름의 공동체'에서는 구성원들끼리 동질성을 공유하는 것이 아니라 서로 다름을 포용하면서 공동체 구성원 각자가 인간다운 삶을 영위하는 데 필요한 기본 조건을 마땅히 요구할 권리를 지원하고 그 개개인에 대한 책임을 수행한다.[12)]

우리가 마주한 세대 간의 갈등 역시 다름의 공동체라는 맥락에서

---

12) 강남순, 《코즈모폴리터니즘과 종교》, 새물결플러스, 2015, 67쪽.

접근해볼 필요가 있다. 현재 대학생들이 경험하고 있는 대학 안에서의 세대 갈등과 앞으로 경험하게 될 사회에서 나타나는 세대 갈등은 모두 동질성을 공동체 구성원의 기본 조건으로 인식하는 과정에서 나타나는 것이라고 할 수 있다.

이를 위해 우리는 세대가 아니라 개별자로서의 인간에 주목할 필요가 있다. 다시 말해, 타인이 어떤 세대에 속해 있는가에 대한 선입견이 아니라 각자 개별적인 인격을 지닌 존재로서 구체적인 현장에서 나와 어떤 관계를 맺고 삶을 만들어가고 있는가에 주목해야 할 것이다. 이를 통해 우리는 세대의 구분을 해체하고 세대의 선입견을 넘어서 개별적 주체성을 지닌 인간으로서 관계를 맺고 공동체를 구성해나갈 필요가 있다.

공동체 넘나들기: '집단적 갈등'

도시와 농촌

도시와 농촌은 지역적인 구별일 뿐만 아니라 문화와 문명의 중심지 혹은 문명적 삶의 결핍 지역이라는 대립적 의미도 담고 있다. 도시와 농촌은 도시와 지방의 구분으로 대체할 수 있겠다. 도시와 지방의 차등적 분화는 어제오늘의 일이 아니다. 조선 후기에도 경향(京鄕)의 분화, 즉 도시와 향촌의 구별이 뚜렷했다. 18세기 한양을 중심으로 수도권에

교통과 상업, 교육과 문화의 중심지가 형성되었다. 서울 수도권의 양반 사족을 '경화사족'이라 하여 지방향촌의 '재야사족'과 구분했다. 따라서 정치 · 사회와 문화 · 학술의 중심지로서의 도시와 그렇지 않은 지방농촌의 구분은 넘을 수 없는 경계선처럼 보인다. 오늘날 대학 초년생들에게 자명하게 이해되는 서울 출신 혹은 지방 출신 간의 구분은 이런 점에서 그 유래가 오래된 것이라고 할 수 있다. 유튜브 등 동영상 플랫폼에는 "서울 출신 지방러와 지방 출신 서울러에게 생기는 일" 같은 대학생들의 일화가 등장한다.[13] 대부분 취업에 좋은 학과와 장래희망을 생각해서 어려운 환경에도 불구하고 서울에서의 대학생활을 선호한다. 고공행진 중인 주거비와 생활비, 미세먼지와 교통체증에도 불구하고 문화적 인프라와 정보, 취업의 기회가 갖추어진 곳이 서울이기에 부득불 서울 소재 대학을 지원하고 대학 졸업 후에도 서울에서 서울 사람으로 살아남기를 희망한다. 이런 극명한 대립과 사회적 양극화에 대학생들은 어떻게 대처할 수 있을까?

▎서울 사는 것이 스펙인 시대

지방 출신 대학생들에게는 서울에서 태어나는 것 자체가 자신들이 갖지 못한 결정적 스펙으로 여겨진다. 서울에서 태어나는 것, 서울에 살 집이 있다는 점은 지방 출신 학생들에게 동경의 대상이다. '대학생 속마음 사전'으로 알려진 영상에서는 상경하여 어렵게 취업한 사회 초년생의

---

13) 대학내일(2019.11.29). 서울출신 지방러와 지방출신 서울러에게 생기는 일. https://youtu.be/kAuFmyzFloE

비애와 고난이 잘 드러난다.[14)]

> *"서울생활, 시작은 심플하고 쿨했는데 과정은 왜 이렇게 복잡하고 찌질한지. 서울에선 누워만 있어도 월급이 반토막이 난다. 나는 서울 사는 동기보다 반밖에 못 쓰고 못 모은다는 거지. 서울에서 태어난다는 것, 그거 진짜 좋은 스펙이더라. 우물 안 개구리가 되는 게 죽기보다 싫었거든. 그런데 그 우물이 생각보다는 안전하고 따뜻했구나 싶다. 여기서 안 내려가고 버티면 나도 서울 사람이 될 수 있을까!"*

서울 출신의 대학생에게는 서울 거주 스펙이라는 것이 와 닿지 않을 수 있다. 그만큼 서울과 지방, 도시와 농촌의 격차, 삶의 수준의 차이가 엄청난 것일 수 있다. 서울 사는 것의 특권이 무엇인지는 지방생활을 잠시만 해도 알 수 있다고 한다. 말이 좋아 지방분권이지 취업과 일자리 기회, 공무원 시험학원, 대학 입시학원, 문화생활의 기회들이 오롯이 서울에 집중된 탓에 잠시라도 서울에서 멀어지면 인생의 기회 자체를 박탈당한 소외감과 두려움을 느끼게 된다. 이 때문에 집값 비싸고 교통비 많이 들고 주거비용이 만만치 않음에도 너나 할 것 없이 서울 수도권 밀접지역에 몰려든다. 대학생, 사회초년생뿐만 아니라 회사원, 공무원도 지방 소재 직장에 다니기 위해 서울-지방 간 장거리 이동을 불사한다. 도시 집중 현상은 누구 한 사람 개인의 문제가 아니라 사회 전반의 구조적 문제임을 알 수 있다.

---

14) 대학내일(2018.03.12). 지방러의 속마음. https://youtu.be/bMPYxqGOUsQ

❙ 도시와 농촌, 중심과 주변의 차별

남녀노소 모두 도시로 몰리는 현상은 삶의 중심, 기회와 가능성이 집중된 중심에 소속되고 싶어 하는 인간의 보편적 욕구를 반영하는 현상인 듯하다. 중심에 소속되려고 노력하는 한편 주변부로 소외되지 않으려고 안간힘을 쓰는 것은 대학생, 취준생, 사회초년생 모두의 고민이다. 타인에게 인정받으려는 보편적 인정욕구처럼 성공한 삶의 지표에는 도회적 삶의 양식이 포함되며, 도시가 주는 사회문화적 미덕을 향유할 수 있는 능력도 포함된다. 지방 출신 대학생들은 새내기 때부터 학교 기숙사에 의지하고 그것도 여의치 않으면 월세 자취방, 고시원 생활을 경험할 수밖에 없다. 우리나라 대학의 기숙사 수용률이 14%에 그칠 정도로 빈약한데도 기숙사 신축을 반대하는 이웃 주민들의 항의 민원이 거세고, 그 때문에 기숙사 신축도 여전히 제자리걸음이다.[15] 운이 좋아 기숙사 생활을 하면 다행이지만 그렇지 못하면 지방 출신 대학생들의 서울살이는 힘겨운 월세 자취방과 고시원을 전전하기 일쑤다. 탈출구가 보이지 않는 계속되는 취업난과 최근 코로나바이러스감염증 확산 등에 시달리는 20~30대 연령층 사이에서는 '고시원 브이로그'가 인기를 끌고 있다.[16] 랜선 집들이, 자취 브이로그 등이 유행하는 것도 비슷한 상황을 반영한다고 할 수 있다. 청년층에게 고시원 삶은 원룸 자취나 학교 기숙사보다 주거비가 싼 대신 주거환경이 열악한 공간이다. 그럼에도 온갖 어

---

15) KBS 뉴스(2017.07.03). 주민 거센 반대…대학 기숙사 신축 '제자리'. http://news.kbs.co.kr/news/view.do?ncd=3508619&ref=A

16) 조선일보(2020.05.11). '라면 1개로 세끼' 고시원 영상을 400만이 봤다, 왜? http://news.chosun.com/site/data/html_dir/2020/05/11/2020051100154.html

려움을 감수하고 서울살이를 견디는 것은 서울의 학교와 직장이 보장해 주는 미래의 삶에 대한 희망 때문일 것이다. 주변으로 밀려난 소외된 삶이 아닌 중심에서 인정받는 성공한 삶에 대한 동경이 대학생의 서울살이를 더욱 고달프고 각박하게 만들고 있다.

❙ 지속 가능한 삶, 도시와 농촌의 공존

도시와 농촌 문제는 오늘날뿐 아니라 조선 시대에도 심각한 고민거리였다. 유학자들은 어떻게든 사대문 안에, 도성 가까운 곳에 살기 위해 애썼다. 유학자 다산 정약용(丁若鏞)도 유배지에서 자식들에게 당부한 적이 있다. 집안은 폐족이 되었지만 손자 때라도 과거에 급제해 관직을 얻도록 해야 하니 가능한 한 서울 가까이 살며 도시의 안목과 품위를 유지하라고 타이른 것이다.[17] 또한 자녀들에게 뽕나무 재배, 양잠, 양계를 권유하며 도시적 생활수준을 유지할 것을 당부했다. 다산의 당부는 공무원 시험 준비와 경제기반의 확보라고 할 수 있으니 예나 지금이나 취업과 가정경제를 중시한 것을 알 수 있다. 일자리와 취업기회의 확보, 문화와 문명을 향유할 수 있는 삶은 모든 사람의 이상이었기에 서울로, 도심으로의 행렬은 수백 년 동안 끊이지 않았다.

그렇다면 최소한의 경제적 안정 위에서 인간다운 삶을 누릴 수 있다는 확신이 있을 때라야 도시와 지방 사이의 양극화가 사그라질 수 있을 것이다. 오늘날 이미 포화상태에 이른 도시적 삶에 대한 심각한 회의, 귀농과 전원 개념 등으로 표방되는 자연에 대한 동경, 과도한 경쟁의 시달

---

17) 茶山 丁若鏞,《茶山詩文集》卷十八,〈示學淵家誡〉

림에서 벗어나 나만의 소확행을 만들고 싶어 하는 이들의 도전 등 도시와 지방 양자의 경계를 넘나드는 새로운 삶의 양식을 실험하는 사람들이 늘고 있다. 비록 도시로의 집중 현상이 그치지 않고 있지만, 극에 도달한 고달픈 도시적 삶에 대한 회의와 비판 역시 점차 가중될 전망이다.

결국 도시와 지방의 삶이 공존하지 못하면 안정적이며 지속 가능한 삶의 양식도 불가능해질 수 있다. 모든 것을 희생하면서 겨우 버텨내는 수준의 도시 생존기는 실질적인 지방분권과 자치의 실현, 지방문화와 일자리 환경의 개선을 통해서만 완화될 수 있을 것이다. 지금은 도시와 지방의 공존, 도시와 지방의 경계를 넘나드는 새로운 삶의 모색이 절실한 시대라고 할 수 있다.

국민과 세계시민

2018년 제주도에는 내전 중인 예멘의 난민이 말레이시아를 경유해 무비자로 입국하여 대거 난민지위인정 신청을 하는 일이 있었다. 멀게만 느껴졌던 중동지역의 분쟁과 유럽 국가에만 해당한다고 생각한 난민 유입 문제가 우리나라 사람들에게도 현실로 느껴지게 된 순간이었다. 우리 사회는 그들을 난민으로 인정하고 이주할 수 있도록 해야 한다는 사람들과 그들의 난민 신청을 의심스러운 시선으로 바라보며 난민 인정에 반대하는 사람들로 나누어져 논쟁이 일어났고, 그 과정에서 여러 언론매체를 통해 난민뿐 아니라 외국인 이주노동자와 유학생, 심지어 다문화가정에 대한 반감까지 여과 없이 표출되면서 우리 사회의 외국인 혐오 현상을 우려하는 목소리가 커졌다.

▎글로벌 시대의 두 얼굴

2020년 현재 우리나라에 체류하고 있는 외국인 수는 250만 명을 넘어 전체 인구 대비 5%에 육박하면서 사실상 다문화 사회에 접어들었다고 할 수 있다.[18] 외국인 숫자가 증가하면서 이들과의 분쟁이 자주 발생하는 것이 외국인 혐오 현상의 이유 중 하나로 지적될 수 있을 것이다. 외국인 혐오 현상의 배후에는 한편으로 경제적인 원인이나 타문화에 대한 이해 부족 등이 있지만, 다른 한편으로 자국우월주의 혹은 자국중심주의가 있다. 자국우월주의는 가난한 나라에 대해서는 문화적 우월감이나 경제적 우월감으로 나타나지만, 자국보다 부강한 나라에 대해서는 폐쇄적인 애국심이나 민족감정으로 나타나기도 한다. 최근 일본을 상대로 빈번하게 일어나는 불매운동은 과거 역사에서 비롯한 민족적인 반감과 자국우월주의가 혼합된 것이라고 할 수 있다. 특히 이러한 외국인 혐오와 자국우월주의가 다른 집단이나 연령층에 비해 상대적으로 교육수준이 높고 개인주의적이라고 생각되는 젊은 대학생층에서도 나타난다는 것은 주목할 만하다.

지금으로부터 200여 년 전 독일의 철학자 칸트는 세계가 평화롭게 공존할 수 있기 위해서는 모든 국가의 국민이 상호적인 '방문권'을 가져야 한다고 주장했다.[19] 상호적인 방문권은 모든 인간에게 속하는 것으로, 낯선 땅에 도착한 이방인이 적으로 간주되지 않을 권리다. 칸트는 이런 우호의 조건이 받아들여질 때만 세계의 각 지역이 서로 평화적으로

---

18) 한국경제신문(2020.02.17). 국내 체류 외국인 252만명…"다문화 사회 진입". https://www.hankyung.com/society/article/202002170705i

19) 임마누엘 칸트,《영원한 평화를 위하여》, 오진석 옮김, 도서출판b, 2011, 36-37쪽.

관계를 맺게 되고, 다양한 배경의 국민국가가 공존하는 세계시민적 체제에 다가갈 수 있다고 보았다. 1700년대 후반 국민국가 간의 전쟁으로 얼룩진 유럽사회에서 이들이 공존할 수 있는 조건을 제시한 칸트의 평화사상은 공간적 제약이 사라지고, 국경을 넘어 자유롭게 정치 · 경제 · 문화 · 교육 등의 분야에서 활발하게 교류하게 된 오늘날 더욱 큰 울림을 준다. 국민국가들 사이에서 세계적 규모로 일어난 전쟁을 두 차례나 치르고 나서야 국제연합이 구성되어 인류의 보편적 가치를 공유하면서 지역의 문제를 세계적 차원에서 협력하여 해결하려는 노력이 일어난 것은 자국중심주의로는 어떤 나라도 평화로울 수 없다는 것을 역사를 통해 배웠기 때문이다.

하지만 20세기 이후 세계화(globalization)가 급속하게 진행되어 경제적 · 정치적 · 문화적 교류가 확대되면서 타국민과 문화에 대한 개방적 사고와 함께 배척 현상도 분명해지고 있다. 이런 배척 현상은 국가와 민족의 경계가 상대적으로 뚜렷했던 지역에서 자주 나타나지만, 전 세계적인 현상이기도 하다. 유럽 각국에서는 난민과 외국인노동자, 타 종교문화에 대한 차별을 드러내놓고 주장하는 정당들이 상당한 정치적 세력을 얻어 의회에 진출하고 있다. 우리나라의 경우에도 일부 정치집단에 한정되었던 외국인 혐오 정서가 젊은 연령의 대학생을 비롯해서 다양한 계층과 연령층으로 확산되고 있다. 특히 대학생의 경우에는 외국인 유학생을 통해 외국인을 직접 대면할 기회가 많지만, 그들과 함께 수업을 들으면서 언어적 · 문화적 장벽으로 생기는 문제를 외국인에 대한 비하나 혐오로 표현하기 쉽다. 이것이 다시 자국 문화에 대한 우월감으로 발전하여 맹목적인 애국심으로 표출되는 경우가 많다.

❙ 집단 폐쇄성과 개방성의 경계에서

자기가 속한 집단에 대한 충성심과 자부심은 사회적 존재인 인간에게 필수적인 성품이다. 그래서 과거로부터 가족애나 지역에 대한 애향심, 국가에 대한 애국심 같은 성품은 인성교육의 핵심을 이루어왔다. 정의와 평화, 인권 같은 모든 인간이 추구해야 할 보편적 가치를 추구하는 사람이라도 자기가 속한 집단의 이익을 배반하는 경우에는 어김없이 비난을 받아왔다. 이렇게 본다면 집단 외부의 존재에 대한 경계와 배척은 집단을 지키기 위해 인간의 본능에 새겨져 있기도 하고, 교육을 통해 강화되어온 것이라고 할 수 있다. 특히 오늘날과 같이 집단의 경계가 무너지고 있는 세계화된 시대에 개인이 갖는 소속감의 대상은 국가라고 할 수 있다. 교육을 책임지고 있는 국가는 초등교육에서부터 개인에게 국가의 구성원으로서의 동질감을 강조하게 된다. 그리고 이런 동질감의 형성을 통해 인종과 출신 지역이나 계층, 교육수준에서 다양한 개인을 통합시켜 갈등과 분열을 방지하게 된다.

하지만 국민으로서의 자부심과 국가에 대한 애국심이 맹목적인 자국우월주의로 나타나게 되면 위험하다. 우리는 지난 세기 두 번의 세계대전을 치르면서 맹목적 애국심의 위험성을 경험했다. 자기 국가와 민족을 사랑한 평범한 애국자가 단지 적대국의 국민이라거나 다른 인종과 민족이라는 이유만으로 사람들을 학살하면서 아무런 죄책감을 느끼지 않았다. 유대인 학살을 피해 미국으로 망명한 독일 철학자 한나 아렌트의 말대로 맹목적인 애국심은 "말하는 데 무능력함, 생각하는 데 무능력함, 즉 타인의 입장에서 생각하는 데 무능력함"[20]에서 비롯된다. 말과 생각을 가능하게 하는 호혜성의 보편적 관점을 갖지 못한 애국심은 도덕적 판단의 무능력으로 귀결되고, 천인공노할 만행을 저지르면서도 아무런 죄책감을 느낄 수 없게 된다. 물론 내가 자라고 살아온 장소와 공동체는 나의 정체성의 뿌리이고, 이 장소에서 함께한 사람들을 떠나서는 나도 존재할 수 없다는 것은 분명하다. 하지만 자신이 어떤 국가, 어떤 종족의 일원이기 이전에 한 인간임을 잊지 말아야 한다.

❙ 정주하며 이주하는 삶의 조화

오늘날 우리, 특히 젊은 대학생은 한 국가의 국민으로서의 삶과 세 세계시민으로서의 삶 사이의 경계에 서 있다. 한편으로 국민으로서 다른 나라와의 선의의 경쟁에서 이겨 자기 나라의 번영을 이루어야 하는 사명이 있고, 다른 한편으로 세계시민으로서 국가와 민족을 초월해서 인간의 권리와 세계 공동체의 평화를 위해 사유하고 실천해야 한다. 세계 각지에서 일어나고 있는 빈곤, 전쟁, 기아, 환경파괴 같은 문제는 보편적 세계시민의 관점이 아니라면 그 해결을 바랄 수 없다. 사회적 존재인 인간은 자기가 속한 가깝고 친밀한 집단과 멀고 넓은 집단 사이에서 무엇을 우선할 것인지 고민하지 않을 수 없다. 하지만 두 집단은 서로를 조건 지우고 있어서 어느 한쪽이 다른 한쪽을 극복하고 배제한다면, 나머지 한쪽도 존재할 수 없는 관계다. 국민의 정체성과 세계시민의 정체성은 서로 조건 지우고 있어서 훌륭한 국민이 되어야 훌륭한 세계시민

---

20) 한나 아렌트, 《예루살렘의 아이히만》, 김선욱 옮김, 한길사, 2006, 106쪽.

이 될 수 있고, 마찬가지로 훌륭한 세계시민이 되지 못하고서는 훌륭한 국민이 될 수 없다. 따라서 국가라는 경계의 안과 밖을 넘나들면서 국민과 세계시민으로서의 역할을 실천하는 것이 중요하다. 인간은 공간의 경계를 짓고, 그 경계를 넘어가고, 다시 넘어오는 삶을 산다. 인간은 공간의 경계를 넘나들면서 살아갈 수밖에 없는 정주하면서 동시에 이동하는 존재이기 때문이다.

참고문헌

강남순, 《코즈모폴리터니즘과 종교》, 새물결플러스, 2015.

임마누엘 칸트, 《영원한 평화를 위하여》, 오진석 옮김, 도서출판b, 2011.

콜린 윌슨, 《아웃사이더》, 이성규 옮김, 범우사, 1997.

토마스 만, 《토니오 크뢰거 / 트리스탄 / 베니스에서의 죽음》, 안삼환 옮김, 민음사, 1998.

한나 아렌트, 《예루살렘의 아이히만》, 김선욱 옮김, 한길사, 2006.

한병철, 《에로스의 종말》, 문학과지성사, 2015.

茶山 丁若鏞, 《茶山詩文集》 卷十八, 〈示學淵家誡〉.

찾아보기